KB126430

자객 고영근의
명성황후 복수기

동아일보사

자객 고영근의 명성황후 복수기

1판 1쇄 인쇄 2009년 8월 13일
1판 1쇄 발행 2009년 8월 25일

지은이 ┃ 이종각

발행인 ┃ 김재호
편집인 ┃ 이재호
출판팀장 ┃ 김현미

아트디렉터 ┃ 윤상석
디자인 ┃ 박은경
마케팅 ┃ 이정훈 · 유인석 · 정택구 · 이진주
인쇄 ┃ 미르P&P

펴낸곳 ┃ 동아일보사
등록 ┃ 1968.11.9(1-75)
주소 ┃ 서울시 서대문구 충정로3가 139번지(120-715)
마케팅 ┃ 02-361-1030~3 팩스 02-361-1041
편집 ┃ 02-361-0949 팩스 02-361-0979
홈페이지 ┃ http://books.donga.com

ISBN 978-89-7090-730-7 03900
값 15,000원

이 책은 방일영문화재단의
지원을 받아 저술되었습니다.

목
차
✽

　　　　　　　도쿄東京 도심에서 한국에도 널리 알
려진 일본의 대표적인 관광지 중 하나인 닛코日光로 가는 열차를
타고 두 시간쯤 가면, 닛코 못 미처에 사노佐野라는 작은 도시가
있다.

　평원에 논밭이 산재해 있는 전형적인 농촌 도시다. 인적이 드
문 사노역 앞에서 택시를 불러 묘켄지妙顯寺라는 절까지 가줄 것
을 부탁하니 5분쯤 후 상당히 큰 절 문 앞에 내려준다.

　본당 건물 정면엔 갑신정변(1894년)을 일으켰으나 '삼일천하'로
끝난 뒤 일본으로 망명했던 김옥균金玉均이 쓴 현판이 걸려 있다.
경내에는 마침 장례를 치르는지 상복을 입은 조문객들의 발길이
분주하다.

　본당 뒤쪽에 있는 묘지 한편에 2개의 비석 사이로 '우범선 황
철지묘禹範善 黃鐵之墓'라고 쓴 안내판이, 조금 비뚤어진 채로 서
있다. 왼쪽 묘비에는 '우범선지묘禹範善之墓', 오른쪽 묘비에는

'황철지묘黃鐵之墓'란 비명이 적혀 있다. 두 사람은 한국 사람으로 생전에 친한 사이였다고 하는데 죽어서도 나란히 묻혀 있다.

묘비들에는 세월이 많이 흘러서인지 검버섯이 피어 있고, 특히 우범선의 것은 부식이 심해 글씨를 판독하기 힘들 정도다. 양쪽 묘비 앞의 분향대에는 최근 누군가가 다녀갔는지 향을 태운 재가 남아 있다.

안내해준 이 절의 관리인에게 우범선의 묘를 가리키며 "찾아오는 사람들이 있느냐."고 물어보았다. 그는 "간사이關西 쪽에 후손 분들이 살고 계신 것으로 알고 있는데 절 사무소에 들르지 않으면, 누가 다녀갔는지 우리는 잘 모른다."고 했다.

한국에서는 우범선이 누군인지 아는 사람이 별로 많지 않다. 우범선은, 1895년 10월 일본 측이 민비를 시해(을미사변)할 때, 경복궁에 데리고 들어간 조선훈련대의 대대장이다. 우범선이 누군인지, 이름도 모르는 사람들에게, 그가 한국 사람이면 거의 대부분 아는 농학자 우장춘禹長春의 아버지라고 하면 대개 조금 놀란다.

시해사건 후 일본으로 망명한 우범선은 이 사노(도치기栃木 현) 지역에선 산 적이 없었으나, 사후에 이 절에 묘가 만들어졌다. 거기에다 우범선의 묘 바로 옆엔 그의 일본인 처의 묘와 그들 사이에 태어난 우장춘의 묘(한국에서 장사 지낸 뒤 모발, 손톱 등을 가져다 묻은 것이지만)도 있다.

일본 사노 시 묘켄지에 있는 우범선의 묘(왼쪽). 옆은 황철의 묘.

우범선 일가 세 사람의 묘가 이곳에 만들어진 것은 이 지역 출신으로 한국 출신 망명가들을 적극 후원해 온 스나가 하지메須永元란 사람이 있었기 때문이다. 스나가와 황철의 이야기는 잠시 뒤로 돌리기로 한다.

일본인 처와 다섯 살이 된 장춘과 함께 그런대로 단란한 생활을 꾸려가던 우범선은 망명 8년째이던 1903년 11월, 히로시마廣島 현 구레吳 시에서 역시 한국에서 망명한 자객에게 목숨을 잃었다.

일본에서는 물론이고 한국에서도 그 자객이 누구인지 모르는 경우가 거의 대부분이다. 그 자객의 이름은 고영근高永根이다. 그가 우범선을 살해한 직후 일본 경찰에 자수할 때 밝힌 살해 이유는 '국모의 원수를 갚기 위해서'였다. 우범선 살해사건은 현재까지 고종(또는 민씨 일파)의 지시를 받은 고영근이 우범선을 일본에서 살해했다는 정도로만 알려져 있고, 사건의 진상과 배후 등은 밝혀지지 않은 채다.

왜 우범선과 고영근은 남의 나라로 도망가, 그곳에서 죽이고 죽임을 당하는 악연을 맺게 되었을까? 민비시해사건은 아직도 살해를 지시한 배후와 그 범인이 누군인지 명확히 밝혀지지 않는 등 미궁으로 남아 있는 점이 많다. 우범선 살해사건의 전모를 밝히는 것은, 민비시해사건의 진상에 접근하는 한 단서가 될지도 모른다는 점에서도 중요하다.

명성황후에 대한 호칭은 한국과 일본에서 시기와 자료 등에 따라 각각 다르다. 일반적으로는 민비나 왕비로 불린 경우가 많으나 갑오개혁(1894년) 이후엔 왕후, 민왕후로, 대한제국 성립(1897년) 이후에는 추존되어 명성황후, 민황후 등으로 다양하게 불렸다. 이 책에선 대한제국 성립 이전은 민비로 하되 원자료 등을 인용하는 경우 그 자료에 사용된 호칭을 따르기로 한다.

고종의 경우도 대군주, 황제, 이태왕 등 여러가지 호칭이 있으나 고종으로 통일하되 원자료 인용의 경우 그에 따르기로 한다.

'천황天皇'의 경우도 최근 국내에서는 일왕, 일황, 천황 등 여러가지로 불리나 '明治天皇'은 이미 '메이지천황', 또는 '명치천황'으로 정착되어 사용되고 있는 만큼 이 책에서는 '메이지천황', 또는 '천황'으로 표기하기로 한다.

제 1 장

---◆---

악연
'여우사냥'

【삼국간섭과 인아거일引俄拒日】

　　　　　　　　　　우범선과 고영근, 두 사람의 악연의
출발점은 민비시해사건이다.

　따라서 흔히 을미사변(1895년 10월 8일)으로 불리는 이 사건으로
부터 둘에 관한 이야기를 풀어 나가기로 한다.

　청일전쟁(1894년 7월~1895년 4월)에서 승리한 일본 조야는 의기충
천했다. 수천 년간 동양의 맹주로 군림해 온 중국을, 작은 섬나라
일본이 사상 처음 패배시킨 것은 일본 정부는 물론 국민들에게도
큰 자긍심을 안겨주었다.

　당시 일본에선 청일전쟁에서 일본이 승리하여 조선을 중국의
오랜 지배에서 독립시켜주었으므로 하루빨리 조선을 정벌하여
미개한 조선을 문명개화시켜야 한다는 정한론征韓論이 더욱 힘을
얻고 있었다. 이제 아시아에서 구미 열강과 견줄 수 있는 나라는

일본뿐이라는 기고만장의 분위기가 고조되어갔다.

이 같은 정세 속에 일본 정부는 여세를 몰아 대륙 침략의 교두보가 될 조선 지배를 구체화하기 시작한다. 1894년 10월, 외상·내상 등을 역임한 일본 정계의 거물로 강화도조약체결(1876년)에 참여한 이래 오랫동안 대對 조선 문제에 관여해 왔던 조선 전문가인 이노우에 가오루井上馨(1836~1909년)가 주한 공사로 부임했다. 당시 각국의 공사는 자국 정부를 대표하는, 오늘날의 대사에 해당한다.

이노우에는 김홍집金弘集 친일내각을 앞세워 을미개혁을 추진시키는 등 내정에 깊숙이 간섭하며 조선에 대한 실직적인 지배를 강화해 나가고 있었다. 그러나 뜻밖의 삼국간섭이란 암초에 부닥친다.

1895년 4월 17일, 시모노세키下關에서 청국의 전권공사 리홍장李鴻章과 일본의 총리 이토 히로부미伊藤博文, 외상 무쓰 무네미쓰陸奧宗光가 조인한 청일전쟁 강화조약의 주요 내용은 ①청국은 조선의 '완전무결한 독립'을 인정한다, ②청국은 랴오둥遼東반도와 타이완臺灣, 펑후澎湖열도를 일본에 할양한다, ③청국은 배상금 2억 량(일본 화폐 3억 엔)을 일본에 지불한다, 등이었다.

이 가운데 랴오둥반도를 일본에 할양한다는 조항에 대해 이미 시베리아철도 건설에 착수(1891년)하여 남하정책을 추진 중이던 러시아가 제동을 걸고 나섰다. 러시아는 청국의 수도 베이징北京

에서 가까운 랴오둥반도가 일본에 넘어갈 경우 일본이 대륙 침략의 발판으로 삼을 것을 우려하여 프랑스, 독일과 연대해 일본이 청일전쟁에서 할양받은 랴오둥반도를 청에 환부하라는 각서를 삼국 주일 공사들을 통해 일본 외무성에 전달했다.

일본은 청일전쟁에서 승리는 했지만 곧바로 세계 최강으로 평가받는 육·해군을 보유하고 있는 러시아와 전쟁을 할 수는 없는 형편이었다. 일본은 어쩔 수 없이 그 요구에 굴복했다.

그해 5월 5일, 일본 외무성은 랴오둥반도환부회답서를 일본 주재 삼국 공사에게 전달했다. 삼국간섭의 위력이 나타난 셈이었다. 일본은 랴오둥반도를 포기하는 대신 청국으로부터 배상금 3천만 량(약 4천 405만 엔)을 추가로 받기로 했다.

일본에선 '전쟁에는 이겼지만 외교에는 졌다'는 국민들의 불만과 정부에 대한 비난이 고조되었고, 이를 일본 정부와 신문 등은 국민들에게 애국심 앙양과 러시아에 대한 적개심을 부추기는 기회로 활용했다. '와신상담', '절치부심'의 분위기가 조성되는 가운데 일본 정부는 조선 지배와 대륙 침략을 위해서는 러시아와의 일전이 불가피하다는 것을 국가 목표로 정했다.

즉 '일청전쟁 다음은 러시아'란 목표가 세워진 가운데 일본 정부는 대대적인 군비 확장에 나섰다. 청국으로부터 3년 안에 받는 배상금(약 3억 4천만 엔)중 약 8천만 엔을 러시아와의 전쟁에 대비한 전비로 비축해놓고 나머지를 육군 6개 사단 증설과 해군 7개년

건함建艦 계획 등에 사용키로 하는 등 전쟁 준비에 박차를 가하고 있었다.

한편 조선 조정에선 삼국간섭으로 일본의 약점이 드러나고 그 위상이 크게 흔들리자, 러시아의 힘을 이용하여 일본 세력을 몰아내려는 움직임이 나타났다.

그리하여 왕실과 민씨 일파를 중심으로 한 '인아거일引俄拒日(러시아를 끌어들여 일본을 물리침)' 방침이 조선 외교의 대세를 이루어 나간다.

민비가 러시아 공사 웨베르(Karl I. Waeber)를 만나 국정을 논의하는가 하면, 반일친러 성향의 박정양朴定陽, 서광범徐光範, 이완용李完用, 이범진李範晉 등을 주축으로 하는 '정동貞洞파(서울의 서양인 거주지 정동을 딴 이름)'가 생겨나 이노우에 공사가 심어 놓았던 친일파를 밀어낼 움직임이 본격화된다. 주미 공사대리 등을 역임한 이완용은 이때까지는 친일파가 아니었으나 후일 친일파로 변신한다.

이노우에가 정무 협의차 귀국 중이던 7월 초 일본의 비호 아래 내각에서 실권을 장악하고 있던 내부대신 박영효朴泳孝(1861~1939년)가 '반역음모사건'에 연루되어 실각, 일본으로 망명하는 일이 벌어졌다.

8월 말 단행된 제3차 김홍집 내각은 친러파와 민씨 세력 일색으로 바뀌었다. 겉은 김홍집 내각이지만 속은 민씨 일파가 차지

일본 정계의 거물로 1894년 주한 공사로 부임한 이노우에 가오루.
그는 김홍집 친일내각을 앞세워 조선의 내정개혁을 추진했으나 반
일친러의 분위기가 고조되자 자신의 후임으로 육군 중장 출신 미
우라 고로를 추천했다.

하고 있다는 뜻에서 '김피민육金皮閔肉 내각'이라고 불렸다.

이 같은 노골적인 '인아거일' 움직임은, 친일 내각을 앞세워
내정 개혁 등을 통해 일본의 조선 지배를 확립해 나간다는 대한
對韓 책략을 가지고 있던 주한 공사 이노우에에겐 난감한 상황 변

화였다.

급거 서울로 귀임한 이노우에는 그동안의 고압적인 태도에서 돌변하여 고종과 민비의 환심을 사기 위해 급급한다. 이노우에는 부부 동반으로 고종과 민비를 알현하며, 일본에서 사 가지고 온 보석 등 고가의 선물 공세를 펴는가 하면, 본국 정부로부터 확답을 받지도 않은 채 거액의 차관(300만 엔) 제공을 미끼로 던졌다. 그러나 반일친러의 흐름은 돌이킬 수 없는 형세였다.

벽에 부닥친 이노우에의 대 조선정책에 대해서는 일본 정부뿐만 아니라 일반으로부터도 비판이 일고 있었다. 다음 구절은 당시 일본의 여론과 서울에 체류하고 있던 일본 낭인浪人 등의 그 같은 분위기를 말해준다.

동양 평화의 이름으로 싸웠던 일청전쟁은 조선반도에서 흉포한 지나支那[중국] 세력을 물리쳤으나 그 대신 보다 무서운 노국露國[러시아] 세력을 불러들이는 헛수고를 한 결과가 되고 말았다. 경성에 체류하고 있던 우리 민간 지사가 이 모양을 보고 절치부심한 것은 무리가 아니다.

일본 내지에서도 유지들 사이에는 조선 정세를 걱정하여 정부로 하여금 이노우에 공사를 귀환시키고 보다 강의剛毅, 과감한 인물을 공사로 파견시킬 필요가 있다며 정부에 은밀히 헌책하는 사람도 있었다.(흑룡회黑龍會편, 《동아선각지사기전東亞先覺志士記傳》 상권, 1933

년, 516~517항)

　차관 제공을 통해 조선 왕실의 환심을 사려 한 이노우에가 '기
증금의 건'을 임시국회에 제출해달라고 정부에 요청(8월 6일)했다.
그러나 일본 정부는 "확답하기 어렵다."며, 사실상 불가함을 전했
다. 일본 정부를 대표하는 전권공사인 이노우에가 조선 국왕에게
약속한 차관 제공 건은 공수표로 끝났다. 일종의 사기극이 되고
만 셈이다.

【미우라 공사와 서울의 낭인浪人들】

                          일본 정부는 1895년 8월 27일, 주한 공사 이노우에를 교체키로 결정하고 후임엔 이노우에가 천거한 육군 중장 출신 미우라 고로三浦梧樓(1847~1926년)를 임명한다. 당시 일본 정계는 이토 히로부미(1841~1909년), 야마가타 아리토모山縣有朋(1838~1922년), 이노우에 가오루 등 현재의 야마구치山口 현 출신인 조슈벌長州閥이 장악하고 있었다.

미우라도 조슈 출신이었으나 이토 등과는 관계가 원만하지 않을 뿐 아니라 조슈벌이 주도하는 정치를 번벌藩閥 전제정치라고 비판하는 입장이었다.

총리 이토가 외교에도, 조선 문제에도 문외한인 무장 미우라를 조선에 보낸 의도는 과연 무엇인가?

그것은 일본 정부가 그동안 이노우에가 추진해 왔던 회유 공작의 문치적인 방식이 통하지 않는다는 결론을 내리고, 무단적인 방법으로 전환했음을 의미하는 것이었다. 청일전쟁이 끝난 직후라 일본이 곧바로 러시아와 전쟁을 벌일 수는 없는 상황이었으므로, 그 핵심은 바로 조선 내 러시아와의 연결고리의 정점인 민비를 제거하는 것이었다.

미우라는 공사로 발령받은 날 일본 정부에 대한對韓정책의견서를 제출하면서 "원래 자신은 몸을 융마지간戎馬之間[전쟁]에 내던져 외교술을 모를 뿐 아니라 오랫동안 한직에 있어서 세계 열강 정치의 추세에도 어둡기 측량 없다.……그런데도 불구하고 안으로는 한국의 대개혁을 부담하고 밖으로는 열강의 외교가와 더불어 경쟁을 각오해야만 하니 그 임무가 중대하다. 스스로 한심함을 금할 수 없다."고 외교 문외한으로서 부임해야 하는 심경을 '한심하다' 고까지 표현하고 있다.

미우라는 이 의견서에서 일본 정부에 ①조선을 독립 왕국으로 인정하고 장래 일본이 독력으로 지배, ②구미 열강과 공동 보호 독립국화, ③일본이 한 강국[러시아]과 분할 점령하는 방안 등 3개 안을 제출하고, "난국을 돌아보지 않고 목숨을 이 땅[조선]에서 바칠 결심이라 정부의 방침이 어떻게 정해지든 이에 구애받지 않겠다. 단 앞 3개조의 결정 여하에 따라 은혜적, 협박적 또는 묵종적 정책의 필요성이 생기고 관맹寬猛, 완급緩急 모두 이에 준거해 정하는 수밖에 없다고 확신한다."며 대한 방침을 정부가 결정해

왼쪽 이노우에 후임으로 주한 공사로 부임할 당시의 미우라 고로. 무장 출신인 그는 일본 정부의 방침이 없는 상태로 부임하는 이상, 자기 마음대로 할 수밖에 없다며 명성황후를 제거하는 '여우사냥'에 나선다.
오른쪽 사진은 만년의 미우라.

줄 것을 요청했다.(일본외무성 편,《일본외교문서日本外交文書》제28권 제1책, 1947년, 483~484항)

    그러나 일본 정부는 미우라에게 명확한 답변을 해주지 않았다. 그러자 미우라는 "나는 정부의 방침이 없는 상태로 도한渡韓 하는 이상, 내 마음대로 임기응변할 수밖에 없겠다고 결심했다."고 자서전(《간주장군 회고록觀樹將軍回顧錄》, 세이쿄샤政敎社, 1925년, 320항, 이하《미우라 회고록》)에서 밝히고 있다. 그 결심은 물론 수단 방법을 가리지 않고 민비를 제거할 수밖에 없다는 의미였다.

미우라는 외교의 문외한답게 그 자서전에서 자신이 제안한 3 개항의 내용조차 '구미 열강과 공동 보호 독립국화' 항목을 빠뜨린 채 틀리게 기록하고 있다. 그에겐 민비 제거가 중요한 것이었지 3개안의 내용은 그다지 중요하지 않았음을 말해준다.

미우라가 서울로 부임하기 전 일본 내각의 대신 전원이 참석한 가운데 도쿄 데이코쿠帝國 호텔에서 환송연이 베풀어졌다. 일개 국의 공사 부임에, 이 같은 전례는 없었던 일이라고 미우라는 자서전에서 은근히 자랑하고 있다. 내각이 암묵리에 그의 주한공사 부임에 특별한 의미를 부여하고 있었음을 말해주는 대목이다.

9월 1일, 미우라가 서울에 부임했다. 특이한 것은 그가 부임 전 일본에서 조선 문제에 대한 자문을 구하기 위해 만났던 인물들 중 중의원을 지낸 정치소설가인 시바 시로柴四郎와 다케다 한시武田範之, 스키나리 히카루月成光라는 우익 정치인과 조선 낭인朝鮮浪人 3명을 막료로 데리고 왔다는 점이다. 미우라가 이 같은 성향의 인물들과 상의하고 그들을 데리고 왔다는 자체가 그가 취할 대조선 정책의 방향을 말해주고 있다.

여기서 잠깐 '낭인浪人'이란 용어에 대해 살펴보기로 한다. 일본의 《국사대사전國史大辭典》(요시카와코분칸吉川弘文館, 1987년)에 따르면 '로우닌'으로 발음하는 '낭인浪人'이란 말의 본래 뜻은 '고대 율령제하에서 피지배계급 중 본적지를 떠나 불법적으로 다른 곳을 유랑하는 부랑인의 별칭'이었다.

또, 지배계급인 무사들 가운데 주군을 떠나 영지나 봉록 등을 잃은 자들을 가리키는 뜻의, 같은 '로우닌' 발음인 '牢人'도 에도江戸시대 중기 이후엔 '浪人'이란 말로 사용하게 되었다고 한다.

그 후 낭인 무사들은 메이지유신 과정에서 스스로 '지사志士'라고 칭하면서 에도막부를 타도하고 천황제 국가를 건설하는 데 앞장섰고, 이때부터 군인이나 관료와 같은 일정한 직업을 가지지 않은 채 재야에서 정치 활동을 하는 자들이 '국사國士' 연하거나 '지사' 연하면서 자칭 '낭인浪人'이라고 일컬었다고 한다.

메이지유신 이후 주로 권력으로부터 낙오, 소외된 사족士族 출신자들이 낭인으로 활동하게 되었는데 이들 중 일본 국내를 중심으로 활동하는 자를 내국 낭인, 대륙 쪽으로 건너가 활동하는 자를 대륙 낭인이라고 불렀다.

대륙 낭인 중 중국 대륙 본토인 지나支那를 주무대로 활동하는 낭인을 지나 낭인, 조선에서 활동하는 낭인을 조선 낭인으로 부르고, 그 외 지역에 따라 만주 낭인, 시베리아 낭인 등으로 불렀으며 이들을 총칭하여 대륙 낭인이라 부르기도 했다(강창일, 《근대 일본의 조선 침략과 대아시아주의》, 역사비평사, 2003년, 20~21항)고 한다.

대륙 낭인들은 일반적으로 '아시아의 흥륭興隆' 즉 흥아興亞를 명분으로 내세우면서 일본의 세력 확장을 위해 대륙에서 활동했다. 이들은 '정치 깡패', '대륙 침략의 첨병', '일본 악귀惡鬼'라는,

대체적으로 부정적인 평가를 받고 있으나 긍적적인 평가도 있다.

낭인들은 일본 국내에선 재야 정치인으로 활동하며 정부 정책에 대해 시시비비하면서 정치적 영향력을 키워 나가고 정치 흑막으로 배후에서 중요한 정책 결정에 관여하기도 하는 정치 세력이었다. '애국지사'로 대접받는 경우도 있었다. 낭인은 현대 일본 사회의 조직폭력배인 야쿠자와는 다른 측면도 갖고 있었던 셈이다.

대륙 낭인의 배출지는 초기엔 조선과 중국 대륙 쪽에 가까운 규슈九州 지방이 압도적으로 많았는데 구마모토국권당熊本國權黨과 후쿠오카福岡의 현양사玄洋社가 주된 창구였다.

일본의 강요로 개항(1876년)한 지 20년이 가까와질 무렵인 1895년경 조선에는 많은 일본 상인 등이 살고 있었다. 《일본제국통계연감日本帝國統計年鑑(15)》에 따르면 1895년 12월 말 현재 조선재류在留 일본인은 서울 1천 840명, 부산 4천 953명, 인천 4천 148명, 원산 1천 362명 등 총 1만 2천 303명으로 1만 명을 넘어서고 있었다. 거기에다 연간 조선으로 도항하는 일본인의 수도 약 2천 명에 달했고, 앞서 설명한 조선 낭인들도 많이 몰려와 있었다.

서울에는 외무성의 기밀비와 주한 공사관의 보조금 등으로 만들어지는 공사관의 기관지적 성격을 가지고 있던 〈한성신보漢城新報〉를 경영하고 있던 구마모토국권당의 아다치 겐조安達謙藏, 구니토모 시게아키國友重長, 현양사의 도 가쓰아키藤勝顯, 삿사 마사유키佐佐正之, 사세 구마테스佐瀨熊鐵, 동학농민군을 지원하기 위해 결성된 무장단체 천우협千佑俠의 오자키 마사요시大崎正吉, 조선 정부의 궁내부 고문의 직함을 가지고 있던 오카모토 류노스케岡本柳之助 등 최저 수십 명에서 수백 명의 조선 낭인들이 있었던 것으로 추정된다.

이들은 조선에서 일본이 취할 수 있는 '국면 타개 방책은 민비 제거' 뿐이라며 "민비를 죽여라, 민비를 죽여라!"(《동아선각지사기전》 상권, 566항)라고 외치던 자들이었다.

이때 앞에서 언급했던 스나가도 서울에 와 일본에 망명 중이던 박영효의 자택에 머물고 있었다. 스나가(1868~1942년)는 사노 지역에 광대한 토지와 농지를 소유하고 정미업 등을 하고 있던 호농豪農, 호상豪商의 장남으로 태어나, 게이오의숙慶應義塾(현재의 게이오대학)에 들어가 설립자 후쿠자와 유기치福澤諭吉(1835~1911년) 밑에서 공부하면서 조선 유학생들과의 교류로 조선 등 아시아 문제에 흥미를 갖게 된다.

게이오의숙 졸업 후 스나가는 낭인 조직 현양사에 들어가 활동하면서 김옥균(1851~1894년), 박영효, 신응희申應熙, 정난교鄭蘭敎, 유혁로柳赫魯, 우범선, 이두황 등 조선 망명객들과 두터운 교류를 가졌고 그들을 물심양면으로 지원했다. 사노에 있는 그의 대저택에는 조선에서 온 망명객들의 발길이 끊이지 않았다고 한다.

서울 박영효의 집에 기숙하고 있던 스나가는 우범선과 만나 '흉금을 서로 터놓는 관계가 되었다'고 자작 한시('명치을미한성객

중우범선선明治乙未漢城客中禹範善')에서 밝히고 있다. 이때 우범선과 교분을 맺은 이래 스나가는 우범선 사후에도, 우의 유족들과 두터운 인연을 이어간다.

한편, 이노우에는 후임 공사 미우라가 서울에 부임해 왔는데도 귀국하지 않고 업무 인수인계를 이유로 2주 이상이나 공사관에 머물면서 미우라와 무언가를 모의했다. 그런 뒤 9월 17일 서울을 떠나, 인천에서 사흘을 더 머문 뒤 귀국길에 올랐다.

미우라는 이때 이노우에로부터 민비에 관한 여러 가지 정보도 인수인계를 받은 듯하다. 다음은 미우라가 자서전에서 민비에 관해 언급한 부분.

> 이렇게 재주 있고 지혜 있는 왕비다. 이노우에로부터 정치에 용훼容喙하는 것을 엄금당하고 있었지만 이노우에가 시종 궁중에 나가 지시하는 동안엔 무언가 그 간섭을 느슨하게 하기 위한 일을 꾸미며, 기어이 이노우에를 [교묘한] 말로 넘어가게 만들어 다시 정치적으로 참견하게 되었다. 혼자 바보 같은 짓을 한 것은 대원군이었다. 거기에는 또 뒤에 러시아 공사가 개입되어 있다.……공사뿐만 아니다. 공사의 부인이 늘 궁중에 들고 나면서 왕비를 조종했다. 그래서 우리 쪽도 어떻게 해서든 여자를 집어넣지 않으면 안 되겠다는 얘기가 있었다. 거기[러시아]에 대항하기 위해서는. 이것이 내가 조선에 오기 전까지의 상태였다.(《미우라 회고록》, 324~325항)

미우라는 군부에서 세운 공로로 자작子爵의 칭호를 받고 황실 고문관으로 위촉된 자로, 당시 조선에선 그를 아는 사람이 거의 없었다. 그는 부임한 뒤 선승禪僧을 자임하며 외부 활동을 될수록 삼가한 채 남산 기슭의 일본 공사관에 틀어박혀 있었다. 그는 '염불 공사'로 위장하면서 특유의 '과감한 수단'을 강구하여 국면을 역전시킬 준비를 하고 있었던 것이다.

미우라는 대외 활동을 자제하고 있었지만, 공사로 부임한 이후 경복궁에서 고종을 알현하면서 민비와도 몇 차례 자리를 같이하고 있다. 그러나 민비와 얼굴을 마주한 적은 없었다고 자서전에서 적고 있다.

이 왕비는 여성으로서는 실로 드물게 보는, 재능을 갖춘 호걸과 같은 인물이었다. 나도 가끔 궁정에 갔었지만 조선에선 부인은 남자를 만날 수 없게 되어 있으므로, 따라서 왕비는 나 같은 사람들도 만날 수 없었다. 처음 한두 번은 국왕의 의자 밑에서 무언가 소리가 나는 것 같았는데, 그것은 왕비의 소리였다.

왕비는 국왕 의자 뒤의 발을 열고 그곳으로부터 입을 열어 국왕에게 무언가 지시를 하고 있어, 사실상의 조선 국왕은 이왕비라고 해도 좋을 것이다. 나에게도 "심히 유감스럽지만 이 나라의 풍습으로는, 직접 만나 뵐 수 없다."고 인사했다. 그것은 실로 예의 바른 일이라고 생각할 정도였다. 《미우라 회고록》, 324항)

왕실과 민비는 친러, 친미 성향을 노골적으로 드러내어 9월 28일, 중추원 의장 어윤중魚允中, 농상공부대신 김가진金嘉鎭, 내부협판[차관] 유길준俞吉濬 등 친일파를 면직시키고 그 후임에 민씨 일파와 친러파 등을 대거 기용했다.

배일排日 조치는 인사뿐만 아니라 제반 시책에도 나타났다. 다음 날엔 갑오경장 때 개정되었던 조정 신하의 복식을 구식으로 환원시키는가 하면 갑오경장 이후 일본의 강요로 발표되었던 칙령이 백수십 호가 넘었는데도, 이 날짜 칙령 번호를 1번으로 하는 등 노골적으로 일본색 일소에 나섰다.

왕실은 이 같은 조치와 함께 일본의 영향력을 군대에서도 없애기 위해 훈련대를 해산하고, 시위대를 중용하기 위한 책략을 쓰기 시작했다. 훈련대는 청일전쟁 때 일본군 수비대의 장교가 교관이 되어 훈련시킨 정부 직속의 2개 대대로 편성된 부대(약 800명)이고, 시위대는 서양 제국의 근위대를 본떠 만든 왕실경호부대(약 500명)로 미국인 퇴역 장성 다이(W. McE. Dye)가 교관을 맡아 훈련시키고 있었다.

왕실에선 순검巡檢들로 하여금 훈련대 병사와 일부러 충돌을 일으키게 했다. 순검들과 싸움이나 벌이는 훈련대는 나라의 안녕을 해치는 조직이므로 더 이상 존속시킬 가치가 없다는, 훈련대 해산의 구실을 만들기 위해서였다.

미우라는 "왕비가 이번 공사는 군인 출신이라, 다루기 쉬운 사람"이라고 자신을 우습게 여기며 "여러 가지 방면에서 마수를 뻗쳐왔다."고 회고록에서 적고 있다. 이노우에가 귀국한 지 얼마 안 된 어느 날, 왕비로부터 사자가 와 "순검과 훈련대가 자꾸 싸움을 벌여 곤란하다. 무언가 조치를 취해주기 바란다."고 했다. 미우라 가 알아보니 별일이 아니었다고 한다. 그 뒤 또 왕비로부터 사자 가 와 같은 소리를 하는 일이 두서너 차례 반복되더니 하루는 군 부대신 안경수安駉壽가 미우라를 찾아왔다. 그는 국왕의 뜻이라며 "훈련대의 무기를 일시적으로 거두어달라."고 했다. 이때 미우라 는 '드디어 왔군. 이거구나. 당신들 속셈을 금방 알았다'(《미우라 회 고록》, 326항)고 기록하고 있다.

미우라가 "훈련대의 무기를 거두고 안 거두고는 국왕[고종] 마 음대로 하는 것이다. 상의하고 말고 할 것도 없다."고 잘라 말하 자, 안경수는 한술 더 떠 "공사가 나서 조용히 무기를 거두어달 라."는 부탁까지 했다. 이에 미우라는 "이런 바보 같으니라구, 안 되겠어."라고 안경수에게 크게 화를 냈다.

놀란 안경수가 도망치듯이 돌아간 뒤, 미우라는 스기무라 후카 시杉村濬 서기관을 불러 "조선놈들은 정말 괘씸하다. 훈련대 무기 를 거두어들이면 다음엔 [일본]내각 대신들의 목을 따 오라고 할 것"이라며, "나는 사정을 잘 모르니까, 어쨌든 그 준비만은 잘해 주게."(《미우라 회고록》, 327항)라고 의미심장한 부탁을 한다.

【 '여우사냥' 시동 】

　　참승을 자처하며 공사관에 칩거하던 미우라는 이 같은 조선 왕실의 태도를 '명백한 도전'으로 간주하고 반격에 나선다. 이때 조선 근무 7년째로, 주한 공사관의 핵심인 서기관 스기무라가 미우라의 지시를 받들어 민비 제거 공작의 주도적인 역할을 담당한다.

　　이노우에 전 공사가 한국을 떠난 다음 날인가, 이틀 후인가(9월 21일) 당시 서울에서 발행되는 유일한 신문이었던 〈한성신보〉의 사장 아다치가 미우라에게 신임 공사로서의 대한對韓 결의 등을 알아본다며 공사관으로 찾아갔다.

　　저녁 반주를 들고 있던 미우라는 아다치에게 맥주를 건네며 서슴없이 "아무래도 한 번은 '여우사냥'을 하지 않으면 안 되겠다. 자네 밑에 젊은 녀석들이 몇 명이나 있는가?"라고 물었다. 미우라

조선왕실 촉탁 사진사였던 무라카미 덴신村上天眞이 촬영한 명성황후로 알려져 있는 사진. 이 사진은 명성황후가 아니라 궁녀라는 주장도 있다.

Les derniers événements dont la capitale de la Corée été le théâtre sont sanglants et féroces à la façon de es épisodes qui remplissent les récits des chroniqueurs u moyen-âge. Les atrocités de la guerre et de l'émeute ompliquées de crimes particuliers. — un palais royal avahi par des forcenés, sous l'œil bienveillant, avec la omplicité, peut-être, des soldats auxquels les hasards e l'envahissement en ont confié la garde; — une reine ssassinée avec trois de ses femmes et le ministre de sa aison, — les cadavres transportés au dehors et brûlés, t leurs cendres jetées aux quatre vents, — le père du i, chef du complot qui a abouti à ce massacre, procla-ant la déchéance de son fils, et assumant l'autorité de ictateur; tels sont les faits qui viennent de se dérouler Séoul, et dont les acteurs principaux furent : la reine e Corée, son mari le roi Li Haï et le Taï Wen Koun.

La reine de Corée, qui vient de tomber sous les coups 'une bande de Japonais de la secte des soshi, était raiment la « reine », la maîtresse pièce de l'échiquier oréen. Née dans la famille Min, noble même en Chine, omme alliée à une dynastie impériale, elle a joué au-rès de son mari un rôle politique capital.

Agée de quarante-cinq ans, elle était beaucoup mieux ue son portrait, nous assure une dame du corps diplo-

Le roi Li Haï.

anti-étranger, hostile à toute réforme, dont il fut le chef, et le parti raisonnablement favorable aux étrangers, ouvert au progrès, dont le roi et la reine recherchèrent naturellement l'appui. Le récit des complots, des enlè-vements, des tentatives d'assassinat qui marquèrent cette lutte, nous entraînerait trop loin. Finalement, on a pu accuser le Taï Wen Koun d'avoir « provoqué l'insur-rection qui amena, en juillet 1894, l'explosion de la guerre préparée depuis 1867 par le Japon contre la Chine.

Le Taï Wen Koun est une grande intelligence servie par une volonté inflexible et une insensibilité de jeune. Mais il ne connaît ni l'Europe, ni les exigences impi-toyables de l'âge actuel, et marche en aveugle, brutal et féroce, au milieu d'obstacles que son œil inexercé ne perçoit pas. Il a voulu sauver son pays; il l'eût fait en d'autres temps; aujourd'hui il a assuré sa servitude.

La reine de Corée.

atique qui a été plusieurs fois reçue par elle. Malgré loi et les coutumes, elle n'acceptait pas de partager n mari. Elle ignorait ses fantaisies brèves pour quel-e *pyng yang girl* (danseuse du corps de ballet royal); ais malheur à celle qui avait inspiré un attachement i roi Li Haï! Mainte rivale a péri dans quelque arrière-our sombre et muette du Palais Neuf, après des tortures une barbarie raffinée, digne seulement d'un inquisi-ur ou d'une femme jalouse. L'une d'elles, Mme Chang-ime d'honneur, qui aurait donné au roi un fils aussi telligent que le prince héritier est borné, n'a été uvée, avec son fils, que par la protection intéres-e des Japonais, qui ont fait publier cette aventure nombre d'autres pamphlets venimeux contre la reine, ins les journaux anglais de Yokohama. Toute arme ait bonne aux envahisseurs de la Corée contre cette mme qui leur tenait tête.

Elle pouvait se croire en sûreté, dans la partie la plus time et la plus reculée du Palais Neuf, le sérail, d'où le ne sortait jamais, ermite dans le *Royaume ermite*. ais la secte des soshi est un instrument politique aussi mmode qu'un chien féroce : il suffit de mal attacher dernier... ou, comme on procède dans l'Empire du oleil-Levant, de laisser les premiers, porteurs d'un sa-e, se rendre librement dans l'endroit où vit quelqu'un nt la mort soulagerait le Japon... Tous les désaveux, uêtes les enquêtes, toutes les réparations et les larmes ficielles n'effaceront pas la tache ajoutée, par le sang une femme, à un blason déjà souillé par les massacres : Port-Arthur.

Le Taï Wen Koun.

Le roi Li Haï n'était que l'occupant du trône du vivant de sa femme; sa déchéance, proclamée par son père, ne sera sans doute pas maintenue; il sera invité à choi-sir une autre reine, et le pouvoir lui sera rendu. Mais ce ne sera encore qu'un simulacre de pouvoir, et il res-tera le prisonnier du comte Inouye et des Japonais.

VILLETARD DE LAGUÉRIE.

프랑스 잡지 〈일루스트라시옹〉 1895년 11월 2일자에 실린 명성황후시해사건을 다룬 '조선의 비극'이란 제목의 기사. 고종(위), 흥선대원군(아래)과 함께 명성 황후(가운데)의 인물화가 실려 있다.

가 말하는 '여우'는 민비를, '여우사냥'은 민비 살해를 의미한다.

그 순간 아다치는 "갑자기 '앗' 하고 머릿속에 섬광같이 번쩍이는 무언가를 느끼며 가슴속에 비상한 감동을 받았다."고 자서전(《아다치 겐조 자서전安達謙藏自敍傳》(신키샤新樹社, 1960년, 57항)에서 적고 있다.

아다치는 곧바로 "있다. 그런데 신문 경영을 위해 데려온 자들이라 대체로 얌전한 자들밖에 없다. 혹시 힘깨나 쓰는 애들이 필요하다면 암호전보 한 통으로 고향에서 필요한 애들을 언제든지 부를 수 있다. 당장 부를까."라고 했다. 그러나 미우라는 "그럴 필요는 없다. 이것은 절대 비밀이다."라고 했다.

이 무렵 미우라가 품었던 조선 문제에 대한 생각을, 민비 시해에 가담한 폭도 중의 한 명인 〈한성신보〉 편집장 고바야카와 히데오小早川秀雄는 훗날 사건 관련 수기에서 다음과 같이 대변하고 있다.

만일 형세를 방임하고 러시아와 조선의 관계를 자연히 발전하는 대로 내버려둔다면 일본의 세력은 완전히 천지에서 배제되고 조선의 운명은 러시아 마음대로 하는 바가 되어 어떻게 방책을 펴볼 만한 여지가 없어짐은 명약관화한 일이었다.……그렇다면 이에 대처하는 길은 무엇이겠는가.

다만 비상한 수단에 호소해서 러시아와 조선과의 관계를 끊어 러시아의 믿는 바를 잃게 하는 외에 다른 길은 없는 것이다.……달리 말하자면 궁중의 중심이며 대표자인 민비를 제거해서 러시아와 결탁하는 당사자를 잃게 하는 외에 좋은 방책은 없었다. 만일 민비를 궁중으로부터 제거해버릴 수가 있다면 웨베르[러시아 공사]라 할지라도 누구에게 기대어 조선의 상하를 조종할 수 없을 것이다. 민비야말로 궁중의 악폐의 원천이며 그 모든 것이었다.

민비를 제거함은 곧 러시아의 믿는 바를 잃게 하는 바인 동시에 악폐의 모든 것을 없애는 바이기도 했다. 당시에 있어서 쓸 수 있는 수단은 다만 이 길이 있을 뿐이었다. 이때 궁중에서 행하는 일은 대소를 물을 것 없이 모두가 민비의 가슴으로부터 나왔으며 국왕은 꼭두각시에 불과했다.……조선의 당시 화근은 매사가 민비 일신과 연결되어 있었다. 민비가 궁중에 건재하는 한 백의 수단, 천의 방법을 다한다 해도 마치 물의 원천을 맑게 하지 않은 채 그 흐름의 끝이 흐리지 않기를 바라는 것과 같은 것이었다. 비상수단을 써서 큰 폭발을 일으키는 것은 실로 어찌할 도리가 없는 시대의 형세였다.

혜안이며 과감한 미우라 공사는 일찍이 이 점에 착안하여 근본적으로 그 화근을 제거하려고 꾀했다.(고바야카와 히데오小早川秀雄, 《민후조락사건閔后狙落事件》, 등사판, 연대 불명, 조덕송趙德松 역, 《민비시해사건의 진상閔妃弑害事件의 眞相》, 민우사, 1946년, 35~37항. 이하 《민비시해사건의 진상》)

제 2 장

─────── ✤ ───────

동참
우범선의 활약

【 우범선의 결정적 제보】

 민비 시해와 관련하여 훈련대 제2 대
대장이었던 우범선은 과연 어떤 역할을 했을까? 우범선의 행동을
미우라가 주동이 된 민비 시해 준비 과정과 사건 당일로 나누어
살펴보기로 한다.

 우범선은 시해사건이 일어나기 전 일본 측에 중요한 정보를 제
공해 준다. 민비시해사건(10월 8일)이 일어나기 열하루 전인 9월
27일, 우범선은 훈련대 교관이기도 한 일본군 수비대 미야모토
다케타로宮本竹太郎 소위와 함께 훈련대를 이끌고 용산으로 훈련
을 나갔다.

 그때 우범선은 미야모토 소위에게 "작년 동학란 토벌 이래 오
늘에 이르기까지 오랫동안 귀하의 적절한 훈련지도에 감사한다."
며 "내가 훈련대를 이끌고 귀관과 훈련을 받는 것은 오늘로 마지

막이어서 유감으로 생각한다."고 말했다.

미야모토 소위가 이상하게 생각하여 "왜 그러냐?"고 물었다. 우범선이 말하길 "빠르면 열흘 이내에 우리 훈련대는 해산하고 그 장교들은 엄벌에 처해질지 모르므로 나는 가능한 한 빨리 도망하여 일신을 보전할 생각"이라며 "이 일은 결코 다른 사람에게 이야기해서는 안 되는 일이나 귀관으로부터 오랫동안 교육과 훈련을 받아 온 만큼 나의 충정을 밝힌다."고 했다.

다음 날인 28일 우범선은 역시 훈련대 교관인 이시모리石森吉猶 대위를 찾아와 무슨 일인가를 상의했고, 10월 3일엔 우가 일본군 수비대 대대장인 우마야하라 쓰모토馬屋原務本 소좌[소령], 이시모리 대위와 함께 미우라 공사를 방문한 일이 있다(《일본외교문서》 제28권 제1책, '10월 8일 조선왕성사변상세보고의 건十月八日朝鮮王城事變詳細報告의件', 559항, 이하 '우치다內田 보고') 고 기록되어 있다.

이 보고서는 우범선이 '열흘 내 훈련대 해산' 이란 기밀을 사전에 일본 측에 통지해주었을 뿐 아니라 일본 수비대 장교 및 미우라 공사와의 잇단 만남을 통해 훈련대 해산에 따른 대책을 논의했음을 말해준다.

우범선이 훈련대 해산 방침을 처음 누설한 상대인 미야모토 소위가 곧바로 자신의 상사에게 보고했는지는 알 수 없다. 그러나 통상적인 군대의 보고 체계와 훈련대 해산 임박이란 사안의 중요성을 감안할 때 미야모토 소위는 당연히 상관에게 보고했을 것이다.

미야모토 소위가 만약 곧바로 보고하지 않았다 하더라도 우범선이 다음 날 이시모리 대위를, 그 며칠 후엔 우마야하라 소좌를 찾아가는 등 잇달아 일본군 장교들과 접촉하고 있어 이들이 우범선으로부터 전해 들은 훈련대 해산이란, 그들에겐 절체절명이랄 수 있는 중요 정보가 미우라 공사 등 상부에 보고되었음은 틀림없다고 해도 과언이 아니다.

이 무렵 훈련대의 제1 대대장인 이두황李斗璜은 일본 측과 접촉했다는 기록이 없으나 유독 우범선만이 그들과의 접촉이 두드러진다. 이때 스기무라 서기관 등 일본 공사관 측은 일본에 매우 협조적인 우범선과 달리 이두황은 협조가 되지 않는다고 친일파 대신 등에게 불만을 말하고 있었다.

어쨌든 훈련대 해산이 자신의 운명에도 직접적인 영향을 미친다고 생각한 우범선은 일본 측과 일심동체가 되어 훈련대 해산과 그에 따른 일본의 민비 제거 계획에 적극적으로 협조하고 있었다.

물론 당시 일본 공사관은 조선 정부가 훈련대를 해산할 방침이란 것은 알고 있었지만 정확한 날짜는 모르고 있었다. 그때 우범선이 전해준 '열흘 내 해산'이란 정보는 일본에게 매우 긴요한 정보라 할 수 있다.

이 같은 정보를 바탕으로 미우라는 10월 1일, 〈한성신보〉사 사장 아다치를 공사관으로 불러 앞서 운을 뗀 바 있는 휘하 낭인들을 동원하여 '여우사냥'의 전위대가 되어줄 것을 부탁했다. 미우라는 낭인들에 대한 보수로 6천 엔을 제시했다.

사건 직후의 일본 자료에는 그 6천 엔의 보수가 그들이 민비 제거를 위해 동원한 흥선興宣 대원군(1820~1898년)으로부터 제공되었다는 기록도 있다. 그러나 이는 사실과 다르다. 당시 사실상 유폐 상태에 있던 대원군은 그 같은 거액을 조달할 능력이 없었을 뿐 아니라, 그 돈은 공사관의 스기무라 서기관으로부터 아다치에게 제공되었다고 아다치가 나중에 자서전에서 밝히고 있기 때문이다

당시 6천 엔의 화폐 가치는 얼마나 되었을까?

메이지시대 이래 일본의 각종 물가 등을 조사한 《값의(메이지明治 다이쇼大正 쇼와昭和) 풍속사値段の風俗史》(〈슈칸아사히〉(週刊朝日) 편, 아사히신문사朝日新聞社, 1981년, 이하 《값의 풍속사》)란 책에 따르면 민비 시해사건 발생 2년 후인 메이지 30년(1897년) 당시의 일본 초등학교 교사 초임이 8엔이었다. 6천 엔은 교사 초임의 약 750배에 달한다. 현재의 한국 화폐 단위로 대충 환산하면 수억 원에 상당하는 금액이다.

미우라가 아다치에게 낭인 동원을 부탁한 이틀 후인 10월 3일, 일본 공사관 밀실에서는 미우라 공사가 주재하는 '여우사냥' 최종 점검 회의가 열렸다. 주한 일본 공사관의 핵심인 서기관 스기무라, 조선 궁내부 고문 오카모토, 공사관 부무관附武官 포병 중좌[중령] 구스노세 유키히코楠瀬幸彦 등의 간부만이 참석한 극비

회의였다.

그때까지 추진해 온 실행 방안을 검토하고, 다음과 같은 최종 안이 정해졌다.

1. 궁중의 간신을 제거하여 국정을 바로잡는다고 제언하고

2. 대원군을 괴뢰 영수領袖로 추대, 옹위擁衛해 입궐시킨 뒤, 왕후를 시해하되

3. 행동부대의 표면에는 훈련대를 내세워 조선인의 쿠데타처럼 가장하고

4. 행동의 전위대로는 일인 낭인부대를 앞세우되 그들을 위한 엄호 및 전투의 주력으로는 일본군 수비대가 출동 담당하고

5. 대원군 호위의 별동대로는 일본 거류지의 경비를 담당하는 일본 경관을 동원키로 한다.(정교鄭喬,《대한계년사大韓季年史》권2, 고종 32년 을미 8월 기사 등 참조.)

일본인 낭인들을 동원키로 한 것은 조선인들이 아무리 반反민비 세력이라 할지라도 왕비를 시해하는 데는 동참하지 않을 것이라는 조선인에 대한 의구심과 만일 발각될 경우라도 낭인들은 민간인 신분이기에 일본 정부가 책임을 피할 수 있는 이점이 있기 때문이었다. 거사일은 10월 10일로 잡았으나 일단 비밀에 부치기로 했다.

앞서 〈우치다 보고서〉에도 기록되어 있는 것과 같이 이날(3일) 우범선은 미우라를 공사관으로 방문하여, 훈련대 해산에 따른 대책을 논의한 것으로 보인다.

【 대원군을 '괴뢰'로 이용 】

일본의 '여우사냥'을 위한 대체적인 방안이 정해졌으나 가장 큰 난관은 대원군을 어떻게 동원하는가의 문제였다.

일본은 청일전쟁 개전 직전(1894년 7월) 일본군이 경복궁을 기습 점령할 때 대원군을 '괴뢰'로 앞세워 민비와 민씨 일족으로부터 권력을 빼앗았다. 그러나 대원군은 일본의 힘을 빌려 권력을 잡은 뒤엔 일본의 지시를 따르지 않거나 비협조적이어서, 일본은 속을 태운 경험이 있었다.

대원군(1820년생)은 이때 일흔 중반의 고령으로 민비와 민씨 일파에 의해 사실상 마포 공덕리孔德里에 유폐된 상태였다. 그러나 미우라는 민비 제거엔 가장 강력한 반민비 세력인 대원군을 이용할 수밖에 없다고 판단했다.

설사 대원군이 입궐에 동의한다 해도 본성이 완고하고, 거기에다 산전수전을 다 겪어 노회하기 그지없는 그가 고분고분 일본의 의도대로 움직여줄지가 의문이었다. 조선에서 장기간 근무하여 대원군의 품성 등을 잘 알고 있는 서기관 스기무라가 대원군을 무조건 입궐시키면 위험하므로 사전에 견제하는 방안이 필요하다고 강조했다. 미우라도 찬성하여 스기무라가 4개항의 서약서를 기초하여 대원군에게 사전 동의를 구하기로 했다. 서약서의 내용은 다음과 같다.

1. 대원군은 국왕을 보익補翼하여 궁중을 감독하되, 일체의 정무는 내각에 맡겨 결코 간섭하지 말 것.

2. 김홍집, 어윤중, 김윤식 3인을 중심으로 정부를 개조하여 개혁을 단행토록 할 것.

3. 이재면李在冕을 궁내부대신으로, 김종한金宗漢을 동 판협으로 임명할 것.

4. 이준용李埈鎔을 3년 기한으로 일본에 유학시켜 재기才器를 양성시킬 것.(기쿠치 겐조菊池謙讓, 《근대조선사近代朝鮮史》 하권, 다이리쿠연구소大陸研究所, 1940년, 470항 등)

이재면은 대원군의 장남으로 차남인 고종(차남)의 형이며, 이재면의 장남인 준용은 대원군의 장손이다. 대원군의 환심을 사기

高見閣大院君

光緒年歲壬午七八月初旬
建橋賞拍照

일본 측의 '여우사냥'에 이용당한 고종의 아버지 흥선대원군 이하응.

위해 아들의 중용과 아울러 대원군의 발목을 잡아 두기 위해 장손을 일본으로 유학 보내 사실상의 인질로 삼겠다는 일본의 의도가 담겨 있다.

이같이 민비 제거 계획과 대원군 이용에 대한 조건 등이 입안되자 미우라는 즉시, 수년간 서울에 머물며 대원군과 친교가 있는 오카모토에게 대원군과의 교섭을 맡겼다.

오카모토는 그날 저녁 낭인 통역 스즈키 준켄鈴木順見을 대동하고 공덕리의 별장, 아소정我笑亭으로 대원군을 찾아갔다.

이날 밤 대원군이 오카모토와의 밀담에서 말한 내용 등을 오카모토는 후일 이 사건과 관련하여 히로시마 재판에 회부된 뒤의 신문과정에서 다음과 같이 밝히고 있다.

우右 4개항을 기입한 서면을 제시한 바 이 안은 지극히 동의하는 바이지만 나(대원군) 자신으로는 이미 노년으로 근기根氣가 지속될 수 없는지라 따라서 이대로 죽더라도 운수소관이라고 체념할 수밖에 없다고 대답했다. 그러나 그 자리에는 이재면, 이준용도 동석하여 예의 4개항에 찬성하고 대원군에게 그대로 시행함이 좋다고 거듭 권고하니 마침내 "그렇다면 해보자."고 승낙이 내려 그 승낙서에 자필 확인을 받게 된 것이다. 그 서면은 미우라에게 건네주었다.
(이토 히로부미 편伊藤博文編, 《비서류찬 외교편秘書類纂 外交編》 중권, 1934년, 447~486항)

이날 오카모토는 '거사' 일자를 대원군에게 말하지 않고 형세를 보아 추후 연락할 것만 약속해두었다고 한다. 대원군 동원 여부를 성패의 관건으로 생각한 미우라는 오카모토가 대원군을 만나기 이전에도 영사관보補 호리구치 구만이치屈口九萬一를 9월 하순, 낭인 통역 스즈키를 9월 30일, 영사부 순사 와타나베 다카지로渡邊鷹次郎를 10월 1일, 다시 호리우치를 10월 2일 각각 대원군에게 보내 그의 의중을 탐지했다. 마지막으로 오카모토가 10월 3일과 5일 공덕리로 가서 최종 조율했다.

【 미우라의 연극 】

만반의 준비가 완료되자 미우라는 '거사일'까지 비밀을 지키기 위해 연극까지 연출한다.

미우라는 핵심 참모인 오카모토와 구스노세를 귀국한다고 위장시켜 송별회까지 베풀어준 뒤 '거사' 3일 전인 10월 5일 인천으로 떠나게 했다. 오카모토가 대원군을 방문한 것에 대해 혹시 궁중으로부터 의심을 받을까 염려하여, 귀국 인사를 하기 위해 찾아갔다고 은폐하기 위한 조치였다. 구스노세는 당시 공사관의 일본군 수비대를 총지휘하는 자였기에, 그를 위장 귀국시키려는 것은 일본군에 별다른 움직임이 없다는 것을 알리기 위해서였다.

'거사일'이 정해짐에 따라 10월 6일, 스기무라는 김홍집 총리를 만나 대원군을 옹립하려는 움직임이 있을 것임을 암시하고 협조를 부탁했다. 그러자 김홍집은 갑자기 사의를 표한다. 스기무

라는 김홍집의 사의를 적극 만류하는 한편 다음 날인 10월 7일에
도 김홍집을 찾아가 만류한다.

이는 민비 제거 후 친일파인 김홍집을 총리에 유임시킬 복안이
던 일본 측으로서는 김홍집이 사직할 경우 내각 구성 등에 혼란
이 생기는 것이 우려되었기 때문이다.

스기무라는 귀로에 전 군부대신 조희연趙羲淵을 만나러 그의 집
을 찾아가니 마침 그 자리에 권형진權瀅鎭(후에 경무사)도 와 있어
함께 얘기를 나누었다.

이 자리에서 스기무라는 "훈련 제2 대대장 우범선과 부하들은
궁중의 훈련대 해산 조치에 분격하고 경우에 따라서는 헌신적인
움직임을 보일 수도 있으나, 제1대대[대대장 이계호李計鎬, (이두황李斗
璜의 오기인 듯)]는 그렇지 않다. 만일의 일이 생겨 제1대대가 주저
하면 큰일이 생길 것"이라고 하자 조희연은 자신이 "잘 지도할 것
이라고 답했다."고, 스기무라는 자서전(《재경고심록在京苦心錄》, 1931
년, 비매품, 186항)에서 적고 있다.

스기무라가 말한 '헌신적인 움직임'이란 민비 살해를 주도할
일본 낭인 등의 경복궁 침입에 우범선이 부대를 끌고 참여하기로
이미 약속되어 있음을 말한다. 미우라는 민비 제거 계획을 일본
인 중에서도 오카모토 고문, 호리구치 영사관보, 오기와라 히데
지로荻原秀次郎 경부, 구스노세 중좌, 우마야하라 수비대장 등 공
사관의 주요 간부와 아타치, 시바 등 낭인 동원 책임자에게만 사

전에 알리고, 그 밖의 사람에겐 극비로 했다. 미우라와는 관계가 좋은 편이 아니었던 주경성京城 영사관의 우치다 사다쓰지內田定槌 일등영사 등은 전혀 눈치채지 못했다.

【 우범선, 일본군 대책 회의에 】

　　　　　　　　민비 제거에 나설 만반의 준비를 갖
춘 일본은 언제 실행하느냐와 그 계획의 성공 여부만이 남았다.
　이 같은 일본의 흉계를 전혀 눈치채지 못한 왕실과 민씨 일파,
친러파들은 아무런 대책도 세우지 않은 채 위험천만한 훈련대 해
산을 서둘렀다. 훈련대 해산을 결정한 10월 7일 오전 9시경, 군부
대신 안경수는 일본 공사관을 방문하여 해산 방침이 결정되었음
을 미우라 공사에게 알리고 8일에는 무장해제 될 것임을 정식으
로 통고했다.
　아울러 갑오경장 때 탐관오리로 지목되어 유배당한 뒤 청국으
로 도피했던 민씨 일족의 거물 민영준閔泳駿의 궁내부대신 임명에
대한 일본 공사의 사전 양해를 구했다. 미우라는 훈련대 해산에
대해서는 아무런 말도 하지 않은 채 민영준의 기용에는 의외로

민비시해사건 당시 서울 남산에 있었던 일본 공사관과 영사관. 조선인들에게는 왜성대(倭城臺)로 불렸던 이곳에는 일본 경찰서 등도 있고 주변에 일본인 거류지가 형성돼 있었다.

찬성하면서 왕비에 대한 문안인사도 곁들였다.

미우라는 형세가 매우 급박해져 하루라도 지체할 수 없음을 직감하고 당초 계획(10일)을 앞당겨 단행할 수밖에 없다고 생각했다. 왜냐하면 훈련대가 해산되면 미우라가 계획한 훈련대 동원은 수포로 돌아가버리고 그에 따라 '여우사냥'도 결정적인 차질을 빚을 것이기 때문이었다.

상황이 다급해졌지만 미우라는 평정을 가장하고 응접실에서 안경수와 대담을 나누고 있었다. 김홍집 등을 면담하기 위해 출타한 스기무라가 오전 11시경 공사관에 돌아와 합석했다. 미우라는 안경수에게 훈련대 해산은 그동안 조선 정부의 개혁작업을 도

와 온 일본 정부의 후의를 무시하는 처사라며 그 뜻을 국왕에게
전하라고 화를 내며 말했다. 이때 우범선이 찾아왔다고 사환이
연락했다.

스기무라는 우범선이 안경수와 만나는 것은 '거사일'에 우범
선이 지휘하는 훈련대를 동원해야 하는 그들로서는 바람직하지
않다고 판단하고, 일부러 우범선을 별실에서 기다리게 했다.

이때 스기무라가 우범선을 별실로 안내한 것과 관련, 우범선을
미우라 주재의 공사관 대책 회의에 동석시키지 않기 위함이며,
이는 우범선에 대해서도 비밀의 누설을 우려했기 때문이란 해석
(박종근朴宗根, 《일청전쟁과 일본,日淸戰爭と日本》, 아오키쇼텐靑木書店, 1982
년)도 있다. 그러나 당사자인 스기무라의 자서전엔 다음과 같이
다르게 기술되어 있다.

미우라와 안경수의 이야기가 끝나자, 안경수가 스기무라에게
할 말이 있다고 해 둘은 옆방으로 옮겨 이야기를 나눈 뒤, 스기무
라가 응접실로 돌아가 보니 우범선은 미우라와 대담 중이었다.
이 자리엔 우범선에 앞서 역시 훈련대 해산에 따른 대책을 논의
하기 위해 공사관에 온 일본군 책임자인 수비대 대대장 우마야하
라 소좌도 합석해 있었다.

미우라는 우마야하라 소좌에겐 이미 대원군을 입궐시킨다는
계획을 알려주었고, 비밀리에 조선군 훈련대를 감시하도록 지시
해놓고 있었다.

정오가 지났을 무렵 스기무라는 우마야하라를 별실로 불러내어, 사정이 긴박해져 '그것'(경복궁 침입)을 10일까지 기다릴 수 없으니 '내일(8일)'로 앞당길 수밖에 없다며 일본군 동원 이상 유무를 확인했다.

우마야하라가 아무런 문제가 없다고 하자 스기무라는 점심식사를 하고 올 테니 공사에게 당신이 대신 이 뜻을 전하라고 했다.

스기무라가 "점심식사를 마치고 다시 공사관으로 돌아오니 오후 1시가 지나 있었고 이때 우범선(그는 충분히 결심을 하고 있었다고 들었다)은 가고 없었다."고 자서전(《재경고심록》, 188~189항)에서 기록하고 있는 만큼, '거사 전날' 우범선은 미우라 공사 및 일본군 수비대 책임자인 우마야하라 소좌와 최종적으로 '긴밀한 얘기'를 나누었다고 할 수 있다.

미우라가 이날 우범선에게 무엇을 이야기했는지에 대해 미우라는 자신의 회고록 등에서는 일절 언급하지 않고 있다. 고바야카와는 앞서 수기에서 이날 공사관의 움직임을 다음과 같이 적고 있다.(스기무라는 이날 우마야하라가 우범선보다 공사관에 먼저 왔다고 하고 있으나 고바야카와는 우마야하라가 우범선을 데리고 왔다고, 서로 달리 기술하고 있다.)

"우마야하라 소좌가 우범선을 데리고 공사관에 왔을 때 공사는 안경수 군부대신과 대담 중이었는데……공사는 안경수를 돌려보낸 뒤 우범선을 불러 대원군을 일으킬 것을 말하고 그 부하 장병을 이끌고 거사에 따를 것을 부탁했다. 우범선은 이를 듣고 즉시 공사의 부탁을 받아들이고 돌아갔다. 당시 우범선 등의 형편이 궁중으로 말미암아 위험을 느끼고 있었던 터라 이 계획에 호응한 것도 무리는 아니었다."(《민비시해사건의 진상》, 58~59항)

이날 미우라가 다음 날 '거사'에 동참할 것을 약속한 우범선에게, 왕비를 살해한다는 얘기나, 또는 그런 암시를 했는지는 알 수 없다. 그러나 사건을 전후하여 미우라는 당초엔 '입궐의 목적'(왕비 살해)을 달성키 위해 조선인을 동원할 생각이었다고 스기무라 서기관, 우치다 영사 등에게 말하고 있어, 미우라가 동원을 검토한 조선인은 일본이 가장 신뢰할 수 있을 뿐 아니라 훈련대 간부이기도 한 우범선이었을 가능성이 농후하다. 따라서 미우라는 그동안 여러 차례 우범선과 접촉하는 과정에서 왕비를 살해한다는 방침을 통보했거나, 아니면 넌지시 언질을 주었을지도 모른다.

어쨌든 이날 스기무라가 "우범선에 대해 충분한 결심을 하고 있다고 들었다.", 고바야카와가 "우범선이 즉시 공사의 부탁을 수락했다."고 하는 등, 우범선이 일본 측의 의도대로 움직이고 있음은 자료에서 명백히 드러나고 있다.

우범선은 이날 공사관에서 미우라 등과 만난 데 이어 일본군 수비대의 임시 대책 회의에도 출석하고 있다. 우마야하라 소좌가 대대장인 주한 일본군 수비대의 진중일지(일본방위연구소 도서관 소장, 《제5사단 진중일지第五師團陣中日誌 권15 후비보병 제18대대 진중일지後備步兵第十八大隊陣中日誌》)에는 "10월 7일 맑음, 임시회의를 열어 조선 정부 개혁 용건에 대해 논의, 훈련 제2 대대장 우범선도 와서 회의에 참석하다."라고 되어 있다.

진중일지에는 수비대 임시회의의 시간이 적혀 있지 않아 정확한 시간은 알 수 없으나 공사관에서 우마야하라가 미우라, 우범선과 만나 이야기를 나눈 뒤 수비대 본부로 가서 회의를 한 것으로 추정된다. 시해사건 후 군법회의에 회부된 이들 군인들에 대한 군법회의판결서(《관보官報》, 제3768호, 메이지29년(1896년) 1월 23일자)에서, 우마야하라는 10월 6일 공사관에서 미우라로부터 '근일近日' 훈련대를 끌고 '경복궁景福宮으로' 입궐한다는 계획을 통보받고, 10월 7일 오전 8시, 대대 본부에서 각 중대장을 소집하여 각각의 임무를 부여했다고 진술하고 있다.

또, 우마야하라는 7일 낮 공사관에서 미우라를 만나고 수비대로 돌아가 오후 7시, 8시경 각 중대장들에게 최종 임무를 부여했다고 중대장들이 군법회의 조사 과정에서 진술(이시카와 마사아키市川正明 편, 《일한외교사료(5) 한국왕비살해사건日韓外交史料(5)韓國王妃殺害事件》, 하라쇼보原書房, 1981년, 155항) 하고 있다.

따라서 우범선이 참석한 수비대의 임시회의는 이날 오전 8시 회의가 아니라 그 뒤에 열린 회의였던 것으로 보인다.

미우라는 7일 스기무라가 우마야하라를 통해 건의한 대로 '8일 미명'으로 거사일을 앞당기라고 지시했다. 아울러 며칠 전 귀국을 가장하여 인천에 가 있던 오카모토와 구스노세에게 급전을 쳐 긴급히 서울로 돌아올 것을 지시했다.

이어 미우라는 오후 4시경부터 저녁 사이 거사에 가담할 일본 경찰, 민간인 중 주요 인물들을 공사관으로 불러 동원 태세와 행동 지침을 최종 점검, 하달했다.

이 자리엔 저술가인 시바, 〈한성신보〉 사장 아다치, 동 신문의 주필 구니토모, 영사관보 호리구치, 공사관 경부 오기와라 등이 참석했는데 다음과 같은 임무가 부여되었다.

실행의 선봉은 〈한성신보〉를 중심으로 하는 낭인부대로 하되 이들을 2개의 대대(大隊)로 나눈다. 그 주력은 아다치를 수괴로 하고 아다치와 동향(구마모토熊本)인 낭인 사사(佐佐正之), 다나카(田中賢道)를 부장(副將)으로, 그 휘하에는 〈한성신보〉 편집장 고바야카와, 동 기자 기쿠치 등 기자, 통신원들과 국수주의적인 민간 낭인조직인 현양사 玄洋社 계통 7~8명과 간토자유당(關東自由黨) 계통 5~6명 등 30여명으로 한다. 이들은 대원군의 별장으로 가 그를 호위해 입궐시킬 책임을 맡는다.

이와는 별도로 〈한성신보〉 주필 구니토모를 수괴로 하고 동 기자 야마다 렛세(山田烈盛)를 부장으로 한 낭인부대 별동대 수십 명은 시바의 숙소인 진고개[현재의 충무로3가]의 여관 파성관巴城館에서 대기하다가 직접 경복궁으로 달려가 합류키로 한다.

호리구치 영사관보에게는 대원군 입궐에 관한 방략서方略書를 주어 인천에서 올라오는 오카모토와 용산에서 합류하여 대원군의 별장으로 가도록 한다.

일본인 거류지 일대를 경비하는 일본 경찰대는 서장 오기와라의 지휘하에 사복으로 위장하여 일부는 대원군 별장에, 나머지는 별동대 낭인들과 행동을 같이한다. 일본 수비대와 조선군 훈련대는 이들을 엄호하며 경복궁으로 들어간다.(《근대조선사》하, 405~408항, 《대한계년사》권2, 고종32년 을미 8월 기사 등 참조.)

미우라는 이날 저녁 스기무라 서기관에게 은밀히 "조선인만으로는 입궐의 목적을 달성할 수 없을지 모르므로 구니토모, 아타치 등과 의논하여 장사 10명 정도에게 도움을 청하도록 하라."(《재경고심록》, 190항)고 지시했다.

미우라는 이미 낭인 동원을 비밀을 전제로 아타치 등에게 지시해놓고 있었던 만큼, 이날 '10명 정도의 도움'은 민비를 직접 살해하는 임무를 맡을 낭인 동원을 의미한다. 후일 이들이 재판을 받은 히로시마재판소의 예심결정서에 따르면, 이때 미우라는 낭인배들의 우두머리인 아타치와 구니토모에게 '입궐할 때 왕후폐하를 살해하라고 교사' 한 것으로 드러났다.

미우라의 이 같은 언급은 당초엔 조선인에게 '입궐의 목적', 즉 민비 살해의 임무를 맡기려 했으나 막바지에 낭인들로 변경했다는 뜻이며, 조선인이라면 우범선이 지휘하는 훈련대 제2대대를 가리킨다.

따라서 미우라는 7일 낮 우범선이 공사관으로 찾아와 다음 날 새벽의 경복궁 침입에 대해 논의할 때 당초의 조선인 동원 계획이 변경되었음을 우범선에게 알렸을 가능성이 크다. 민비시해사건 전 둘이 만난 것은 이날이 마지막이었기 때문이다.

어쨌던 미우라는, 경복궁 침입 시간은 8일 새벽 4시 반, 왕비 살해는 사후 책임 문제 등을 고려하여 일본 군인이나 공사관원이 아닌 민간인인 낭인배들이 맡도록 최종 결정하고, 만반의 준비를 갖추라고 지시했다. 미우라는 이날 저녁 7시 영사관에서 우치다 영사가 베푼 공사 부임 환영 연회에 태연히 참석한 뒤 밤늦게 공사관으로 돌아갔다.

한편 이날 밤 훈련대 제2 대대장 우범선은 연대장 홍계훈洪啓薰에게 보고하지 않은 채 야간훈련을 한다며 병사들에게 실탄까지 휴대시켜 출동한다.

일본 공사관에서 무서운 흉계가 꾸며지는 것도 모른 채 이날 밤 경복궁 안에선 민씨 일파들이 궁내부대신에 기용되는 민영준의 재기를 축하하는 잔치를 열고 있었다. 민비는 그 자리에 참석하지 않았지만 아마도 친정집 식구의 영전을 흐뭇하게 생각했을

일본 낭인들이 명성황후 시해를 모의한 파성관. 남산의 일본인 거주지역에 있었는데 학교 우측 큰 건물이 파성관이다.

것이다. 민비 생애 마지막 밤이 그렇게 깊어가고 있었다.

같은 시간 일본인 거주지역인 진고개의 파성관에서는 일본 낭인배들이 기생까지 불러 왕궁 침입의 출정식을 겸한 주연을 벌이고 있었다. 이들은 자정 무렵 주연이 끝나자 수령 격인 구니토모의 지시를 받아가며 서너 명씩 경복궁 쪽으로 이동해 갔다.

이날 밤 남산 밑의 〈한성신보〉사에 집합해 있던 30여 명의 낭인들은 동사 사장 아다치의 지휘를 받아가며 삼삼오오 용산으로 향했다. 당시 용산은 인천과 서울을 잇는 항구 역할을 하고 있었는데 용산에는 상인 등 많은 일본인들이 거주하고 있었다. 일본군 병참부와 일본 경찰서도 있었다. 낭인배들이 용산에 도착한 것은 자정 무렵이었고 일본 경찰 일부도 합류했다.

용산에는 인천에서 급보를 받고 돌아온 오카모토와, 미우라로부터 대원군 입궐의 방략서를 받아 온 호리우치, 통역 스즈키 등이 일본 수운회사 사무실에 들어가 내용을 검토하고 있었다.

【 초적폭도草賊暴徒의 진군 】

이들 일행 30여 명은 달빛을 받으며 경인 가도를 따라 공덕리 대원군 별장으로 향했다. 이 낭인부대에 소속된 〈한성신보〉의 고바야카와는 야밤을 틈타 행군하는 모습을 스스로 다음과 같이 묘사하고 있다.

양복을 입은 자, 일본 옷을 입은 자, 큰 칼을 어깨에 멘 자, 허리에 칼 한 자루를 찬 자, 곤봉을 든 자, 피스톨을 가진 자, 또는 가벼운 옷차림에 짚신을 신고, 또는 양복에 일본 짚신을 신은 자 등등 그 난잡한 모양은 완전히 초적폭도草賊暴徒의 진군이었다.(《민비시해사건의 진상》, 70항)

이들은 도중, 스기무라 서기관이 낭인들과 대원군 별장을 감시·경호하는 순검들과의 충돌을 우려해 보낸 전 군부협판 이주회李周會와 이진호李軫鎬, 구연수具然壽 등 훈련대 간부들과 만나길 안내를 받으며 대원군의 별장 아소정에 도착했다.

이 별장에는 궁중에서 파견된 10여 명의 순검들이 있었다. 일본도를 빼 든 낭인들은 이들을 포박하여 창고 속에 집어넣었고, 일본 경찰들은 순검들의 제복과 모자를 빼앗아 조선인 순검처럼 위장했다.

오카모토와 통역 스즈키는 대원군의 방으로 들어가 취침 중인 그를 깨워 입궐할 때가 왔음을 알렸다. 낭인배들이 응접실에서 기다리는 동안 대원군은 오카모토 등과 한 시간 이상을 이야기했으나 좀처럼 일어서지 않았다.

두 시간 이상이 지나서야 대원군이 거사 취지를 백성 등에게 알리는 고유문告諭文 초안에 재가를 했고, 오전 3시경 대원군은 복장을 갖춘 뒤 가마를 타고 공덕리 별장을 떠났다. 이처럼 시간이 상당히 경과한 뒤 대원군이 출발하게 된 것은, 경복궁 침입을 앞둔 무리가 막상 입궐하자고 들이닥치자 '대원군이 좀처럼 응하지 않아' 시간이 걸렸고, 결국은 '많은 일본인 장사(낭인) 등도 함께 무리하게 대원군을 끌어내어 왕성을 향했기 때문'(《우치다 보고서》) 이라고 한다.

그러나 현장에 갔던 고바야카와는 "궁중에 들어갈 채비를 해달라고 하자 대원군은 크게 기뻐하면서 이를 승낙했다.……비만풍

협의 노옹은 만면에 희색을 띠고 있었다.……더운 물을 가져오게 하여 세수를 한 뒤 의복을 정제하고 입궐할 채비를 했다."고 반강제적으로 입궐을 강요했다는 주장과는 다르게 수기에 적고 있다.

청일전쟁 직전 일본이 경복궁을 기습 점거할 때에 이어 대원군이 다시 일본에 이용당한 것에 대해 박은식朴殷植은 일본이 한국을 병합한 이후(1915년)에 저술한 《한국통사韓國痛史》에서 다음과 같이 개탄하고 있다.

> 일본은 이 기회를 틈타 난국을 타개하고 왕실을 일으킴에는 대원군이 다시 정치 일선에 나서는 것이 필요하다고 설득하여……결국 응낙하여 저들의 꼭두각시가 되니, 춘추시대에 조순趙盾이 왕을 주살한 것과 그 처지가 다를 바 없었다. 아, 원통하도다. 감정이 사람의 양심을 가린다더니 어찌 이 지경에까지 이르게 되었단 말인가.(《한국통사》, 김승일 역, 범우사, 1999년, 193항)

오카모토는 아소정을 출발하기 전 문 앞에서 낭인배들에게 살기등등한 어조로 "반드시 왕비를 죽여라!"라고 호령했다. 대원군은 가마에 오르면서, 경복궁까지 수행하겠다는 손자 준용에게 "너는 남아 있다가 만일 오늘의 거사가 실패하면 일본으로 망명하여 후일을 기하라."는 비장한 한마디를 남겼다.

대원군은 낭인들의 호위를 받아가며 한 마장쯤 간 지점에서 4

명이 이는 가마인 사인교四人轎를 내려놓게 한 다음 일행을 불러 분부를 내렸다. 옆에 있던 오카모토가 일본말로 통역을 했다.

오늘 밤 나의 입궐을 방해하는 자가 있으면 지체 없이 베어버려라. 다만 명심할 것은 국왕폐하에게는 위해를 가하지 말며 왕비와 전하에게도 또한 그러하라.(《민비시해사건의 진상》, 83항)

대원군이 탄 가마가 아현동 고개를 넘어 남대문 근처에 이르렀다. 이때 탈이 생겼다. 여기서 일본군 수비대와 합류하기로 되어 있었으나 한참이 지났는데도 수비대는 나타나지 않았다.

모닥불을 지펴 놓고 기다리는 동안 대원군은 가마 옆으로 간부되는 사람을 불러 "모 대신은 베어버려라. 모, 모도 살려두어서는 안 된다."고 했다. 대원군은 자신이 손보아주어야 할 대신들을 이 참에 제거하라고 했다. 그러나 일본이 노리는 제거 대상은 대원군이 지목하는 대신들이 아니었다.

공덕리 별장 문 앞에서 출발 전 오카모토가 낭인 등에게 "왕비를 죽여라!"라고 대성일갈하던 것을 일본말이지만 직접 들었던 대원군의 이 같은 발언으로 미루어볼 때 그는 일본이 이날 민비를 살해할 계획이란 것을 알고 있었던 것으로 보인다.

말을 타고 있던 호리구치와 오기와라가 수비대를 찾으러 가 거의 한 시간쯤이 지나서 수비대의 소재를 알려왔다. 이에 앞서 수비대는 대원군 일행이 서대문으로 통하는 지름길을 택하리라고 예상하고 그 중간에서 기다리고 있었다. 그러나 대원군 일행이 지름길로 오지 않는 바람에 합류하는 계획이 어긋났던 것이다.

이에 대원군 일행은 수비대를 더 이상 기다리지 않고, 방향을 바꾸어 서대문 쪽으로 향했다. 남대문 부근에는 아침 일찍 시장이 서, 곧 사람들의 통행이 많아지는 시각이 되었기 때문이다. 새벽 4시경에 경복궁으로 들어간다는 당초의 계획은 완전히 틀어지고 말았다.

대원군 일행이 한성부청漢城府廳[현재의 서대문경찰서] 부근에 이르렀을 때 우범선이 이끄는 훈련대 제2대대 병사들이 도착해 합류했다. 훈련대엔 교관들인 일본군 장교 몇 명이 끼어 이들을 지휘, 감시하고 있었다.

이곳에서 거의 한 시간이 지나도록 기다렸지만 일본군 수비대는 오지 않았고 그동안 날이 점점 밝아져, 길 가는 사람들이 이들을 놀란 표정으로 쳐다보고 있었다. 먼동이 틀 무렵 수비대가 나타나자 훈련대와 합류하여, 대열과 무장을 정비했다. 5시 30분경이었다.

이에 대원군의 가마를 한가운데 두고 아다치가 지휘하는 〈한성신보〉 주축의 낭인 50여 명이 일본 경찰 10여 명과 함께 선두에 서고, 그 뒤를 일본군 수비대가, 수비대 뒤를 우범선이 이끄는 조선군 훈련대가 따르고, 대원군 가마 좌우는 파성관에 집결했던 낭인별동대가 오카모토와 함께 호위했다. 대원군 가마 바로 뒤에는 다시 일본군 수비대 1개 대대가 따랐다. 맨 나중은 이두황이 인솔하는 훈련대 제1대대가 배치되었다.

　일본의 군인, 경찰, 공사관원에다 낭인들, 거기에다 조선군 훈련대로 구성된 기괴한 다국적 혼성부대는 새벽길을 달려 정동을 거쳐, 광화문으로 향했다. 이보다 앞서 선발대로 뽑힌 수 명의 일본 경찰이 긴 사다리를 광화문 옆 담벼락에 걸어 담을 타고 넘어 들어갔다. 광화문을 경비하던 조선 순검과 병사들은 아무런 대항조차 하지 않은 채 놀라 도망쳤다. 목숨을 걸고 왕궁과 국왕을 지켜야 하는 조선군 최정예부대의 한심한 작태였다.

제 3 장

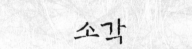

소각
우범선과 민비 사체

【 여우는 베어버려라! 】

경복궁의 정문이 활짝 열렸다. 대원
군과 함께 궁궐로 들어가는 이들은 일제히 함성을 지르며 진입했
다. 오전 5시 50분경이었다.

훈련대 연대장 홍계훈은 전날 밤 야간훈련을 나간다며 출동한
우범선과 병사들이 귀대시간을 넘겨 8일 새벽까지 돌아오지 않
자, 오전 3시경 이상을 눈치챘다. 홍계훈은 경복궁 성문에 인접한
군부대신 안경수의 집으로 가서 보고한다. 놀란 안경수는 홍계훈
에게 황급히 병사들의 소집을 지시했다.

홍계훈이 경복궁 건춘문 밖에서 대기 중이던 훈련대 1개 중대
병력을 겨우 설득하여 안경수와 함께 광화문으로 달려왔을 때 대
원군의 가마와 이를 호위하는 부대는 거의 광화문을 통과했을 무
렵이었다.

홍계훈이 "군부대신이 여기 있다. 연대장도 여기 있다. 장병들은 함부로 궁중을 범하지 말라!"고 외치자, 일본 측에 동원되어 행렬의 후미에 배치되어 진입하던 훈련대 병사들의 일부가 동요했다.

홍계훈이 "이두황(대대장)에게 다가와 발검拔劍하여, 사태가 위험해졌을 때……."(《동아선각지사기전》 하권, 130항) 옆에서 지켜보던 일본군 장교가 홍계훈을 향해 발사했다. 홍계훈이 쓰러지자 홍계훈이 끌고 온 훈련대 병사가 응사하여 쌍방간에 총격전이 벌어졌다. 새벽하늘을 가르는 요란한 총성에 궁궐 안의 사람들도, 사대문 안의 주민들도, 주한 외교사절들도 놀라 깨어났다.

총격전은 불과 10여 분 만에 끝났다. 홍계훈은 이미 전사하고 안경수가 도망가버리자 훈련대 병사들은 사방으로 흩어져버렸다.

이때 도망친 안경수가 피신한 곳은 민비를 시해하는 데 앞장섰던 낭인들의 거점인 〈한성신보〉사였다. 일국의 국방 책임자가 도망쳐 달려간 곳이 바로 적진이었고 전 군부협판은 이날 새벽 일본 낭인 등을 안내하여 대원군의 별장으로 인도했다. 당시 조선이란 나라의 국방 상태의 난맥상을 단적으로 말해준다.

광화문에서 충돌이 벌어지고 있는 사이 대원군을 호위하여 대궐 안으로 들어간 낭인배들과 일본군 수비대, 조선 훈련대는 계속 전진하여 고종과 민비가 거처히는 건청궁을 향해 달려갔다. 그러나 대원군은 본인의 의사에 따라 일본 병사 1개 소대의 호위

1890년 무렵 경복궁의 정문인 광화문과 육조 거리의 모습. 을미사변 당시 일본 폭도들은 경복궁 성벽을 사다리를 타고 넘어가 왕궁 경비병들을 제압하고 광화문을 연 뒤 경복궁으로 난입했다.

를 받으며 강녕전 앞에서 왕명을 기다리기로 했다.

아타치가 지휘하는 낭인배들은 근정전 뒤에서 사잇길로 들어서 건청궁을 향했고 수비대와 훈련대는 본도本道를 통해 전진해 나갔다. 이때 다시 총성이 울렸다. 본도에 진을 치고 있던 미국인 퇴역장성 다이 장군이 지휘하는 시위대와의 충돌이었다. 그러나 여기서도 시위대의 패주로 상황은 10여 분 만에 끝나고 말았다.

다이 장군은 조선인 노복 한 명을 데리고 건청궁 통로에서 이 과정을 시종 목격한다. 그는 일본 낭인들을 만날 때마다 모자를 벗어 경례를 하고, 백발이 성성한 노안에 미소까지 띠며 아첨을 하고 있었다고 낭인의 두목 격인 아다치는 자서전에서 꼬집고 있다.

본도에서 충돌이 일어나고 있을 때 사잇길을 통해 달려가고 있던 낭인배들은 아무런 저항도 받지 않고 건청궁에 도착했다. 이

들이 두 개의 작은 문을 지나 건청궁 앞뜰에 도착했을 때 오카모
토가 외치는 "여우는 베어버려라!"라는 호령소리가 들려왔다고
고바야카와는 수기에서 적고 있다.

【 옥호루의 참극 】

　　　　　건청궁 안에서의 민비 시해 현장을,
당시 사건에 가담했던 일본 낭인 등이 남긴 사건 관련 수기와 일
본 외교문서, 한국 정부 문서 등을 중심으로 살펴보자. 대체적으
로 낭인들은 범행 과정을 자랑하듯이 자세히 기술하고 있다. 일
방적으로 과장하거나 자신들 또는 일본 측에 불리한 내용을 은
폐, 호도, 허위 기술한 부분도 있다.
　　그 가운데서도 고바야카와가 관련 수기에서 민비의 침소에 난
입한 현장을 가장 생생히 묘사하고 있다.

　　내가 건청궁 앞뜰에 도착했을 때 장지문을 닫은 실내에서 여자
의 비명이 형용키도 무서운 처참한 소리로 들렸다. 게다가 병사와
지사志士[낭인들의 자칭]가 종횡으로 날뛰고 있었으며, 그 옆 장지문

을 열어놓은 방에는 국왕이 십수 명의 환관에게 옹호되어 앉아 있었다.

얼마 후에 흰옷을 입은 부인 십수 명이 새파랗게 질려 와들와들 떨면서 우르르 몰려 나오는 그 가운데, 새빨간 피투성일 뿐 아니라 볼에까지 피를 묻힌 기품 높은 연소한 여인도 있었다. 후에 들으니 이 귀부인은 왕태자비였다고 한다.

이때 누군가의 입에서 민비가 도망갔다는 말이 들렸다. 이때 민비를 놓치면 안 된다고 모두들 제각기 손에 손에 무기를 들고 사방의 빈방을 찾아다녔다.……마루 밑을 찾아보는 자도 있었다. 그러나 찾아내지 못했다.

그리하여 이 살기등등한 상황 속에서 여러 가지 희극도 연출되었다. 피투성이의 귀부인을 붙잡고 가슴에 칼을 겨누면서 "왕비가 있는 곳을 말해라. 안 대면 죽인다." 하고 일본말로 다그치는 자도 있었다.

조선 궁중의 귀부인이 일본말을 알 리가 있겠는가? 오로지 "아이고!"라고 비명을 지를 뿐이었다.(《민비시해사건의 진상》, 107~108항)

이날 시어머니인 민비의 비참한 죽음을 목격하고, 그 자신 일본인들에게 끌려다니며 피투성이가 된 채 공포에 떨었던 왕태자비는 이때 받은 충격 등으로 왕태자가 즉위(순종)하기 전인 1904년 11월, 32세로 요절하고 말았다. 이 같은 광경은 당일 궁궐에서 숙직근무를 서고 있던 러시아인 건축기사 사바틴(M. Sabatine)도 목격한다. 그는 기사였지만 이때는 다이와 함께 시위대를 지휘하는 한편 고종의 비밀 경호원 역할을 하고 있었다.

역시 폭도의 일원으로 난입했던 〈한성신보〉 기자 기쿠치菊池謙讓도 관련 수기에서 건청궁에 들어갔을 때의 상황을 다음과 같이 적고 있는데, 그가 현장에 도착했을 때 민비는 이미 숨진 뒤였다고 한다.

건청궁은 가깝게 보였다. 이에 그 서쪽 통용문으로 통과해 들어가니 거기에는 한 병사의 사체가 방치되어 있었다. 다시 못 북쪽으로 가 보니 7, 8명의 사람들이 있었는데 그곳에도 병사의 사체가 방치되어 있었다.……건청궁 정문으로부터 내전을 들여다보니 현관 쪽 동전東殿 안에 국왕과 왕세자가 함께 계셨다.

스즈키鈴木順見[낭인 통역] 군을 만나서 지금까지의 형세를 물어보니 왕비의 안부는 불명으로 그 소재를 알 수 없으니 아마도 북방으로 피난한 듯싶다, 여기에 국왕께서 매우 심려하는 기색으로 스즈키에게 물을 좀 가져오라고 하여 스즈키는 조금 전에 물을 드렸다고 했다. 궁내대신 이경식李耕植과 신분이 고상해 보이는 한 궁녀의 사체(민비)가 서쪽 내전에 누워 있었다.(《근대조선사》 하, 417~418항)

고바야카와는 낭인배들이 고종에게 경의를 표하며 국왕 침전

위 명성황후가 참변을 당한 현장인 건청궁 옥호루의 옛 모습.
아래 건청궁 옥호루를 복원한 모습.

에 들어가지 않았다고 주장하나, 조선 측 기록에는 낭인배들이 고종과 왕세자를 위협하고 심하게 행패를 부린 것으로 나와 있다. 먼저 고바야카와의 기록부터 보자.

본도에서 시위대와 수비대 및 훈련대와의 충돌이 있었다. 사잇길로 온 지사 일행은 아무런 장애도 없이 군대보다 먼저 건청궁에 도착했다.……쇠잔 왕국의 말로는 가련키도 했다. 건청궁에서 일하던 환관은 새벽하늘의 총소리가 궐내에서 일자 놀라 어쩔 줄을 모르고 있었다. 이때 재빨리 우리의 일군이 진입해 왔으므로 그들은 물론 건청전의 한인은 저마다 대경실색하여, 국왕은 실내 중앙에 기립하고 시신侍臣 수 명이 옆에서 손을 들어 국왕폐하라고 주의시켰다.

우리는 국왕께 경의를 표해 전내殿內로 들어가는 자가 없었다. 그러나 그 오른쪽 방은 곧 민왕비의 방으로 수 명의 부인이 당황했고 궁내대신 이경식이 역시 실내에서 민후를 옹호하고 있었다. 민후는 이 실내에서 칼날에 맞아 쓰러졌으며 이경식은 실외로 탈주하려다가 권총에 허리를 맞고 칼에 오른쪽 어깨를 찍혀 전외殿外에 넘어지고 말았다.(《민비시해사건의 진상》, 98~99항)

민비시해사건과 관련한 조선 측 기록은 일본인 낭인의 수기나 공사관 직원 등의 보고서 같은 자료가 거의 없고 사건 다음 해인

1896년 4월 법무협판 권재형權在衡이 정부에 제출한 〈개국오백사
년팔월사변보고서開國五百四年八月事變報告書〉(《일한외교사료(5) 한국왕
비살해사건》, 426~453항)가 거의 유일하다.

그 후에 나온 《한국통사》(박은식), 《대한계년사》(정교) 등의 민간
인 저술도 대체적으로 권재형이 작성한 이 보고서를 기준으로 하
고 있다. 왕비가 시해당한 희유의 사건이므로 함부로 왈가왈부했
다가는 왕실과 정부, 한일합방 후에는 조선총독부로부터 큰 화를
자초할 가능성이 높았기에 조선 쪽의 관련 저술은 이론을 제기치
못하고 거의 이 〈권재형 보고서〉를 답습하는 내용이 된 것이다.

다음은 〈권재형 보고서〉에 기록된, 고종과 왕세자에 대한 일인
들의 협박 부분이다.

허다한 일본 자객이 칼날을 번득이며 그 방으로 돌입하고 군복
을 입은 일본 사관 등과 여타 일인 등은 그 방을 통해 다른 방으로
들어가는데, 조선 군관 한 명이 대군주 곁에 있다가 대군주가 이곳
에 계심을 누차 얘기했다. 그러나 그들은 무시한 채 일인 한 명이
대군주 폐하의 어깨를 잡아끌며 몇 걸음 나아갔고 또 한 명은 그 방
안에서 [고종의]몸을 향해 육혈포를 쏘았다.

어전에서 궁녀 등을 구타하며 이리 끌고 저리 끌며, 국위國威 되
는 당시 궁내대신 이경식도, 다른 방에서 크게 상처를 입고 간신히
피해 달아나는 것을 일인이 쫓아와 대군주 안전에서 자살刺殺하고,

왕태자께서도 다른 방에서 끌려다녀 관冠도 부서지고 왕후 계신 곳을 대라면서 칼날로 공갈하는 학대를 당하다가 천행으로 손상하신 바 없이 피신하사 대군주가 계신 처소로 급히 오셔 모셨다.

앞서 언급했듯이 당시 주경성 영사관의 우치다 영사는 미우라 공사와의 관계가 소원하여 일본 측으로선 명운이 걸린 중대사인 이 사건에서도 그는 철저히 배제되었다.

사건에 가담하지 않은 우치다는 비교적 객관적으로 사건의 추이를 본국 외무성에 보고(〈우치다보고서〉)하고 있으며, 사후 미우라 등 사건 관계자들이 히로시마재판소에서 재판을 받을 때는 사건 관계자들을 신문, 조사하는 역할을 맡아 사건의 전개 과정과 내막 등을 비교적 소상히 알고 있었다. 그는 민비시해사건을 '역사상 고금 미증유의 흉악 사건'이라고 보고하고 있다,

우치다가 사이온지 긴모치西園寺公望 외상 임시대리에게 보고한 민비 시해 현장 상황을 보자.

후궁으로 몰려든 일군의 일본인들은 외부로부터 방문을 깨뜨려 열고 내부를 살피게 된 바 수 명의 궁녀가 그 속에 잠복 중임을 발견하고 이 방이야말로 왕비의 거실이라고 짐작하여 즉시 칼날을 휘두르며 실내로 난입했다. 그리하여 울부짖으며 도피, 은신코자 애쓰는 부인들을 인정도 용서도 없이 모조리 붙잡아서 그중에 복장과

용모가 우미하여 왕비라고 생각되면 즉석에서 찔러 죽인 것이 3명이나 되었다. 그러나 그들[일본인] 중에는 진실로 왕비의 용모를 식별할 만한 자가 한 명도 없었을 뿐 아니라 막상 피살당한 부인들의 사체와 붙잡아 놓은 부인들의 용모를 일일이 점검해 보아도 그 연령 등이 모두 지나치게 젊어서 일찍이 언급한 왕비의 연령과는 부합되지 않는지라 필시 왕비를 놓쳐버린 것이라 속단했다.

구니토모 같은 자는 잔류한 한 부인을 붙잡아 실내에서 마루 끝으로 끌어내는 동시에 왼쪽 손으로 머리채를 휘어잡고 오른손으로는 칼날을 가슴에 겨누면서 "왕비가 어디 있느냐, 언제 어디로 도피했느냐?"라고 일본말로 연방 노호怒號하는 것이었다. 그러나 일본말에 불통인 궁녀였기에, 무슨 수작인지 대답할 바를 알지 못해 오로지 울부짖으며 애걸할 뿐이었다.……이같이 하여 일본인 난입자들은 왕비의 소재를 수색하던 중, 모 궁녀로부터 왕비의 볼 뒤쪽에 한 점의 얽은 자국이 있다는 사실을 탐지하고 피살된 부인들의 시체를 다시금 점검한 결과 그중 한 명의 볼에 과연 한점 자국이 있을을 발견했다. 그리하여 그 시체를 다시 수 명의 궁녀에게 보인즉 모두 왕비에 틀림없다고 하므로 대원군에게도 보고했다.(《일본외교문서》 제28권 제1책, 552~563항)

당시 주한 영국 영사 힐리어(Walter C. Hillier)는 4명의 주요 목격자들로부터 들은 증언을 토대로 민비 최후의 모습을 베이징 주

위 명성황후의 침전인 곤녕합 내부를 복원한 모습.
아래 곤녕합 난간에서 본 후원. 일본 폭도들은 사건 당일 명성황후의 시신을 후원 쪽으로 옮겨 소각했다.

재 영국 공사 오코너(O'Coner)에게 보고하고 있다. 4명의 목격자는 ①왕비가 피살되는 현장을 목격한 궁녀, ②왕비의 시신을 목격한 왕비의 나이 든 의녀, ③왕비로 보이는 시신을 목격한 시위대의 한국군 장교[연대장 현흥택玄興澤], ④일본인 살해범들이 왕비의 시신을 화장하는 것을 목격한 궁중의 하인들이다.

건천궁의 앞뒷문을 통해 일본군의 엄호 아래 침입해 들어온 민간 복장의 일본인들에 대해 한 무리의 [한국군 복장을 한] 군인들과 함께 일본인 장교와 사병들이 경비를 서주었다.

그들은 곧바로 왕과 왕비의 처소로 가서 몇몇은 왕과 왕태자의 측근 인물들을 붙잡았고, 다른 자들은 왕비의 침실로 향했다. 이미 궁내에 있던 궁내부대신 이경직은 서둘러 왕비에게 급보를 알렸고 왕비와 궁녀들이 잠자리에서 뛰쳐나와 달아나 숨으려 하던 순간이었다.

그때 살해범들이 달려 들어오자 궁내부대신은 왕비를 보호하고자 그의 두 팔을 벌려 왕비의 앞을 가로막아 섰다. 살해범들 중 하나가 왕비를 수색하고자 손에 왕비의 사진을 갖고 있었던데다가 그의 보호행위는 살해범들에게 [왕비를 알아볼 수 있는] 단서가 되었다.

궁내부대신은 그들의 칼날에 두 팔목을 잘리는 등 중상을 입고 쓰러져 피를 흘리며 죽었다. 왕비는 뜰 아래로 뛰어내려 갔지만 붙잡혀 넘어뜨려졌고 살해범은 수차례 왕비의 가슴을 내리 짓밟으며 칼로 거듭 왕비를 찔렀다. 실수가 없도록 분명히 해치우기 위해 왕비와 용모가 비슷한 여러 궁녀들도 살해되고 있었는데 그때 의녀가 앞으로 나와 손수건으로 왕비의 얼굴을 덮어주었다. 한둘의 시신이 숯더미 위에서 불태워졌지만 나머지 시신은 궁궐 밖으로 옮겨졌다.(Hillier to O'Coner, Inclosure I in No.Ⅲ, Seoul, Oct. 11, 1895 F.O. 405~Ⅵ)

민비 시해 현장에 난입해 들어갔던 고바야카와는 힐리어가 전하는 증언보다 시간상으로 약간 늦은 편이다. 고바야카와는 앞서의 관련 수기에서 민비의 최후를 다음과 같이 묘사하고 있다.

나는 방 안으로 들어가 쓰러져 있는 부인을 보았다. 이 부인은 아직 잠자리에서 나온 그대로였는지, 상체에는 짧고 흰 속적삼을 입었을 뿐이고 허리로부터 아래로는 흰 속옷을 입고 있었으나 무릎으로부터 그 아래로는 흰 살이 그대로 드러나 있었다. 그리고 가슴으로부터 양쪽 팔꿈치까지를 노출하고 반듯이 드러누운 채 숨져 있었고 핏줄기만 그 부근에 흐르고 있었다.

잘 보니 가냘픈 몸매에 유순하게 생긴 얼굴과 흰 살결은 아무리 보아도 스물대여섯 살로밖에는 보이지 않았다[민비는 1851년생으로 당시 44세]. 죽었다기보다는 인형을 눕혀 놓은 것 같은 모양으로 아름답게 영원한 꿈속에 잠겨 있었다.

가냘픈 손으로 조선 팔도를 희롱하고 군호群豪를 조종했던 민비의 유해라고는 생각되지 않았다. 웅혼雄魂은 가서 돌아오지 않고 방 안에는 유해를 지키는 단 한 사람의 그림자조차도 없어 실로 처참을 극한 광경이었다. 민비의 치명상은 이마 위에 교차된 2개의 칼날 자국에 있었던 것 같다. 누가 어떻게 죽인 것인가?(《민비시해사건의 진상》, 109항)

【 민비 시해범 불명 】

　　　　　고바야카와의 말대로 누가 민비를 어떻게 죽였는지는 불명인 채로다. 일본인의 소행인 것으로 알려져 있으나 살해범이 누구인지를 정확히 알 수 없는 상태다.

　　영사 우치다는 외상 임시대리 사이온지에게 다음과 같이 보고하고 있다.

　　　우右의 인물[왕비, 홍계훈, 이경식 등]들은 모두가 본방인의 손에 살해당한 것이 틀림없는 바, 일본인 중 누구의 손에 살해당했는지는 아직 판명되지 않았다. 왕비는 우리 육군사관의 손에 참살되었다고 하는 자가 있으며 [낭인]다나카 겐도田中賢道야말로 그 장본인이라고 하는 자도 있다. 요코오 유타로橫尾勇太郎, 사카이 마스타로境益太郎 양 순사도 누군가를 살상했다는 혐의가 있고, [낭인]다카하시 겐지高橋源次(약 판매상, 일명 데라자키 야스키치寺崎泰吉)도 확실히 어느 부인을 살해한 바 그 증빙은 별지와 같다. 홍계훈은 일본 육군 사관이 살해한 것으로 믿어지며…….(《일본외교문서》 제28권 제1책, 552~563항)

이 밖에 육군성 법관부의 이노우에 요시유키井上義行 이사는 후일 군법회의에 회부된 사건 관련자 중 군인들에 대한 조사보고 가운데 '왕비 살해의 장본인으로 보이는 데라자키寺崎泰吉에 관한 건' 보고(고다마兒玉 육군 차관에게 보낸)에서 데라자키, 즉 다카하시가 역시 민비시해사건 관련자인 스즈키 시게모토鈴木重元에게 보낸 편지에서 읊은 자작시의 한 구절인 '불참수적참미인不斬讐敵斬美人'을 들어 그가 살해범 같다고 추정한다.

이 구절의 의미는 '원수를 죽이지 못하고 미인을 베는 데 그쳤다'라는 뜻인데, 다카하시가 죽인 2명의 궁녀 중에 민비가 포함되어 있다고 이노우에는 보았다. 다카하시 스스로도 이 편지에서 "한 친구의 말에 의하면 자신[다카하시]이 죽인 자가 왕비다."라고 말하고 있다.

이들 외에 시해 현장엔 구니토모, 나카무라 다데오中村楯雄, 도가쓰아키藤勝顯 등의 낭인들과 훈련대 교관으로 우범선과 접촉이 많았던 미야모토 소위와 마키 구마토라牧熊虎 특무조장 등 2명의 군인도 있었다.(〈구육해군문서舊陸海軍文書〉, 전문電文 11월 12일자)

이들 가운데 후쿠오카福岡 출신인 도 가쓰아키는 사건 발생 13년 후인 1908년 후쿠오카 시 하카다博多 인근의 구시다櫛田 신사에 범행에 사용했다는 일본도(전장全長 3척尺, 약 90센티미터)를 맡겼다.

경기도 여주驪州에 조성된 명성황후 생가 기념관엔 그 일본도의 모조품이 전시되어 있었다. 칼집에는 '일순전광자노호一瞬電光刺老狐(전광과 같이 단숨에 늙은 여우를 베었다)' 라는 섬뜩한 문구가 쓰여 있다. 이처럼 도 스스로가 자신이 민비를 살해했다고 주장하고 있지만 그가 진범인지는 역시 불명이다.

한편 캐나다인 기자인 맥켄지(F. A. Mckenzie)는 이 시대를 다룬 그의 저서 《The Tragedy of Korea》(을유문화사, 김창수 역, 1984년, 이하 《조선의 비극》)에서 민비 살해범으로 오카모토를 지적하고 있다.

앞장을 선 오카모토가 그 방의 한구석에서 머리를 꼭 부여잡고 웅크리고 앉은 한 조그마한 부인을 발견하고 왕비가 아니냐고 물었다. 그 부인은 이를 부인하며 갑자기 그들을 밀어내고 울부짖으며 낭하로 뛰쳐나갔다.

그때 그곳에 함께 있었던 그 여인의 자식은 그의 이름을 부르는 그 여인의 목소리를 세 차례 들었으나 그 다음 소리가 나오기 전에 일본인들은 그 여인을 잡아 목을 베었다. 그들은 왕비의 시신侍臣 몇 명을 잡아들여 시체를 보이고 그것이 왕비임을 확인했으나, 그 후 그중의 3명을 칼로 척살했다.

폭도들은 휘발유를 가지고 왔다. 그들은 아직 완전히 사망하지
않았을지 모르는 왕비를 침구로 말아서 가까운 녹원鹿園 속의 숲이
무성한 곳으로 옮겼다. 그들은 거기서 왕비의 시체에 휘발유를 뿌
리고, 주위에 나무를 쌓아 놓고 불을 질렀다. 그들이 불타오르는 화
염을 향해 계속해서 기름을 부어댔기에 드디어 모든 것이 타버려
약간의 뼈만 남았다.(《조선의 비극》, 63항)

이같이 민비를 시해한 범인이 누군인지가 정확히 밝혀지지 않
는 것은 몇 가지 이유가 있다. 가장 주요한 이유는 민비의 침소에
난입한 일본인들이 민비의 얼굴을 몰라 왕비와 궁녀를 함께 살해
하여, 결과적으로 누가 왕비를 살해했는지 잘 모르게 되었기 때
문이다.

거기에다 낭인들은 민비를 살해하는 것은 일본에 큰 공을 세우
는 것으로 자부했기에, 자신이 죽인 사람이 왕비인지 궁녀인지를
정확히 모르는 상황에서, 그들이 다투어 자신들이 '미인' 또는
'귀부인'을 살해했다고 나선 것도 혼선을 부른 한 이유다.

또 다른 이유는 만약 시해범이 일본 군인이었고, 우치다의 보
고처럼 일본 군인인 것이 드러났을 경우 대외적으로 일본 정부의
책임은 더 큰 문제가 되므로, 이것만은 일본 정부로서는 막지 않
으면 안 되었다는 것도 한 이유일 가능성이 있다.

따라서 만약 민비를 살해한 자가 군인이었을 경우, 민간인인

낭인들을 내세워 범인으로 위장시킬 필요성이 있었다. 군인은 침묵하고, 낭인배들은 자신들이 '미인' 또는 '귀부인'과 궁녀 등을 죽였는데 그들 중에 왕비도 포함되어 있다고 자랑하는 상황이 되었을 가능성도 없지 않은 것이다.

【 사후 능욕당한 민비 】

지금까지 공표된 관련 자료에 의하면 민비는 누구인지 단정하기는 어렵지만 대체적으로 일본인에 의해 살해된 것으로 추정되고 있다.

〈우치다 보고서〉는 낭인들은 왕비를 포함한 여러 명의 궁녀들을 살해한 뒤, 왕세자 이척李坧과 궁녀들을 불러 민비의 얼굴을 확인했고, 왕비 살해 후 "사사佐佐는 왕비의 몸을 뒤져 향기 나는 주머니와 다른 귀중품을 빼앗았고 다른 난입자들도 왕비의 방에서 각종 물건을 훔쳤다."고 보고하고 있다.

민비가 허리춤에 차고 있던 금낭錦囊에는 민비의 친필로 된 두 통의 국서 초안이 있었다. 고종이 러시아 황제에게 주한 러시아 공사 웨베르의 유임을 부탁하는 서류의 원고였다.

더욱 참담한 것은 민비는 사후 능욕까지 당했다는 사실이다.

능욕 사실을 보고하는 일본인도 곤혹스러워하고 있다.

사건 발생 후 관련자들에 대한 심리를 담당한 히로시마재판소의 구사노草野 검사정檢事正[검사장]은 사법대신 요시카와 아키마사芳川顯正 앞으로 보낸 11월 9일자 전보에서 "그 여인의 얼굴은 젊었으나 다시 젖가슴을 살펴보니 나이 든 사람이었다."는 사건 관련자의 진술을 보고하고 있다.

살아서는 주한 일본 공사인 미우라를 포함하여 외국 사신에게조차 얼굴을 보이지 않았던 민비가 죽은 뒤에는 깡패와 다름없는 일본 사내들에게 이 같은 취급을 받았다. 그러나 이 정도는 약과였다. 이후 낭인배들의 행패는 입에 담지 못할 정도다.

당시 조선 정부의 고문이던 이시즈카 에이조石塚英藏는 본국 스에마츠末松 법제국장에게 보낸 보고서에서 "왕비를 끌어내어 두서너 군데를 칼로 베 상처를 내고, 거기에다 나체로 만든 뒤 국부 검사(웃어야 할지 아니면 화를 내야 할지)를 했다."며 "차마 붓을 들어 기록하기가 힘들 정도"(야마베 겐타로山邊健太郎, 〈민비사건에 대하여, 閔妃事件について〉, 《코리아평론コリア評論》, 1964년 10월호, 52항)라고 토로하고 있다.

일국의 왕비를 참살하고, 그 현장에서 귀중품까지 훔치고, 사체를 능욕하는 것이 '미개한 나라 조선'을 '문명개화' 시키기 위해 노력한다는, 소위 일본 우국지사들의 소행이었다.

한편, 전날 우치다 영사가 마련한 연회에서 자정 무렵 공사관으로 돌아와 잠깐 눈을 붙인 미우라는 8일 새벽 스기무라 서기관이 와서 깨워 일어났다.

미우라가 스기무라, 통역과 함께 포도주를 마시고 있을때 "와" 하는 함성과 함께 "탕, 탕" 하는 총성이 들려왔다. 미우라는 "그래, 해냈구나." 하고 내심 쾌재를 불렀다.

잠시 후 고종의 시종이 공사관으로 찾아와 미우라에게 "큰일이 났다."며 빨리 입궐하라고 전한다. 미우라는 시종을 먼저 보낸 뒤 곧바로, 입궐했다. 7시경 미우라가 고종을 알현하니, 고종은 겁에 질려 떨고 있었다. 미우라가 고종에게 "존체에 이상은 없으십니까?"라고 안부를 물었다.

이때까지 고종과 시끄럽게 조선말로 이야기를 하고 있던 한 노인이 급히 미우라를 향해 곧바로 '구배九拜'를 올렸다고, 미우라는 자서전(336항)에서 적고 있다.

일본어사전에 따르면 '구배九拜'는 '몇 번이고, 예의를 차려 절해 깊이 경의를 표한다'는 의미로 되어 있다. '삼배구배三拜九拜하다'로도 사용한다.

그 노인은 대원군이었다. 천하를 호령하던 대원군이 아무리 낙백의 몸이 되었다지만, 그때 일흔다섯(1820년생)으로 20여 세 아래의 자식뻘인 마흔아홉 살의 미우라(1846년생)에게, 일본 측이 왕비이자 자신의 며느리인 민비를 살해해준 덕분에 정권을 잡게되어 감사하다는 뜻에서 '구배'를 올렸다면, 더욱 한심하고 서글픈 장면이 아닐 수 없다.

자서전 곳곳에서 오만하고 과시욕이 강한 성격임이 나타나고 있는 미우라가, 대원군의 의례적인 인사를 의도적으로 과장해 표현했는지도 모르겠다.

미우라가 고종을 알현하고 있을 때, 미우라의 수행비서가 옆으로 다가와 민비의 사체를 어떻게 처리할 것인가에 대한 지시를 요청했다. 미우라는 알현을 중단한 채 민비의 사체가 있는 곳으로 가 확인했다. 경부 오기와라, 통역 스즈키 등에게 사체를 빨리 치우라고 지시하고는 알현실로 되돌아갔다.

오기와라는 주변에 있던 조선인 인부 2명을 시켜 사체를 송림으로 옮긴 뒤 '장작을 쌓아 석유를 붓고 불을 질러 태웠다'고 한다. 그것은 '죄악의 증거를 인멸하기 위해서'였다. 타다 남은 유해는 정전에서 조금 떨어진 곳에 묻었다고 한다.

이때 오기와라가 아닌 오카모토가 민비의 사진을 들고 민비를 확인한 뒤 사체를 소각하라고 지시했다는 다음과 같은 기록도 있다.

여인들이 살해된 직후 일본패의 두목[오카모토]은 주머니에서 사진 한 장을 꺼내어 확인한 뒤, 시신들 중 둘을 밖으로 내가도록 부하들에게 명령했다. 이어 시신에 석유를 끼었고 불을 질렀다. 이 두 시신 중 하나는 왕비였으며 이렇게 한 목적은 왕비의 모든 흔적을

없애버리기 위해서였다.(North China Herald, Oct.25.1895 in Park

Il-Keun, ed., op, cit., p.1307)

【 우범선의 당일 행적 】

우범선은 민비 시해 당일 과연 어떤 역할을 했는가? 앞에서 살펴본 바와 같이 우범선이 훈련대 제2대대 병력을 끌고 경복궁까지 들어간 것은 여러 기록에 남아 있다. 그러나 궁 안에 들어간 뒤부터 우범선이 무엇을 했는지에 대한 기록은 별로 없다. 일본 외교문서 등엔 민비 사체 처리에 우범선이 관계했는지에 대해서는 언급되어 있지 않다.

또, 경복궁에 들어간 일본 낭인들과 주한 일본 공사관의 외교관 등은 후일 사건과 관련한 회고록 등 많은 기록을 남기고 있으나, 사건 당일 경복궁 침입 후 우범선의 관련 부분에 대해서는 일절 언급이 없다. 실제 우범선이 별다른 역할을 하지 않아서인지 아니면, 조선인 가운데 가장 일본에 협조적이었던 우를 나름대로 보호해주기 위한 배려인지 알 수 없다.

다만 경복궁 내에서의 우범선의 행동을 전해주는 기록으로 다음과 같은 것들이 있다.

일본의 우익단체 '흑룡회黑龍會'가 그들의 공적을 일방적으로 찬양 미화하기 위해 1933년에 편찬한 《동아선각지사기전》에는 우범선이 민비의 사체를 버리라고 지시했다고 기록되어 있다. 관련 부문을 살펴보자.

이날 아침 윤석우尹錫宇[훈련대 부위, 사건 직후 민비시해사건 주범으로 몰려 사형당함]가 광화문 건춘문 등을 순찰하며 구석진 동산에 갔을 때 시체 한 구가 타고 있는 것을 발견하여 하사 이만성李萬成이란 자에게 물으니 "저것은 궁녀의 시체를 태우고 있는 것"이라고 답했다. 윤석우가 대대장인 우범선을 만나 그 일을 보고하면서 "저렇게 가까운 곳에서 시체를 태워서 유골을 남기는 일이 있어서는 안 될 것"이라고 하자 우범선은 "그곳을 깨끗이 치우고 혹 잔해가 있으면 못 속에 던져라."라고 명령했다.

윤석우는 그곳으로 되돌아가 잔해를 거두어 못 속에 버리려고 했으나 생각을 바꾸어 정전에서 조금 떨어진 곳으로 가지고 가 땅속에 묻었다.

재판선고서[윤석우에 대한 조선재판소의]에는 "그날 밤 사변에 황후 폐하는 마땅히 피난 갈 곳도 없고, 또한 궁녀 중 해를 당한 자가 없음에도 불구하고 [실제는 여러 명이 사망], 동산에 연기가 나면 충분히 의심해야 하나 대대장 우범선, 이두황에게 물어본 뒤, 유해의 하체 부분을 거두어 오운각五雲閣 서봉西峰 밑에 묻었다고 진술했다.”는 이왕가의 기록과는 다소 다른 부분이 있으나 어쨌든 민비의 최후가 얼마나 비참했던 것인가는 상상하기 어렵지 않다.(《동아선각지사기전》 상권, 534~535항)

그러나 죄가 없는 윤석우 등에게 일방적으로 죄를 뒤집어씌운 재판선고서도 신빙성이 떨어지고, 그 재판선고서 등을 참고로 기술된 《동아선각지사기전》의 관련 기록도 문제가 있어 보인다.

경복궁을 지키는 시위대의 연대장인 현흥택은 사건 당일 자신이 목격한 민비 시해 순간과 소각 현장을 다음과 같이 생생히 증언하고 있다(이 증언은 주한 미국 대리공사 알렌에게 전해졌다). 이 증언에도 우범선의 이름은 나오지 않는다.

그들[일본 낭인 등]은 나를 잡아 팔을 뒤로 포박한 뒤 계속 구타하면서 왕비는 어디 있는가고 질문했다. 나는 모른다고 대답했다. 그들이 나의 이름을 물었으므로 대답했다. 이때부터 그들은 나를 국왕의 거처로 끌고 가서 왕비가 어디 있는지를 물었다.

나는 설혹 죽어도 모르는 것은 모른다고 답변했다. 그들은 나를 국왕 앞으로 끌고 가서 왕비를 찾아내도록 나에게 강요했다. 그들은 나를 Kark Kum Chung(未詳)이라 불리는 건물로 끌고 들어가 그 안에서 계속 구타했다.

　돌연 일본인의 한 무리가 궁전 안에서 고함을 질렀다. 이때 나를 포박하고 있던 자들도 나를 놓아주고 그쪽으로 딜려갔다. 나는 어떤 일이 일어나고 있는지를 보기 위해 그리로 갔다. 그리하여 국왕이 밖에 있는 궁방으로 거처를 옮기는 것을 보았다.

　나는 그 궁전의 작은 방 안에 왕비인 듯한 시체가 누워 있는 것을 보았다. 나는 그곳에서 일본인에 의해 밀려 나왔다. 얼마 후 일본인들이 죽인 왕비의 시체를 가까운 녹원에서 태우고 있다는 말을 들었다. 나는 그곳으로 달려가 화장되고 있는 시체에 감겨 있는 의복이 귀부인의 것임을 이 눈으로 똑똑히 보았다.(《조선의 비극》, 64~65항)

　필자가 이 책을 집필 중인 2009년 7월 현재까지 한국에서 우범선과 고영근에 대해 나온 본격적인 연구서나 전기는 없었다. 민비사건과 관련한 책이나 논문 등에는 대부분 '우범선은 을미사변 때 훈련대 제2 대대장으로 일본 측에 가담한 인물', '우범선은 일본에서 자객 고영근에게 살해당함' 등으로 간단하게 언급되고 있다. 다만 〈고영근 연구〉(1986년)란 석사학위 논문이 한 편 있다.

　일본에선 여류작가 쓰노다 후사코角田房子의 《민비암살閔妃暗殺》(신초샤新潮社, 1988년)과 우장춘을 다룬 《우리 조국わが祖國》(신초샤新潮社, 1990년, 이하 《우리 조국》)이란 책이 출간되어 민비시해사건과

우장춘이 일반에게도 어느 정도 알려지게 되었다.

그러나 이 책들에서도 우범선의 시해사건 관련 부분은 그렇게 자세하게 다루어지지는 않았다. 학술 연구로는 〈을미사변과 우범선, 乙未事變と禹範宣〉, (《논집 조선근현대사論集 朝鮮近現代史》, 아카시쇼텐 明石書店, 1996년, 이하 〈을미사변과 우범선〉)이란 일본인 학자의 논문이 한 편 있는 정도이고, 고영근에 대한 논문 등은 없다. 한일 양국에 〈우범선의 자술〉이라는 글과 우가 지은 한시 이외에 두 사람이 남긴 일기 등의 1차자료는 찾지 못했다.

앞서 언급했던 스나가는 한시, 조선 전적典籍 등 약 1만 3천 권, 서화 등 약 300점, 한일 근대사 관련 자료 약 1천 점을 남겼는데 이 자료들은 '스나가문고須永文庫'로 이름 지어져 사노시향토박물관(佐野市鄕土博物館)에 소장되어 있다. 우범선의 묘가 있는 묘켄지란 절에서 차로 10분쯤 걸리는 곳에 있는 박물관을 찾아가보았다.

스나가문고에는 '스기무라 군 일기杉村君日記'라고만 적힌 노트 한 권과 같은 필체의 노트 두 권 등 작자, 연도가 미상인 노트 세 권이 있었다.

'스기무라 군 일기'는 내용으로 보아 민비시해사건에 깊숙이 관여했던 서기관 스기무라의 일기일 가능성이 높다. 그러나 이 박물관 주사 오바나尾花久는 "작자가 정확히 기재되어 있지 않고, '스기무라 군杉村君'이라고 '군君'이 붙어 있어 이 자료가 당시 외교관이었던 스기무라의 일기라고 단정할 수는 없다."고 말했다.

스기무라 자신의 일기라면 '스기무라 일기杉村日記'라고 해야할 것 같으나 '군君'이 붙어 있는 것은 누군가가 스기무라의 일기 또는 메모 같은 기록을 참고하기 위해 베껴놓은 것이 아닌가 여겨진다는 의미다.

나머지 두 권 중 한 권의 표지엔 아무런 표시가 없고, 다른 한 권엔 '옥전玉田'이란 사람의 이야기란 뜻의 '옥전담玉田談'이라고 되어 있어 이 노트는 '옥전玉田'이란 사람의 이야기를 적어놓은 기록으로 보인다. '옥전玉田'은 아관파천 후 일본에 망명한, '옥전玉田 육종윤陸鍾允'(외부교섭국장)을 뜻하는 것으로 보인다. 그러나 육종윤이라고 단정할 수는 없다. '다마타玉田'라는 일본인 성도 있기 때문이다

이 노트들은 한자와 가다카나로 적어놓은 것으로 쓰노다의 《우리 조국》엔 1933년 '흑룡회'가 《동아선각지사기전》이란 책을 만들 당시 저자 구즈우 요시히사葛色能久가 집필하기 전 일본 우익들이 자료를 제공해 주기 위해 민비 암살 관계자들이 모여 한 오래전의 기억과 전해져 내려오는 이야기 등을 듣고, 받아 적은 기록이 아닐까 하는 당시 이 박물관 관계자의 이야기가 적혀 있으나 확인 불능이라고 되어 있다.

아무런 표지가 없는 노트엔 다음과 같이 우범선이 민비 사체를 소각하라는 지시를 했다는 기록이 있다.

우범선이 곤녕전에 도착하니 민비는 이미 칼에 베여 마루에 쓰러진 채로 후후 숨을 쉬고 있었다. 장사들은 사진을 보며 왕비를 확인하려고 했으나 왕비는 두 손으로 얼굴을 가린 채 조금 있다가 절명했다. 우범선은 구연수와 하사관에게 명해 왕비의 사체를 이불 위에 얹고 그 위에 다시 이불을 덮어 새끼줄로 묶어 옆 창고에 넣었다. 곧 사체를 동산 기슭으로 옮겨 석유를 끼얹어 태웠다. 타다 남은 뼈는 하사관이 못에 갖다 버렸다.(사노시향토박물관 소장, '스나가문고' 관계 자료 중 노트, 정리번호 0177, 72~73항, 이하 '스나가문고' 관계 노트)

쓰노다는 《우리 조국》에서 경복궁 침입 이후 우범선의 행동과 관련하여 지금까지 알려진 자료로는 민비의 사체를 끌어내어 태울 것을 부하들에게 지시한 이 자료가 유일하다며, 그러나 이 노트는 소설적인 재미는 있으나 언제, 누가, 무슨 목적으로 작성했는지 불명이라, 신빙성에 문제가 있는 자료이므로 그것을 무시하기로 한다고 했다.

그러나 경복궁 침입 이후 우범선의 행동과 관련해서는 '스나가문고' 노트만이 유일한 자료가 아니라 앞서 언급한 재판선고서 등의 기록도 남아 있다.

또, 그 노트가 쓰이기 약 30년 전인 1903년 11월 고영근이 노윤명과 함께 우범선을 살해한 뒤 자수할 때 소지한 한국 정부 앞으로 보내는 서한에도 우범선에 대해 '시국모소체지극역대악弑國

경복궁 건청궁에 세워진 명성황후 순국 숭모비.

母燒體之極逆大惡(국모를 시해하고 그 몸을 소각한 극역 대악)'이라고 주장하고 있고, 우범선 살해사건 재판(1903년 12월) 과정에서 노윤명은 우범선이 민비 암살 당일 경복궁 나무 밑에서 사체에 불을 질렀다고 말하고 있다. 따라서 우범선의 사체 소각 관련 건은 당시 소각 현장을 직접 본 사람들의 전언 등을 통해 사건 직후 일반에게도 광범위하게 퍼져 있었음을 말해준다.

한편, 앞서 언급한 우치다는 1939년 1월 일본 외무성 직원들이 선배 외교관들로부터 재임 중 각지에서 있었던 주요 사건에 대한 회고를 듣는 자리에 나와 자신이 주경성 영사로 근무하던 시절 일어난 '소위 왕비 살해사건所謂 王妃殺害事件'에 대해 이야기했다.

〈우치다보고서〉에는 사건 직후 사체 처리에 관해 "왕비의 시체는 미우라 공사가 입궐한 다음 그의 의도에서 이루어졌는지 자세히 알 수는 없으나 오기와라의 지시로 한인을 시켜 문밖의 송림 속으로 운반한 다음 나무더미 위에 올려놓고 소각해버렸다는 것이오. 소각할 때 왕비의 허리춤에 매달린 금낭 속을 뒤져본 즉……."으로 되어 있었다.

그러나 우치다는 외무성 직원을 상대로 한 회고에서는 민비 사체 처리와 관련하여 그가 사건 직후에 했던 보고와는 달리 증언하고 있다.

그런데 왕비의 방에는 궁녀가 많이 있어 누가 왕비인지 알 수가 없었다. 게다가 왕비는 얼굴을 결코 외국인에게 보여주지 않아 일본인으로서 왕비의 얼굴을 아는 사람은 한 사람도 없었다.

그렇지만 어떤 일본인은 그곳에서 도망가려는 어떤 부인을 다른 여자들이 비호하는 모습을 보고는 그 부인을 왕비라고 생각하고 살해했다. 그 사체를 궁중 안 우물에 던졌다. 그대로 두면 발각될 것을 염려하여 다시 건져 올려 왕궁 내 송림에서 석유를 뿌려 태웠다. 그랬는데도 염려가 되어 이번엔 못 속에 던졌다.

그러나 잘 가라앉지 않자 그 다음 날인가 못 속에서 그것을 건져내어 송림 속에 묻었다.(《일한외교사료(5) 한국왕비살해사건》, 461항)

민비의 사체를 우물 속에 버린 뒤 다시 건져 태웠다는 것은 처음 나온 증언이며 다른 관련 기록에도 전혀 언급되어 있지 않는 내용이다. 사건 발생 후 40년 이상 세월이 흐른 뒤여서 우치다가 내용을 약간 착각했을 가능성도 있다. 이 회고에 우범선에 대한 언급은 없다.

어쨌든 민비 사체 처리와 관련한 우범선의 역할은 소각을 지시했다는 것과, 매장을 지시했다는 두 가지 기록이 남아 있는 셈이다.

【 미우라의 시치미, 은폐 】

　　　　　　요란한 총성에 놀라 깬 사람들이 광
화문 앞 광장에 몰려들어 군중은 이미 수만 명을 넘어서고 있었
다. 이들은 피 묻은 칼 등 무기를 들고 '전과'를 자랑하듯이 경복
궁을 빠져나가는 일본 낭인 등을 지켜보고 있었다.

　그리고 마침 고종을 알현하기 위해 경복궁으로 들어가던 웨베
르 러시아 공사와 알렌(Horace N. Allen) 미국 대리공사(당시 M.B. 실
공사는 귀국 중) 등도 이들을 목격했다.

　미우라는 건천궁 내 장안당에서 고종을 알현한 자리에서 대원
군과 상의하여 새로운 내각의 인선을 발표했다. 친러·친미파인
학부대신 이완용, 농상공부대신 이범진, 군부대신 안경수, 경무
사 이윤용 등을 해임하고, 대원군과 미리 약속한 대로 이재면을
궁내부대신에 임명했다.

일본이 한국을 강제 병합하기 전 고종과 순종. 순종은 고종과 명성황후 사이에 생존한 유일한 혈육이었으나 병약해서 후사가 없었다.

그 밖에 조희연을 군부대신에, 정병하를 농상공부대신 대리에, 법부대신 서광범을 학부대신 겸임에, 권형진을 경무사에, 유길준을 내부협판에 각각 임명하고, 김홍집 총리, 김윤식 외부, 박정양 내부대신을 각각 유임시켰다. 친일파들을 대거 기용한 인사였다.

이때 러시아 공사 웨베르와 미국 대리공사 알렌이 입궐하여 고종에게 알현을 요청했다. 그러나 미우라는 내각 발표, 소칙 반포 등을 이유로 이들의 고종 알현을 멋대로 저지시켰다. 공사들은 몇 시간을 서서 기다리는 동안 다이 장군과 사바틴으로부터 사건에 대한 전말을 보고받았다.

이들이 고종을 알현한 것은 정오가 지나서였다. 고종 옆에는 대원군과 미우라가 서 있었고, 공포에 질려 떨고 있는 고종은 시종 말이 없었다. 알렌은 "그의 말 없는 눈동자 속에서 동정과 구조를 바라는 약하고도 고립무원에 빠진 인간의 외침을 발견할 수 있었다."고 말했다고, 그에 관한 전기는 기록하고 있다.

알렌은 웨베르에게 서울 주재 다른 나라 외교사절에 연락하여 고종이 '독살' 되지 않도록 식사를 외교단에서 제공할 것을 제안했다. 또 이날 오후 각국 공사들이 일본 공사관으로 미우라를 찾아가 사건 관련을 추궁키로 했다.

왕궁에서 나온 알렌은 사건을 워싱턴에 긴급 타전했다. 그 보고에서 알렌은 "폭도들을 지휘한 자, 죽인 자는 평복을 입은 일본인들로……미우라 공사가 지휘, 관계한 것은 의심의 여지가 없으며……."라고 단정하고 있다.

고종과의 알현을 끝내고 공사관으로 돌아온 미우라를 만나기 위해 우치다 영사가 2층 공사 집무실로 올라가려고 하자 미우라는 잠시 기다리라고 했다. 우치다가 1층 대합실에서 기다리는 동안 2층에서 '종소리가 들려 묘한 일' 이라고 생각했다. 그 종소리는 금속제로 만든 목탁 비슷한 것을, 염불을 올릴 때 두드려 내는 소리였다. 20분 정도 지나자 올라오라는 연락이 왔다.

우치다가 공사 집무실에 들어가니 미우라는 부동명왕不動明王 상을 붙여 놓고, 향불을 피운 뒤 예를 올리고 있었다. 불교에서 부동명왕은 모든 악마를 굴복시켜, 부처를 지키는 5대 왕 가운데 중심적인 역할을 하는 왕이라고 한다. 미우라는 마음을 추스르기 위한 의식을 올리며 무언가를 빌고 있었던 것이다.

자신이 주도해 죽인 민비의 명복이라도 빌어주고 있었을까? 아니면 '거사'를 성공리에 마쳤다는 감사의 의식을 거행하고 있었을까? 미우라가 무엇을 빌었는지는 본인밖에 알 수 없는 일이다.

이 같은 미우라의 행동은 일국의 공사가 주재국의 왕비 살해 주도라는 전대미문의 엄청난 일을 저지른 만큼, 그가 아무리 세이난西南전쟁(1877년) 등 일본 국내에서 일어난 여러 전쟁에 참가한 무장 출신이라 해도 이때 극도의 불안한 심리상태였음을 말해준다.

이 자리에서 우치다가 "큰일이 벌어졌습니다."라고 하자, 미우라는 "아니야, 이로써 조선도 드디어 일본 것이 되었다. 이제 안심해도 된다."라고 말했다. 미우라를 주한 공사로 보낸 일본 정부와 미우라 본인의 본심을 잘 표현한 말이다.

우치다가 "이번 사태에 관계한 일본인 대부분은 각하[미우라]를 위시하여 기타 공사관원, 영사관원 및 수비대 사관의 일부도 이에 관계한 것을 알고 있다. 만일 이 사실이 외부에 누설되어 제 외국인의 귀에 들어간다면 도대체 어떻게 할 것이냐."라고 미우라에게 물었다.

미우라는 "우리 관리가 관계한 사실에 대해서는 당자는 물론

이요 다른 관계자들로 하여금 엄중히 그 비밀을 지키게 하되, 비록 법정에서 심문을 받게 되는 경우라 할지라도 결코 입 밖에 내지 않도록 단속해둘 작정"(《우치다 보고서》)이라고 말해 사건에 관계한 군인이나 관리에게는 일절 발설치 못하게 할 심산임을 비치고 있다.

둘이 이야기를 하고 있는 사이 웨베르 러시아 공사 등 서울 주재 외국 사절단이 사건에 대해 미우라에게 따지기 위해 일본 공사관에 도착했다. 미우라는 각국 공사들이 사건에 대한 일본의 관여를 지적하자, 훈련대의 해산 방침에 반발하여 그 병사들이 궐기한 것으로 자신들은 국왕의 요청으로 소란을 진압했을 뿐이라고 강변했다. 외국 공사들이 돌아간 뒤 미우라는 극도로 초췌한 모습이었다고 우치다는 회상하고 있다.

한편, 미우라는 이미 다이와 사바틴이 사건 현장을 목격한데다가 웨베르 공사 등이 경복궁 근처에서 일본 낭인 등을 직접 목격하여 일본의 만행이 만천하에 숨길 수 없는 사실이 되었음에도 불구하고 이날 오후 1시까지 본국에 사건을 보고조차 하지 않은 채 은폐하고 있었다.

일본 정부에 사건이 처음 보고된 것은 사건에 관여하지 않은 공사관부 해군 소좌 신노 도키스케新納時亮가 사건 직후 공사관으로 돌아온 낭인들로부터 듣고 보낸 8일 오전 6시 32분발 전보를 통해서였다. '어젯밤 왕성에 변란이 있었음. 왕비의 행방을 모름'

이라는 간단한 내용이었다. 그는 오전 9시 20분에는 '국왕 무사, 왕비 살해'라고 사실대로 보고했다.

정작 주한 공사관의 책임자인 미우라로부터는 아무런 보고가 없자 참다 못한 사이온지 외상 임시대리가 미우라에게 오후 1시 발 전문을 통해 '왕비가 살해되었다는 공사관부 무관의 보고'를 확인하라고 지시한다. 이에 대해 미우라는 '왕비의 소재는 아직 미상임. 대원군에 의한 쿠데타'라고 거짓 보고를 하고 있다. 그러면서 '일본 수비대가 가장 신속, 간단하게 두 발의 총성 정도로 진압했다'고 둘러댔다.

일본 수비대를 이끌고 사건에 가담했던 육군 중좌 구스노세도 이날 해군 측으로부터 보고를 들은 육군참모본부로부터 사실 확인 명령을 받았다. 그러나 그도 오전에 훈련대 연대장 홍계훈의 죽음만을 보고한 데 이어 오후에도 '왕비의 소재는 알지 못하지만 도망간 증거는 없다'고 허위 보고를 했다.

미우라는 '사실대로 알려 정부에 처리를 맡겨야 한다'는 우치다 영사의 권유를 받아들여 어쩔수 없이 사건 발생 닷새 뒤인 14일 이토 총리에게 자신의 사건 관여를 다음과 같이 보고했다.

우리 세력을 유지하고 당초의 목적[조선을 독력 지배]을 달성하기 위해 부득불 이렇게 하게 된 바[민비 살해], 그 전후 사정을 잘 알아 주시기 바랍니다.……요컨대 이번 사건은 20년 이래의 화근을 끊고 정부의 기초를 굳히는 단서를 열 것이라고 본관[미우라]은 확신하고 있는 바, 가령 이번의 행동이 좀 과격한 바 있었다고 해도 외교상 곤란을 극복하면 우리의 대한 정략은 이로 인해 확립될 것이라고 생각합니다.……요컨대 이번 일은 그 방법이 좀 졸렬하여 남루艦樓를 숨길 수 없었다는 비방을 피할 수 없다 하더라도 본래 이것은 그 목적을 잘 달성하기 위해 어쩔수 없이 취한 조치이기에 그 득과 실을 끝까지 잃지 않도록 해주시기 바랍니다.(《일본 외교문서》 제28권 제1책, 512~514항)

미우라의 이 보고는 민비 살해라는 자신의 행동이, 일본이 조선을 독력 지배한다는 일본의 대한 외교 목적을 달성하기 위한 것임을 여러 차례 강조하고 있어, 이미 이토 총리 등 일본 정부 최고위층도 그 목적에 합의하고 있었음을 시사해주고 있다.

미우라는 후일 히로시마 감옥에 수감되었을 때 "이[시해사건]에 대해 내각원에게 논술한다면 몰라도 법정에선 진술할 필요가 없다."('제5회 보고第5回報告' 10월 27일자, 《구육해군문서》)며, 검사의 취조에 응할 필요가 없다는 태도였다. 내각 차원에서 결정된 사항인 만큼 검찰에서 조사받을 필요가 없다는 의미다.

뿐만 아니라 미우라는 증거 불충분으로 석방된 뒤 도쿄로 올라 갔을때 이토 총리가 궁내성대신을 보내 민비시해사건과 관련하여 각 정당으로부터의 추궁을 걱정하자, 미우라는 오히려 현직

THE HERALD GAVE THE NEWS.

Colonel Cockerill's Despatch from Seoul the Topic of Discussion in Washington.

TALK WITH COREA'S MINISTER

Prince Pak, the Former Premier, Expects To Be Recalled to His Country.

TROUBLE IS ANTICIPATED.

Fear That the Quarrel Between Japan and Russia May Develop

[BY TELEGRAPH TO THE HERALD.]
HERALD BUREAU,
CORNER FIFTEENTH AND G STREETS, N. W.,
WASHINGTON, Oct. 14, 1895.

In the absence of official information, the HERALD's exclusive description of the murder of Corea's Queen, and of the events in Seoul coincident with it, was eagerly read by administration officials and diplomats to-day.

This was particularly true of the Japanese and Corean diplomatic attaches here. The Japanese Legation merely received advices to the effect that a portion of the Corean army, excited by the report that the Queen proposed to disarm and disband them, marched upon the castle, headed by Tai

THE LATE QUEEN OF COREA.

Won Kun. The despatch failed to say whether or not the Queen had been killed, but the attaches infer from its contents that she has met such a fate. The HERALD's exclusive statement of the facts was, therefore, of extreme interest to the Japanese Minister and other attaches of the Legation.

The Corean Legation, like the State and Navy departments, had no information, and the attaches are in a state of great anxiety over the matter. It is expecting momentarily to hear from the home government on the subject.

Mr. Pak Yong Kiu, the charge d'affaires of the Korean Legation, called at the State Department to-day and had a conference with Secretary Olney on the situation in his country. The Secretary told him that he had received no information from the State Department representative from Corea and that the only advices received thus far were from the Navy Department from Rear Admiral Carpenter, commanding the Asiatic squadron, which the HERALD has already published. Mr. Pak had no doubt that the HERALD's advices this morning are correct, but he is naturally anxious for an official report and hopes to receive it at any time.

MAY PRECIPITATE TROUBLE.

While it is not believed in diplomatic circles that the stability of the Corean government will be imperilled by the trouble at Seoul, there is fear in some quarters that it may precipitate trouble between Russia and Japan, especially as the new cabinet is pro-Japanese. It has been generally known that the Queen was opposed to the reorganization of the army, favoring the old undisciplined troops which have heretofore constituted Corea's standing military force. It is regarded as likely that the reports that have been circulated to the effect that she purposed disarming and disbanding those portions of the army supplied with modern equipments aroused their passions and resulted in the attack on the palace and her subsequent death.

Tai Won Kun, who has assumed the dictatorship, is the King's father, and has always been bitterly opposed to the Queen. Beyond his opposition to the King's consort he has never been much of a politician, and in view of this fact it is not believed that he is a dictator in the sense that that word usually implies, especially as this would involve the disruption of the present form of government.

PRINCE PAK WAITING.

Prince Pak, recently Prime Minister of Corea, who is now in Washington, is impatiently awaiting an expected summons from his friends, the members of the progressive party in Corea, of which he is the leader. Through his marriage to the daughter of the preceding King, now dead, he was actually a member of the royal family, and followed the male children of the King and Queen in royal precedence.

As the leader of the progressive party, Prince Pak has been constantly antagonized by the Tai-Won-Kun, father of the reigning King and leader of the conservatives. The Tai-Won-Kun, who is now over seventy years old, and not of royal descent, had succeeded in having his son adopted by the former King, and has ever since been the master of his offspring. For fifteen years the only successful opposition to his influence was that of the Queen, and though he could never heretofore be directly connected with attempts to assassinate her, it is well known that he has been unceasing in his efforts to resume his control of royal affairs.

Prince Pak said to-day that the Queen's death, resulting in the Tai-Wong-Kun's return to influence, would work great injury to Corea for the short time that he might be permitted to remain in power, as he would undoubtedly endeavor to sweep away all the reforms and re-establish the old system to his personal aggrandizement. He had no doubt, however, that Prince Pak's own friends would at the earliest opportunity notify him of the exact condition of affairs and declared that he would leave for home by the first steamer and combat the Tai-

일본의 기사 송고 방해에도 불구하고 명성황후시해사건을 제일 먼저 보도한 〈뉴욕헤럴드〉 1895년 10월 10일자 관련 기사.

총리인 이토를 비롯하여 내각의 대신 어느 누구도 히로시마 감옥으로 자신을 면회하러 오지 않은 점, 본래 자신이 좋아서 조선에 간 것이 아니고 아타미熱海의 산에 처박혀 지내는 자신을 이토가 끌어내어 조선에 가달라고 하지 않았느냐고 노골적으로 불만을 토로(《미우라 회고록》, 347~348항)하고 있어 둘사이에 민비 제거에 대한 어떤 묵계 또는 동의가 사전에 있었음을 시사해주고 있다.

이 같은 점을 감안하면 이토 등은 일본의 조선 독력 지배 목적에 따른, 미우라의 민비 제거 계획을 사전에 양해, 묵인하고 있었다는 추론을 가능케 한다.

한편 이토 총리와 사이온지 외상 대리는 사태의 중대성과 신속한 수습의 필요성을 느껴, 진상 조사와 '적절한 조치'를 명목으로 고무라 주타로小村壽太郎 외무성 정무국장과 검찰 관계자 등을 10월 10일 서울에 긴급 파견한다.

같은 날 미우라 등 사태 책임자들의 강요로 김홍집 친일내각과 고종은 민비에 대한 폐위 조칙詔勅을 발표했다. 이 조칙에서는 '왕후 민씨는……짐朕을 멀리하고 그 몸을 피해 방구訪求해도 출현치 아니하니'라고, 즉 민비가 숨진 것이 아니라 숨어 도망 다닌다고 하고 있어 외교사절은 물론 조선 백성들을 아연하게 만들었다.

일본인 스스로가 '역사상 고금 미증유의 흉악 사건', '세계를 진동시킨 일대 참극'(《우치다 보고서》)으로 받아들이는, 일본인에 의

한 왕비 참살을 당했는데도 국왕과 조선 정부가 그 사실조차 발표하지 못한 채 왕비를 폐위시키는 어처구니없는 일이 벌어지고 있었다.

이날 오후 웨베르, 알렌 등 주한 외국 공사들이 왕비폐위조칙의 진상을 파악하기 위해 고종을 알현할 때 동행했던 〈뉴욕헤럴드〉 특파원 코커릴 대령은 그때의 생생한 모습을 다음과 같이 보도(1895년 10월 12일자)하고 있다.

> 가엾은 왕은 이미 태자가 된 저 연약한 아들을 곁에 두고 창백한 모습으로 서 있었다. 왕은 키가 작고 여위었으며 핏기가 없는 모습이었다. 그 며칠 동안의 사건으로 인해 그 창백한 모습이 한층 심해지고 신경질적으로 괴로워하는 듯이 보였다.……왕은 우리들 전부의 한 사람 한 사람과 마음을 다한 악수를 나누고, 다시 옆에서 히죽거리는 우둔한 아들의 손에 각 방문자의 손을 넘겨주었다.
>
> 이때 러시아 공사가 왕에게 커다란 주석상자를 내밀었는데, 공사의 설명에 의하면, 거기에는 자신의 식탁에서 가져온 약간의 과일과 음식이 들어 있다는 것이다. 끊임없이 독살의 위험에 직면해 있던 왕은 손수 그 상자를 받았다. 그 상자의 열쇠가 왕에게 넘겨졌다.(《조선의 비극》, 69항)

이 자리에서 두 공사가 궁궐 호위를 위해 약간의 병력을 제공하겠다고 하자 일본의 허락 없이 자신의 뜻대로 그 같은 일을 결정할 수 없는 고종은 그럴 필요는 없다고 응답했다. 이에 두 공사는 자신들의 공사관 호위를 위해 인천에 정박 중인 군함으로부터 약간의 병력을 입경시키겠다고 하고 퇴궐했다.

이에 따라 러시아와 미국은 이후 수병水兵 20명가량씩을 상륙시켜 공사관에 대기시키고, 다음 해 2월엔 러시아가 120명의 수병을 서울에 주둔시켜 고종이 그 병력에 의지하여 러시아 공사관으로 피신하는 아관파천俄館播遷이 일어난다.

한편, 왕태자가 민비가 폐위 처분을 받은 것은 자신의 책임이라며 왕태자 자리에서 물러나겠다고 하자 조정은 다음 날(10월 11일) '왕태자의 효성과 정리를 특념特念하여', 폐위 민비에게 빈嬪 호를 내린다고 발표했다.

【 낭인들 반발… 퇴한 조치 】

　　　　　　　러시아 공사 주도로 서울 주재 구미
열강의 공사들은 연일 회의를 열고 공동 명의로 사건의 진상 구
명과 관련자 처벌을 요구하고 나섰다. 여기에다 미우라를 더욱
난처하게 만든 것은 민비 시해에 가담했던 낭인들의 반발이었다.
　미우라의 부득이한 경우의 처벌에 대해 낭인들이 '퇴한退韓 처
분' 정도는 몰라도 중형은 부당하다고 거부하고 나선 것이다. 사
건 발생 닷새 후인 10월 13일경부터 낭인들은 만일 자신들만을
중형에 처한다면 공사관의 비밀을 모두 폭로하고, 공사관에 난입
하여 직원들을 폭행하겠다고 위협, 공갈했다. 거기에다 낭인들에
대한 보수금 6천 엔의 분배와 용도가 말썽을 일으켰다.
　결국 사건 직후 낭인들을 퇴한시킬 때 주한 일본 공사관으로부
터 일인당 200엔씩의 여비가 스기무라 서기관을 통해 〈한성신문〉

사 사장 아다치에게 전달되어 분배되었다.(《아다치 자서전》, 63항) 경복궁에 난입한 낭인(32명) 한 사람씩 받은 200엔은 당시 초등학교 교사 초임(약 8엔)의 약 25배에 해당하는 금액으로, 현재의 한국화폐 단위로 환산해보면 몇 천만 원이 되는 액수다.

일본 측은 사건 후 낭인들에게 지불한 6천 엔이란 거액의 출처를 오카모토를 거쳐 "대원군으로부터 나온 것 같다."고 했으나, 당시 유폐된 상태의 대원군이 그 같은 거금을 단시일 내에 지불할 수 있었다고는 보이지 않는다. 따라서 미우라의 기밀비에서 나온 것을 대원군이 쿠데타를 주도하면서 낭인 동원비를 지불한 것으로, 일본 측이 의도적으로 조작한 것으로 추정된다.

낭인들이 공사관 측으로부터 보수를 받고 민비사건에 참여했지만, 반드시 돈만 보고 참여한 것은 아니다. 이들이 민비 제거에 적극적으로 관여한 이유는 무엇일까? 다음 구절은 당시 낭인들의 생각이 어떠했는가를 잘 보여준다.

러시아 세력이 도도히 조선반도에 침입하는 근원은 실로 궁정의 한 여성 민비, 그 사람의 얼굴 찡그림과 웃음 사이에서 생겼다.……여자는 일본 세력을 제거하려는 한마음으로 치달아 장래의 화禍에는 마음을 쓰지 않는다. 동아를 구하고 조선을 구할 수 있는 당장의 유일하고 가까운 방법은 민비를 죽이는 데 있다. 민비를 죽여라, 이러한 것이 경성에 재류하고 있던 지사(낭인)들의 절규였다.(《동아선

각지사기전》 상권, 534~535항)

열강으로부터 '야만적 살인행위' 등의 집중 포화를 받고 있던 일본은 어쩔 수 없이 주한 일본 영사관의 경찰로 하여금 구니토모 등 11명에 대한 조사를 하게 했다. 당시 일본은 불평등 조약에 의해 조선에서 치외법권을 인정받고 있었기에, 낭인 등에 대해 그들의 영사관 경찰이 조사를 담당하게 되었다. 그러나 영사관 경찰들도 모두 사건에 참여한 공범자였으므로, 이는 용의자가 용의자를 문초하는 격이었다. 용의자들의 진술 내용까지 모두 경찰이 정해놓고, 모두 혐의를 부인하는 코미디 같은 형식적인 조사를 받았다.

이같이 미우라는 간계를 부리며 될수록 사실을 은폐하면서 수습하려고 하고 있었다. 그러나 서울에 파견된 외무성 정무국장 고무라의 조사에서도 미우라가 주도해 저지른 사건임이 명백히 밝혀지고, 열강의 압력과 국제적인 비난 여론이 거세지자 일본 정부도 더 이상 버틸 수 없었다. 일본은 외교적으로 고립상태에 빠졌다.

일본 정부는 10월 17일 미우라를 해임하고 후임에는 서울에서 조사활동 중이던 고무라를 임명하는 한편 미우라 이하 외교관, 순사, 낭인 등 민간인 사건 관련자 48명과 군인 8명 등 56명에 대해 한국에서의 추방 명령을 내렸다. 세 차례로 나누어 송환된 이들 중 미우라를 비롯한 민간인 48명은 히로시마 감옥에 수감되고, 군인 8명은 히로시마 주둔 제5사단 관할 군법회의에 회부되었다. 그러나 이들의 수감은 눈가림에 불과했다.

이때 스나가는 서울 박영효의 집에 묵고 있었다. 그러나 그는 티푸스에 걸려 40도가 넘는 고열로 와병 중이었기에 민비시해사건엔 관계하지 않았다고 말한다. 그는 히로시마 감옥에 수감되지 않았으나 "사변에 같이하지 못한 것을 스스로 참괴한다."(자필 메모)고 밝히고 있어 '민비를 없애야 한다'는 당시 낭인들과 같은 생각이었음을 말해준다.

어쨌든 미우라 등을 수감시킨 일본 정부는 사태 수습을 서둘렀다. 먼저 왕비의 서거에 대해 조의를 표한다는 명목으로 전 주한 공사 이노우에를 특파대사로 파견키로 한다. 이노우에는 도쿄를 출발하기 전 내각으로부터, 서울에 주재하는 러시아 공사를 비롯한 각국 공사와 만나 일본이 조선 내정에 간섭할 의사가 없음을 이해시키도록 하라는 지시를 받았다.

이때 육군대신 오야마 이와오大山巖는 이노우에에게 "여우를 잡는다는 이야기가 있었는데, 여우를 잡으면서 곰을 불러들이면, 얼마나 바보 같은 짓인가."(고지마 노보루兒島襄, 《오야마 이와오大山巖》, 분게이슌주文芸春秋, 1978년, 261 항)라고 미우라를 비판했다.

미우라가 주도한 '여우사냥(민비 살해)'이 결과적으로 '곰(러시아)'을 불러들인 격이 되었다는 당시 일본의 곤혹스러운 입장을 잘 나타내는 말이다.

고립무원의 상태가 된 일본 정부는 10월 25일, 구미 열강과의 타협을 모색하기 위한 책략으로 스스로 러시아, 미국, 영국, 독일, 오스트리아 등에 조선 내의 일본군 철수와 조선에 대한 불간섭을 천명하는 성명을 통보했다.

열강 대표들의 공동 견해를 반영하여 10월 30일에는 일본이 장악하고 있던 훈련대가 해산되고, 대신 친위대親衛隊(왕궁)와 진위대鎭衛隊(지방)의 2개 연대가 설치되었다.

고종은 민비시해사건과 관련하여 친위대 장병들의 죄는 없다고 선포했다. 훈련대가 해산되던 날 새벽 우범선, 이두황 두 대대장은 종적을 감추었다. 친위대 대대장에는 참령[소령] 이범래, 이진호가 각각 임명되었다.

11월 26일 민비가 복위되고 군부대신 조희연과 경무사 권형진이 우범선, 이두황 등을 도피시킨 혐의 등으로 파면되고, 대원군은 자책감을 느껴 스스로 은퇴하고, 이준용은 유학을 명목으로 일본에 망명한다. 이때 조희연, 권형진을 비롯, 우범선, 이두황 등도 일본인 집 등에 피신해 있다가 얼마 후 일본으로 망명한다.

이어 12월 1일에는 민비의 시해 사실과 국상을 반포했다. 시해 후 50여 일이 지나서야 겨우 "왕후의 소재를 부지不知하였더니 일월日月이 점구漸久하매 당일의 붕서崩逝한 증거가 적확하니……왕후의 승하하심을 반포하노라."(《관보官報》, 개국開國 504년 10월 15일자

호외號外)라고 발표한 것이다.

김홍집 내각은 시해사건의 진상을 규명한다며 이 사건의 조선 측 범인으로, 전 군부협판 이주회를 사건의 총책임자로, 훈련대 부위 윤석우를 사건의 장본인으로, 스스로 시해 범인이라며 떠들고 다닌 일본인 고용인 박선朴銑 등 3명을 체포했다.

이들이 시해사건의 주범이라고 믿는 사람은 아무도 없었으나 3명은 모반죄로 교수형을 선고받고 12월 30일 처형되었다. 특히 윤석우는 상관인 우범선의 지시로 궁녀의 유해인 줄 알고 타다 남은 유해를 버렸으나, 왕비의 유해를 버렸다는 불경죄에 걸려 애꿎게도 처형되었다.

왕비의 국상이 발표되기 이틀 전인 11월 28일에는 친러, 친미파가 시위대 장병을 동원하여 친일파로부터 고종을 탈취하려던 춘생문春生門 사건이 일어났다.

이범진, 이윤용李允用, 이완용, 윤치호 등이 왕실 측근인 시종원경侍從院卿 이재순李載純, 중추원 의장 안경수 등과 밀모하고 미국 선교사 언더우드, 헐버트 및 다이 장군 등의 협조를 얻어 심야에 춘생문으로 입궐하여 고종을 탈취해 친일내각을 타도한다는 쿠데타를 획책한 사건이다.

그러나 안경수가 외부대신 김윤식에게 사전 밀고하여 시위대 중대장 등 33명이 체포되었고 2명이 사형당하는 등의 처벌을 받았다. 배후에서 조종했던 이범진 등은 러시아, 미국 공사관의 보호를 받아가며 국외로 탈출하거나 국내에 은신했다.

이 사건은 일본에 그들의 만행(민비시해사건)을 변호, 희석시킬 수 있는 절호의 기회를 제공해 주었다. 이 사건을 '국왕 탈취사건' 으로 규정한 일본은, 민비시해사건과 춘생문 사건은 일본이나 여타 열강이나 조선 내정에 개입한 것이므로, 결국 마찬가지라는 논조를 폈다. 일본은 이 같은 이유를 근거로 삼아, 히로시마재판소와 군법회의에서(1896년 1월) 미우라와 군인 등 사건 관련자 전원에 대해 '증거 불충분' 이란 이유로 면소처분을 내린다.

한편, 이에 앞서 친일 김홍집 내각이 민비시해 사실을 숨긴 가운데, 왕후폐위조칙이 발표되자 위정척사를 주장하는 유생들을 중심으로 국모의 원수를 갚자는 토역소討逆訴 상소운동이 일어났고, 내각이 12월 30일 단발령을 내리자 민비 시해에 격분해 있던 민중들의 반일감정에 기름을 붓는 격이 되었다. 단발을 강요하는 관리와의 유혈 충돌과 일본 상인, 군인 등에 대한 살상 사태가 전국에서 일어났다.

'신체발부身體髮膚는 수지부모受之父母니 불감훼상不敢毀傷이 효즉시야孝卽時也(신체와 모발, 피부는 부모로부터 받은 것인 만큼 그것을 감히 상하지 않게 하는 것이 효의 시작이니라)' 라는 유교사상에 젖은 조선인들이 친일 내각이 강요하는 단발령에 선뜻 응할 리 없었다.

유림의 거두 최익현崔益鉉이 "내 목은 칠 수 있어도 머리는 깎을 수 없다."(吾頭可斷 髮不可斷)고 한 항변에서 단발령에 대한 당시 유림과 일반의 반발이 얼마나 거센가가 잘 나타나 있다. 전국적으로 항일 의병운동이 확산되기 시작했고, 정부는 서울에 주둔하는 친위대 병력까지 지방으로 파견하여 의병투쟁을 진압하는 데 급급하고 있었다.

【 천황 , 미우라를 '이해'】

　　　　　　　미우라가 주도한 민비 시해를 당시
일본의 메이지천황은 어떻게 받아들이고 있었는가? 그와 관련하
여 미우라의 전기 등에 약간의 자료가 남아 있다.

　천황은 사건 당일 발생 소식을 시종무관 가와시마 레이지로川
島令次郎 해군 대위를 통해 전해 들은 뒤 미간을 찌푸리며 "[미우라]
고로梧樓는 일단 한번 마음먹은 일은, 그것을 단행하는 것을 주저
하지 않는 자"라고 말했다. 미우라가 저지른 일을 비난하기보다
는 어쩔수 없다는 의미가 내포되어 있다. 천황은 사건의 국제적
파장을 염려하여 다음 날 시종무관을 육군 참모차장에게 보내 전
후 사정을 알아보게 하는 등 관심을 가지고 이 사건의 추이를 지
켜본다.

　1896년 1월 20일, 히로시마 감옥에 수감 중이던 미우라가 풀려

나 기차로 도쿄로 올라갈 때 각 역 주변엔 군중들이 모여들어 만세를 부르며 그를 환영했다. 마치 영웅 귀환과 같았다. 미우라가 시즈오카静岡에서 일박한 뒤 다음 날 도쿄에 도착하자 천황의 시종 요네다 도라오米田虎雄가 숙소로 찾아왔다.

미우라가 먼저 "폐하께 대단히 심려를 끼쳐 정말 죄송스럽게 생각한다."고 인사를 했다. 이에 대해 시종은 "아닙니다. 폐하께서는 그 사건을 처음 들으셨을 때 '해야 할 때는 해야 하는가' 라고 말씀하셨습니다."(《미우라 회고록》, 345~346항)라고 전했다. 이 말은 천황이 미우라의 행동을 묵인했다는 의미로 해석된다. 사건 발생 직후 시종무관에게 했다는 말과 약간의 뉘앙스는 있지만 의미는 비슷하다.

시종은 이어 "오늘 찾아뵌 것은 다른 것이 아니다. 사실은 그것 [시해사건]이 참으로 다루기 힘든 대원군을 어렵게 사용해 행해진 일인데, 거기엔 무언가 특별한 약속이라도 있는가, 그것을 듣고 오라는 말씀이 계셔서 찾아온 것이다."라고 말했다.

이에 대해 미우라는 다음과 같이 대답한다.

"아니, 대원군과는 약속이고 뭐고 없다.……왕비는 언제부터인지 전에 비해 몇 배 이상 정치적으로 관계하고 있었다. 그에 비해 대원군은 거의 은거하는 것과 같은 상태였다. 그래서 그 사건이 일어난 날 아침 나는 대원군에게 정치상으로 간섭하는 것은 안 된다고 했다. 대원군도 이가李家[조선 왕가]를 구해주는 일이라면 무엇보다 고마운 일이라고 했다.……일언반구도 뭐가 없다. 약속도 아무 것도 없다고 전해주시기 바란다."(《미우라 회고록》, 346~347항)

미우라는 천황이 자신의 행동을 힐난하기보다 시종을 보내고, 암묵적으로 이해해준 데 대해 만족한 듯 "나의 행위가 옳은가, 그른가, 그것은 다만 하늘만이 알고 있을 것"이라고 자서전에서 의기양양하게 주장하고 있다.

이 '해야 할 때는 해야 하는가'라는, 메이지천황의 발언은 후일 우익 성향의 월간지 등을 간행하던 출판사(주오코론샤中央公論社)가 1988년 현대 일본어로 펴낸 문고판 《간쥬장군회고록觀樹將軍回顧錄》에서는 의도적으로 삭제(289항)되어 있다. 일본의 우익세력들이 메이지천황의 그 같은 발언을 은폐시키려 하고 있음을 보여준다.

을미사변에 관련되었던 미우라를 비롯하여 외교관, 군인, 낭인 배들 가운데는 후일 일본이 한국을 병합하고 대륙 침략 노선을 걸었기에, 민비 시해에 가담한 전력이 오히려 '훈장'이 되어 출세가도를 달린 인물들이 많다.

미우라는 정계 전면에 나서지는 않았으나 도야마 미쓰루頭山滿 같은 재야 낭인들과 가깝게 지내며, 추밀원 고문으로 임명되어 만년까지 정계에서 일정한 지위를 유지하고 있었다. 1911년 중국에서 신해辛亥혁명이 일어났을 때는 도야마와 이누카이 쓰요시犬養毅를 중국에 보내 만주와 몽고를 탈취하기 위한 청조 타도를 획책하기도 했다.

조선궁내부 고문이었던 오카모토는 히로시마 감옥에서 석방되자 정부 고관들이 그에게 아양을 떨 정도로 일약 유명해졌고, 1897년 10월엔 당시 총리가 육군대신에게 명해 오카모토가 과거 군에 재직 중 '다케바시竹橋 소동'이란 사건과 관련해 받았던 관직박탈 처분 등에 대해 특전을 베풀어 주었다. 이어 내무성은 오카모토를 촉탁으로 중국에 파견했고 오카모토는 거기서 오랫동안 낭인생활을 한 뒤, 신해혁명 때 다시 상하이로 갔다가 1912년 중국에서 사망했다.

호리구치 영사관보는 브라질 등의 공사를 역임했고, 당시 공사관부 중좌로 군인들 중 최고 책임자였던 구스노세는 후에 육군대신을 역임했다.

낭인배의 두목 격이었던 〈한성신보〉 사장 아다치는 1902년 처음 중의원이 된 뒤 줄곧 당선되어 당선 14회를 기록했다. 체신상, 내상 등을 역임했고 정당의 총재가 되기도 했다.

시바도 귀국 후 다시 중의원 선거에서 당선된 뒤 줄곧 정치가의 길을 걸어 10선 의원이 되었고, 〈한성신보〉 편집장이었던 고바야카와는 〈규슈일일신문九州日日新聞〉의 사장을 지냈다.

제 4 장

업보
자객을 맞을 우禹의 운명

【 종인 우범선의 비애 】

      우범선은 가족이 가지고 있던 호적등
본에 의하면 1857년 5월 24일 서울에서 출생한 것으로 되어 있
다. 본관은 단양丹陽이다. 국립중앙도서관에 있는 단양우씨 족보
에는 우범선의 이름이 빠져 있다. 이유를 알 수 없으나 아마도 민
비시해사건에 관련되었기 때문이 아닌가 추측된다. 단양우씨 문
강공파 홈페이지의 '문강(참판)공파文康(參判)公派' 서문에 우장춘은
'세계의 권위 있는 육농학자'로 '단양우씨를 빛낸 분'으로 기재
되어 있으나 우범선의 이름은 없다.

    우범선이 스무 살에 무과에 급제했다는 기록(《동아선각지사기전》
하권)이 있으나 본인이 남긴 자술기록(《오사카아사히신문大阪朝日新聞》,
1903년 11월 28일자)에는 단지 "소생은 조선의 무사"라고만 되어 있
어 급제 여부는 알 수 없다. 단양우씨종친회 홈페이지의 과거시

130

험 합격자 명단에 우범선의 이름은 없었다.

〈조선일보〉에 장기간 연재(1983~2005년)되었던 칼럼 '이규태 코너'엔 조선 최초의 신식 군대로 일본군 장교가 교육시키던 별기군別技軍의 간부로 근무 중이던 우범선에 대한 다음과 같은 이야기가 실려 있다.

> 임오군란의 원인이 된 별기군 훈련소는 세검정 밖에 있었다. 현대식 사관생도 양성소는 한성근韓聖根이 정령正領 곧 대령으로 우두머리이고, 윤웅렬尹雄烈과 김노완金魯莞이 부령, 곧 중령으로 부소장이었으며, 교관은 참령參領 곧 소령인 우범선禹範善이 맡았다. 한데 내로라하는 양반집 자제들인 사관생도들은 우범선 소령이 양반이 아니라 해서 교관을 부를 때 말을 놓아 '너'라고 불렀다. 이에 우범선은 생도들을 모아 놓고 "너희가 훈련을 마쳐도 참위參尉(현재의 소위)에 불과할진대 월등한 상급자요, 그 더욱 교관으로서 '놈'으로 불리는 것은 쓸개 있는 사나이로 참을 수 없는 일이다."라고 일장 연설을 하고 옷을 벗어 던지고 빠져나왔다. 반상班常의 낡은 계급사회에서 군대라는 새로운 계급사회로 옮겨가는 한국사의 진통을 보는 것이다.(〈조선일보〉, 2002년 12월 10일자, '이규태 코너')

별기군 훈련소의 풍경에서 보듯 우범선은 중인 집안에서 태어나 반상의 차별이 심했던 당시, 극심한 모멸감과 함께 좌절을 경험한다. 이 같은 신분상의 제약과 그에 따른 참을 수 없을 정도의 굴욕, 수치심 등이 민씨 일파 등 수구세력에 대해 불만과 저항심을 가지게 되는 우범선 의식구조의 한 요인이 되었던 것으로 보인다.

우범선은 일본 교관이 지도하는 별기군 간부로 일하던 중 사직하고 1882년 3월 김옥균 등과 함께 일본시찰단의 일원으로 도일했다. 약 4개월간 일본 각지를 둘러보고 규슈九州에 머물고 있던 1882년 7월 임오군란이 일어나자 그는 급거 귀국한다.

그러나 임오군란에 의해 민비를 밀어내고 권력을 잡은 대원군 정권은 우범선을 인천에서 붙잡아 일본의 첩자라며 고문했다. 우범선은 대원군에 의한 친문親問을 요구하여 대원군에게 일본과의 연대를 주장하며 대원군의 마음을 움직여 풀려났다(《동아선각지사기전》하권, 385~386항)고 한다.

1886년 다시 정변에 연루되어 7년 유배형을 마친 뒤 동학농민전쟁이 발발하자 토벌군 참모로 임명되었고, 갑오개혁 때 신설된 일본군 장교가 교관을 맡고 있는 훈련대의 제2 대대장으로 기용된다. 우범선이 민비시해사건에 관련하게 되고 결국 목숨까지 잃는 운명의 자리다.

이 같은 도일 경험 및 일본군 장교가 교관인 부대의 대대장 근무 경험 등에 의해 우범선은 일본에 대해 나름대로 상당한 지식을 가지게 된 것으로 보인다. 《우리 조국》의 저자 쓰노다는 우범

선이 이토 히로부미를 비롯한 일본 정부의 많은 요인들이 상류계
급 출신이 아닌 것도 알고 있었을 것이며, 하급 무사들에 의해 주
도된 메이지유신에 감명을 받아 조선도 대개혁에 의한 근대화를
추진해야 한다고, 생각하고 있었을 것으로 분석한다.

　우범선이 일본에 대해 어느 정도의 지식을 가지고 있었는지,
개혁과 근대화에 대해 어떠한 생각을 가지고 있었는지에 대한
자료는 극히 일부밖에 남아 있지 않아 정확히는 알 수 없다. 그
러나 신분에 의한 차별 경험과 일본 견문 등이 그를 수구파를 비
판, 반대하는 성향의 인간으로 만들었고 일본의 힘에 의존하는
개혁 추진과, 나아가 일본의 무력을 동원해서라도 왕비를 제거
하는 데 대해 아무런 거리낌이 없는 사고방식을 가지게 한 것으
로 보인다.

【 우禹, 망명… 영웅인 양 】

　　우범선은 민비시해사건 당시 만 38세였고, 아내(서길선徐吉善)와 딸 둘이 있었다. 그는 훈련대 해산과 함께 훈련대 간부들에 대한 해임 조치가 결정(1895년 10월 30일)되자, 훈련대 제1 대대장 이두황과 함께 서울을 떠나 강원도 쪽으로 해서 부산으로 내려간다. 일본으로 망명하기 위해서다.

　　김홍집(총리대신)과 유길준(내부대신)이 100엔씩을 여비로 쓰라고 보태 주었다. 그들은 부산에서 기다리고 있던 훈련대 중대장 구연수와 만나 일본행 배를 탄다. 이때 이두황이 상투를 자르고 변장했다는 일본 측 기록이 있는 것으로 미루어볼 때 우범선 등도 단발, 변장했던 것으로 추측된다.

　　구연수는 앞서 언급했듯이 민비 시해 당일 이주회 등과 함께 낭인들을 대원군 별장으로 안내해주는 역할을 했고, 경복궁 안에서 우범선의 지시로 민비의 사체에 석유를 끼얹어 태운 작업에 관여했다는 기록('스나가문고' 관계 노트 정리번호 0177, 72~73항)이 있다.

히로시마廣島 시에서 발행되던 지방지 〈주고쿠中國〉 1896년 1월 14일자는 우범선 등 3명이 부산에서 시모노세키下關를 거쳐 이틀 전 히로시마의 우지宇品항에 상륙했으며 이들은 열차 편으로 상경한다고, '조선인 우범선 등의 출발'이란 제목으로 보도하고 있다.

이들은 본래 고베神戶에 상륙할 예정이었으나 히로시마에 들른 것은 히로시마 감옥에 수감 중인 미우라 전 공사 등 민비시해사건 일본 측 관계자를 면회하기 위해서였다. 그러나 면회 절차가 번잡하여 우범선 등은 포기하고 히로시마를 떠났다고 〈주고쿠〉지는 전하고 있다. 미우라 등 민비시해사건 관련 일본인 피고 전원이 증거 불충분 등의 이유로 무죄판결을 받기(1월 20일) 일주일 전의 일이다.

우범선이 일본으로 망명한 뒤의 움직임을 일본 외무성 자료, '스나가문고' 등의 기록을 통해 추적해본다. 당시 일본 각 부현府縣의 지사 등은 경찰조직을 통해 일본에 체류하고 있는 조선인, 중국인 등 요시찰 외국인의 일거수일투족을 체크하여 외무성에 보고하고 있었다. 그 보고 가운데 한국인에 관한 것만을 묶은 〈요시찰한국인거동要視察韓國人擧動〉(1~3, 한국근대사자료집성, 국사편찬위원회 간행, 2001년, 이하 〈요시찰거동〉)이란 일본 외무성 자료가 있다.

이 자료는 우범선뿐만 아니라 박영효 등 당시 수십 명에 이르는 조선으로부터의 망명자를 비롯, 주일 조선 공사관의 관리, 거주자, 유학생, 단순 여행자 등의 동태에 대해 일본 경찰이 수집한 정보를 날짜별로 정리한 보고서다. 경찰은 관할 구역 내에 살고 있는 대상자들은 물론 구역 내로 여행을 온 자의 움직임도 소상히 파악해 보고하고 있다.

대상 인물의 신원 파악이나 행동에 대한 분석 등에 오류가 있는 등 통상적인 경찰 정보 수집이 가지는 한계가 있으나 망명자들의 움직임을 파악할 수 있는 가장 생생한 1차자료라 할 수 있다.

우범선 등은 히로시마에서 열차 편으로 교토京都에 들러 교토 상업학교 임시교사를 하고 있던 안영중安泳中의 집에 머문다. 여기에 황철이 합류하여 이들 넷은 교토에서 한 달 정도 체재한다. 이때 미우라 등이 석방되고, 미우라는 도쿄로 돌아가면서 히로시마에서 쓰다 남은 약 1천 엔 가운데 300엔을 교토의 우범선 등에게 보내 이들이 그 후 도쿄로 가는 여비 등으로 쓰게 했다('스나가 문고' 관계 노트)고 한다. 미우라가 석방 직후의 어수선한 시점인데도 우범선 등에 대해 각별히 신경을 써주고 있음을 보여준다.

〈요시찰거동〉에 등장하는 우범선에 대한 첫 보고는 우 등이 교토에 머물고 있을 때인 1896년 2월 4일자, '우범선 이두황 구연수 등의 동정보고'란 제목으로 "당지에 체재 중인 조선국 훈련대장 우범선, 이두황, 구연수 및 1월 22일에 이어 교토에 체류 중인 황철 등은 미우라 전 공사가 교토에 올 때 사람을 통해 지시를 받는 모양이며……."라고 되어 있다. 황철은 한국에 최초로 사진을 도입한 인물로 1882년 서울에서 사진업을 하다가 포천 군수를 지 낸 뒤, 1896년 개화파 체포령이 내려지자 일본에 망명한 것으로 한국인명사전 등에 기록되어 있다.

이 무렵(1896년 2월~5월) 게이오의숙을 설립한 일본의 저명한 교 육가이자, 사상가인 후쿠자와 유기치가 조선 정부의 고문(니오 고 레시게仁尾惟茂)에게 보낸 서한(여섯 통)에도 우범선 등에 관한 내용 이 들어 있는데, 특히 우범선 등을 부정적으로 묘사하고 있는 점 이 눈길을 끈다. 그 서한의 일부를 보자.

"우범선, 이두황, 구연수, 황철 4명은 이번 달 3일 출발, 홋카이 도北海道 쪽으로 가 약 한 달간 여행을 할 예정이라는데……어제 오 후 조趙, 권權을 불러서……." 조는 민비 암살 직후의 김홍집 내각 의 군부대신 조희연, 권은 경무사를 지낸 권형진이다.

"이번 여행은 전 공사 미우라三浦 및 시바柴四郎 등의 권유로…… 원래 정당 관계의 일로 조, 권 양 씨는 별로 달가워하지 않고……."

"우범선 이하 모두 영웅인 양 좀체로 사람들의 말을 듣지 않아 어떻게 할 도리가 없다."

"조, 권의 힘이 우범선 등을 제압하는 것 같지 않다."(《우리 조국》, 71항)

후쿠자와가 편지에서 언급한 '영웅인 양 운운'은 우범선 등이 일본에 망명한 뒤 민비 시해에 가담한 자신들의 행위에 대해 어떤 죄책감을 가졌다기보다는 오히려 자부심을 가지고 있었다는 것을 보여준다.

그리고 조선에서 군부대신으로 훈련대 대대장의 직속 상사였던 조희연 등의 말을 듣지 않는 것을 엿볼 수 있다. 우범선 등이 조희연 등에 대해 같은 망명자 신세이지 과거와 같은 상하관계가 아니라고 생각하고 있으며, 제3자인 후쿠자와 등에게도 그렇게 비치고 있는 행동을 하고 있은 듯하다.

후쿠자와는 김옥균 등 개화파를 후원하고 수구파를 비판했지만, 민비시해사건에 대해서는 철저히 진상을 규명하고 관계자를 엄벌에 처하도록 신문 사설(《지지신보時事新報》 1895년 10월 15일자)을 통해 일본 정부에 요구하고 있었다.

【 '역과 우범선' 참수령 】

우범선이 일본으로 망명한 직후인 1896년 2월 11일 새벽, 고종과 왕태자가 궁녀용 가마를 타고 경복궁을 몰래 빠져나와 7시경 정동에 있는 러시아 공사관으로 피신했다. 아관파천으로 불린다. 궁녀들이 타는 가마를 경복궁의 문을 지키는 병사들이 검문하지 않는 것을 이용한, 국왕으로서는 궁여지책의 행차다.

국왕이 자신의 나라에 있는, 자신의 궁궐을 도망 나와 남의 나라 공관으로 피신하는 사태는 창건(1392년) 500년을 넘긴 조선 왕조 사상 처음 있는 일이었다. 얼마나 허약한 나라이고, 얼마나 나약한 국왕인가를 웅변해주는 일이다. 그러나 다른 한편으론 일본의 횡포와 압력이 얼마나 거세었고, 그에 따른 고종의 공포와 불안이 얼마나 컸던가를 말해주기도 한다.

1896년 정초부터 친러파 이범진과 친미파의 이윤용, 이완용 등은 러시아 공사관 측과 은밀히 모의, 의병활동 격화에 대비하여 공사관 경비를 강화시킨다는 명목으로 인천항에 정박 중이던 러시아 군함으로부터 대포 1문과 병사 120여 명을 입경(2월 10일)시키는 등 공사관 병력을 증강시킨다.

이 무렵 민비시해사건 이후 열강의 비난과 견제로 기세가 주춤하던 일본은 미우라 등 시해 관련자 전원에 대해 무죄를 선고(1월 20일)하고, 조희연을 다시 군부대신에 임명(2월 1일)시키는 등 대조선 압박을 강화했다. 일본의 위협에 신변의 불안을 느낀 고종이 친러파, 친미파 등의 모의에 응해 비밀리에 궁궐을 떠나 러시아 공사관으로 피신해 간 것이다.

고종은 러시아 공사관으로 들어간 직후 경무관 안환安桓을 불러 김홍집, 유길준, 정병하鄭秉夏, 조희연, 장박張博 등 다섯 대신을 역적으로 낙인찍어 포살하라는 어명을 내렸다.

때를 같이하여 서울 시내 곳곳에 포고문이 나붙었다. 그 포고문에서 고종은 나라에 변란이 끊이지 않는 것은 '난신적자亂臣賊子가 화禍를 만들기' 때문이라고 규정하고, 난신적자의 이름을 지목하면서 이들을 참수하라고 명령한다. 그 명단에 우범선도 포함되어 있다.

"역괴逆魁 조희연, 우범선, 이두황, 이진호, 이범래, 권형진은 불

문 장단하고 즉각 참수하여 짐에게 바쳐라."(《증보대동기년增補大東
紀年》 권지2卷之二, 150면面, 건양원년建陽元年)

'난신적자 즉각 참수'라는 표현에는, 왕비를 살육당한 국왕으
로서, 또 아내를 참담하게 잃은 한 지아비로서의 분노와 원한이
배어 있다.

이 포고문의 명령을 일본 외교문서에서는 '소칙昭勅'이라고 했
으나 조선 정부의 관보에는 게재되지 않았다. '즉각 참수하라'는
고종의 어명에 대해 서울 주재 각국 공사관에서 재판 절차를 무
시하는 처사라는 비판이 일자 며칠 후(2월 15일)엔 그들을 체포하
여 재판에 회부하라로 명령이 바뀐다.

고종이 러시아 공사관으로 옮긴 직후 이날 오전 총리 김홍집과
농상공부대신 정병하가 광화문 앞을 지나다 포고문을 보고 있던
군중들에게 붙잡혀 길거리에서 박살당했다.

영의정에다 총리대신을 세 번이나 지낸 김홍집의 사체는 백주
대로상에 끌려다니다 종각 주변에 효수되어 사흘 동안 방치되었
다. 민비의 최후에 못지않은 참혹한 죽음이었다.

서울을 빠져나와 고향(충북 보은)으로 도피하던 탁지부대신 어윤
중魚允中도 용인에서 군중에게 역시 살해당하는(2월 17일) 등 반일
감정은 극도로 악화되어간다.

후일담이지만 일본은 이때 군중에게 참살당한 김홍집과 어윤

중의 유족에게 각각 "일한병합 후 천황은 생전의 공로를 치하하여 금 1만 엔을 하사했다."(《동아선각지사기전》 하권, 656항)고 한다.

천황이 하사했다는 시점이 언제인지는 불명이나 한일합방(1910년) 이후 《동아선각지사기전》이 발행(1933년)된 사이일 것이므로, 메이지(明治, 1868~1912년), 다이쇼(大正, 1912~1926년), 쇼와(昭和, 1926~1989년)천황의 어느 시대에 해당한다.

그 가운데 김홍집 등이 피살된 것이 1896년인 점 등을 감안할 때 당시의 천황이었고, 합방 2년 후까지 재임했던 메이지천황일 가능성이 커 보인다.

어쨌든 1만 엔은 한일합방 다음 해인 1911년 일본 소학교 교원의 초봉(기본급) 약 40엔(《속續, 값의 풍속사》, 아사히신문사, 1981년)의 약 250배에 해당하는데 현재의 한국 화폐단위로 대충 환산하면 수억 원에 상당하는 거금이다.

총리 김홍집 등 3명이 살해당한 친일내각은 해체되고 친러, 친미파 중심의 새 내각이 구성되었다. 친일내각의 유길준, 조희연, 장박, 이진호, 이범래, 육종윤, 조중응趙重應 등은 일본으로 망명했다.

이 무렵 주로 교토에 머물던 우범선, 이두황, 구연수와 황철은, 2월에서 4월 사이 도쿄로 각각 올라갔다. 5월 미우라는 도쿄의 자택으로 우범선 등 조선인 4명과 시바, 야마다, 구니토모, 다케다 등 시해사건에 관련했던 일본인들을 초청하여 연회를 베푼다.

이후 미우라 등 민비 시해 일본 측 관련자들은, 망명한 우범선 등과 서울에서 가졌던 동지와 같은 끈끈한 유대관계를 계속 이어 간다.

우범선과 구연수는 1896년 8월 13일자 《요시찰거동》 보고에 의하면 도쿄 센다키千駄木에 거주하는 것으로 되어 있다. 이후 우범선과 황철은 도쿄 혼고本郷에 있는 집을 빌려 이사했는데 이웃에 민비시해사건에서 대원군을 입궐시키는 역할을 담당했던 오카모토가 살고 있어서, 그가 우범선 등의 이사를 주선해주었을 가능성이 큰 것으로 보인다.

우범선은 이 집에 살면서 한 일본 여성과 결혼하게 된다. 이때부터 《요시찰거동》에 우범선에 관한 경찰의 동정보고는 거의 1년 동안 보이지 않는다.

【 고종 환궁, '황제의 나라'로 】

　　아관파천 후 시간이 경과함에 따라
국왕이 궁궐을 놓아두고 외국 공사관에 옮겨 가 있고, 조정도 비
좁은 남의 나라 공사관에서 정사를 처리한다는 것은 독립국가로
서 수치스럽다며 환궁을 촉구하는 목소리가 점차 높아갔다.

　　김옥균 등과 갑신정변을 일으킨 뒤 미국에 망명했다가 귀국하
여 〈독립신문〉을 발간하며 독립협회를 이끌고 있던 서재필徐載弼
은 아관파천 이후 처음 고종을 알현했을 때 다음과 같이 환궁을
진언했다.

　　대궐로 돌아가십시오. 이 나라는 폐하의 땅이요, 이 백성은 폐하
　　의 백성입니다. ……빨리 대궐로 돌아가십시오. 한 나라의 임금으로
　　대궐에 계시지 않고 남의 나라 공사관에 계신다면 우선 체면이 손

러시아 공사관에 마련된
고종의 거실.

상될 뿐 아니라 남의 나라 사람들이 웃을 것입니다.(김도태金道泰,
《서재필 박사 자서전徐載弼博士自敍傳》, 수선사首善社, 1948년, 211항)

이에 대해 고종은 "그러나 무서워서 어디 갈 수가 있어야
지……."라며 전전긍긍하고 있었다. 조정에서도 환궁을 건의하는
주장이 있었으나 친러파의 반대와 일본에 대한 공포심을 떨쳐내
지 못하는 고종의 소극적인 태도로 실현되지 못했다.

고종과 왕태자는 러시아 공사관에서 생활하는 동안 몸은 훨씬
좋아졌다(도키오 尾春, 《조선병합사朝鮮倂合史》, 조센오요비만슈샤朝鮮
及滿洲社, 1926년, 191항)고 하니 일본의 횡포와 위압에 얼마나 마음
고생이 심했는가를 말해준다. 전국의 유생들이 일어나 환궁을 상
소하고 각계각층이 이에 동조하는 움직임이 나타났다.

1897년에 접어들어 러시아 교관단에 의해 훈련받은, 국왕을 경

호할 시위대 병력이 양성되었고, 경운궁慶運宮(지금의 덕수궁)에 적의 공격으로부터 국왕을 지킬수 있는 방어시설이 정비되자, 2월 20일 고종은 환궁을 단행했다. 정동 러시아 공사관에서 불과 수백 미터의 거리에 있는 궁궐로 옮기는 데 1년 이상이 걸렸다.

고종이 환궁하면서 정궁인 경복궁으로 가지 않고 경운궁으로 옮긴 것은 몇 가지 이유가 있었다. 경복궁은 넓은데다가 뒤에 산을 끼고 있어 청일전쟁(1894년 7월) 직전 일본군의 기습과 민비시해사건(1895년 10월) 등에서 나타났듯이 외부의 침입으로부터 방어하는 데 어려움이 있었다.

거기에다 고종으로선 악몽과 같은 민비시해사건의 현장인 경복궁으로 돌아가는 것이 달갑지 않았을 것이다. 반면 경운궁은 영국, 미국, 러시아의 공사관이 인접해 있어 일본군의 침입에 대처하기가 용이하다는 이점이 있었다. 그래서 경운궁으로 옮기기로 하고 방어시설을 정비했던 것이다.

고종이 경운궁으로 환궁한 뒤 칭제건원稱帝建元을 요청하는 소리가 비등했다. 조정은 물론, 유생들까지 칭제를 건의하는 상소를 올렸다.

고종은 여러 차례 고사했으나 1897년 8월, 전년 일본의 위압하에 정해졌던 건양建陽이란 연호를 광무光武로 바꾸고 10월에는 서울 소공동(현재의 조선호텔 자리)에 원구단圜丘壇이 완성되자 만조백관들을 거느리고 황제 즉위식을 거행했다. 이어 국호를 조선에서 대한제국大韓帝國(이하 한국)으로 바꾸었다.

1392년 창건 이래 500년 이상을 중국을 대국, 황제의 나라로 받들어 온 소국, 신민의 나라 조선의 백성들도 이제 황제의 나라의 국민이 되었다. 황제와 천황을 둔 중국 및 일본과 대등하게 제국을 선언한 것은 독립국가의 자주성을 표현하고 국제적인 지위를 높이는, 국가의식의 혁명적인 전환이란 평가도 있다. 그러나 제국이 되고 황제가 되었지만 이름과 형식뿐이고, 실질은 아무것도 바뀐 게 없는 것도 사실이었다.

러시아는 아관파천 기간 동안 조선에서 일본 세력을 제압하며 세력을 크게 신장시켜 일시적이나마 남진정책의 성과를 달성한 셈이었다.

러시아는 이때 한국에서 광산채굴권, 삼림벌채권 등 각종 이권을 챙겨 갔다. 러시아의 이권 독식을 막기 위해 일본은 러시아와 직접 협상을 벌여 철도부설권 등의 이권을 나누어 가지기로 했고, 구미 열강도 철도부설권, 금광채굴권 등의 각종 이권을 찬탈해 갔다. 제국을 선언했지만 여전히 약소국에 불과한 대한제국은, 제국주의 열강의 먹잇감으로 전락하여 만신창이가 되어갔다.

이 같은 난국에 일부 근대화, 자주독립 의식을 가진 선각자들과 청년들이 궐기하여 독립협회를 결성하고 만민공동회를 개최하여 나름대로의 구국운동을 전개한다. 이때 고영근도 이 운동에 참여한다.

【 일본에서 결혼, 우장춘 출생 】

　　　　　　　　　　일본의 우익단체인 '흑룡회'는 1933
년부터 메이지시대 이후 일본의 대외 정책에 관계한 인물과 사건
등을 일방적으로 치켜세우는 세 권의 책을 순차적으로 발간했는
데 그 책이 앞서 여러 차례 인용한 《동아선각지사기전》이다.
　이 책 하권(1935년 간행)의 열전에 조선인으로는 김옥균을 비롯
하여 박영효, 김홍집, 이완용, 송병준 등 친일파들과 민비시해사
건 관련자들인 이주회, 우범선, 이두황, 구연수 등도 우국지사로
대거 소개되어 있다. 이 책의 내용에는 신빙성이 떨어지는 부분
이 많으나 우범선의 결혼과 관련해서는 우장춘의 자녀 등 가족들
의 이야기와 대체적으로 일치하고 있다.
　우범선 등의 후견인으로 일본에서의 망명생활을 돌보아주고
있던 미우라는 우범선이 일본 여인과 결혼할 때도 상담역 역할

을 한다.

우범선은 도쿄의 혼고에서 황철과 같이 살고 있을 때 사카이 나카酒井ナか라는 일본 여성과 결혼하는데, 둘이 언제 어떻게 만나 결혼했는지는 불명이다. 그들 부부 사이에 태어난 장남 우장춘이 1898년 4월생이므로 결혼 일시는 대충 짐작해볼 수 있다.

나카는 우범선이 거처하는 집의 소유주로, 그 집 근처에 살고 있던 어떤 재산가의 집에서 하녀로 일했다. 부친은 이시카와石川 현의 한의사였고, 나카는 1남3녀 중 차녀였다고 한다.

조실부모한 나카는 제대로 교육을 받지 못했고, 조혼이었던 당시로서는 혼기를 넘긴 25,6세의 과년한 처녀였다. 또, 나카는 당시 일본 여자들 중에 흔히 있는 편이었던, 글을 읽지도 쓰지도 못했다. 그러나 사물을 판단하고 일을 하는 데는 똑 부러지는 '확실한 여자'였다고 한다.

우범선은 일본어가 전혀 되지 않았음에도 불구하고 나카에게 적극적이었다. 황철이 "돈도 없으면서……."라며 말렸으나 우범선은 그녀에게 열심이었다. 이때 나카는 접근해 오는 우범선에게 "결혼은 일생의 중대사이므로 양쪽이 정식으로 중매인을 내세워 결정하고 싶다."고 답했다.

그냥 데리고 사는 첩과 같은 신분이 아니라 당당히 배우자로 인정하는 것을 전제로 한 결혼을 주장한 것이다. 당시 일본으로 망명한 조선인들 중 상당수가 일본인 여자를 첩으로 데리고 살고

우범선의 가족사진. 오른쪽이 일본인 처 사카이 나카. 가운데가 이들의 장남 우장춘이다. 촬영 일자는 미상이나 장소는 우범선 일가가 살았던 히로시마廣島 현 구례못 시로 추정된다.

있었는데, 나카의 그 같은 요구는 '확실한 여자' 란 그녀의 면모가
잘 나타난 것이라고 할 수 있다.

　우범선은 동거하고 있는 황철에게 중매인이 되어줄 것을 부탁
했고, 나카는 도쿄 고이시카와小石川에 있는 기운지嘉運寺라는 절
의 주지 아라이新井慈剛에게 중매인이 되어줄 것을 부탁했다. 아라
이는 나카의 아버지의 친구였다고 하는데 그는 미우라를 만나 우
범선의 성격, 인품 등을 물었다.

　미우라는 "좋은 친구이지만 언제 살해될지 모르는 사내야. 이
점을 감안해서 중매를 서주게."라고 대답했다고 한다. 민비시해
사건에서 우범선의 행동을 누구보다도 잘 알고 있는 미우라는 우
범선이 조선에서 온 자객에게 언제 당할지도 모른다고 생각하고
있었음을 말해준다.

　아라이는 미우라의 말을 나카에게 그대로 전해주었다. 나카는
"인간의 목숨은 운명이므로 설령 살해되는 일이 있더라도 그건
어쩔수 없는 일"이라고 대답했다. 단념할 것으로 생각했던 아라
이의 예상과는 다른 단호한 결정이었다. 다시 한 번 '확실한 여
자' 란 나카의 됨됨이가 잘 나타나는 대목이다.

　나카는 1953년 81세에 사망했다고(우장춘의 3녀의 말) 하므로, 1872
년생인 것으로 추측된다. 장춘을 1898년, 만 26세에 출산했으므로
결혼한 때를 1,2년 전으로 가정한다면 24,5세에 우범선과 결혼한
셈이다. 1857생인 우범선과는 열다섯 살의 나이 차이가 있다.

나카는 왜 살해당할지도 모르는 조선인 망명자, 그것도 상당한 연령 차이가 나는 우범선과의 결혼을 적극적으로 받아들였을까?

1914년(다이쇼大正 3년)에 태어난(2009년 7월 현재 생존 중) 여성인 《우리 조국》의 작가 쓰노다는 남녀가 연애하는데 그 이유를 찾는 것은 바보 같은 짓이란 전제를 달았지만, 그 이유로 우선 우범선의 '남자다움'에 매력을 느꼈을지도 모른다고 추측한다. 쓰노다는 우범선의 사진을 볼 때 '귀족적이고 단정한 용모'에 '괜찮은 남자'이므로, 나카가 '한눈에 반했다고 할 정도'라고 우범선의 남자로서의 매력을 극찬한다.

하지만 그런 외모상의 이유보다 오히려 쓰노다의 다음과 같은 분석이 더 설득력이 있는 것 같다.

> 부모도 없는 그녀에게 혼담이 들어온다고 하면……결혼 상대는 매우 평범한 서민이었을 것이다.……그때 프록코트를 입은 우범선이 나타났다. 더구나 그는 '나랏일에 바쁜 이웃나라의 지사'라고 한다. 근대 일본이 팽창과정에 놓여 있을 당시, 일반인들도 국가의식이 강했으며 여성들에게도 '나랏일에 바쁜 사나이'는 매력적인 존재였다고 여겨진다. 나카에게는 우범선과의 결혼은 생애를 건 큰 도박이었을 것이다. (《우리 조국》, 42~43항)

당시 일본에 거주하던 조선인은 수십 명에서 수백 명(《일본제국통계연감日本帝國統計年鑑(17)》에 따르면 1897년 말 현재 재일 조선인은 155명, 1899년 187명, 한일합방 전해인 1909년 790명)에 지나지 않아, 한일합방 후 조성되는 일본 사회의 조선인에 대한 차별과 편견이 사회현상으로까지는 형성되지 않고 있었다.

따라서 우범선이 조선인이라는 점이 나카와의 결혼에 큰 장애가 되지는 않았을지 모른다. 우범선과 나카가 정식으로 결혼식을 올렸는지는 불명이고, 결혼사진도 남아 있지 않다.

우범선의 망명생활이 1년 반쯤 경과한 시기인 1897년 8월 18일자 《요시찰거동》엔 "우범선(통칭 기타노 잇페이北野一平)의 이름으로 아카사카 구赤坂區 히도쓰기초一ヶ木町 63번지에 집을 빌려 일본 유신 후의 역사 및 구미 각국의 독립사, 기타 일본의 독립 등을 번역하여 그것을 본국에 수송해 본국을 한시라도 빨리 문명국으로 만드는 것을 목적으로……"라는 내용이 나오며, 우범선의 일본명이 처음 등장한다.

우장춘의 호적 출생지가 이 주소로 되어 있어, 우범선과 나카가 이 집에 거주할 때 태어났거나, 또는 둘이 처음 동거한 혼고에서 낳은 뒤 이 집에 살면서 호적 신고를 한 것으로 보인다.

우범선은 망명자로 일본 국적을 가지고 있지 않았고 조선에 처와 자식이 있었던 만큼 둘은 정식으로 결혼 신고 절차를 밟을 수가 없었다. 따라서 나카는 우범선의 정처가 아닌 첩으로 되어 있었고 당시 축첩제도를 비판하는 운동이 벌어졌을 때 '기타노 잇페이北野―平(우범선의 일본명)'가, '폐풍 일반 축첩의 실례'의 하나로 일본 신문(《만초호万朝報》, 1898년 7월 7일자)에 거론되기도 했다 (《을미사변과 우범선》, 86항)고 한다.

우범선은 이해(1898년) 11월 가족을 데리고 일본 해군의 군항인 히로시마 현 구레吳 시에 있는 처(나카)의 언니 부부가 사는 집(와쇼마치和庄町 1508번지)으로 이사 가서 같이 생활한다. 언니의 남편 후지노 기치타로藤野吉太郎는 구레 해군 조선창에 다니는 직공이었다.

우범선은 망명 후 조선으로부터 자신을 노리고 일본에 온 자객의 공격을 항상 염려하고 있었다. 그가 도쿄에서 구레로 거처를 옮긴 것은 동서 집에서 같이 생활하는 것이 자객으로부터 자신을 방어하는 데 유리하다고 판단했기 때문인 듯하다. 실제 1층에선 동서 부부가 2층에선 우범선 부부가 생활하여 외부로부터의 침입자에 나름대로 대비하는 생활을 하고 있었다,

이 무렵, 국내 정세를 잠시 살펴보자. 1898년 2월 독립협회는 회장 안경수(전 군부대신)의 이름으로 고종에게 러시아 의존으로부터의 탈피를 상소했다. 같은 해 3월에는 서울 종로에서 만민공동회를 열어 러시아인 군사고문 등의 해고를 주장해 관철시켰다.

그러나 그해(1898년 7월) 황태자를 옹립하려는 황제양위음모가 발각되어, 9월경 독립협회의 안경수와 윤효정尹孝定(탁지부주사)이

일본으로 망명한다. 1898년 가을 안경수와 윤효정은 유세남劉世南, 이규완李圭完, 우범선, 구연수, 황철 등 망명자들과 만나, 독립협회가 자금을 보내 망명자들의 귀국을 촉구하고 있는 문제를 논의, 일본에서 사람을 보내기로 결정한다. 박영효는 "가서 죽을 필요는 없다."며 인원 파견에는 소극적이었다. 결국 황철과 이규완이 독립협회 응원을 위해 서울에 가기로 했고, 우범선은 개인 자격으로 가기로 되었다.

우범선은 일본에 망명해 있으면서도 본국의 옛 부하와도 접촉하고 있었다. 《요시찰거동》 보고 1898년 9월 23일자 '우범선禹範善 박영효朴泳孝 강원달康元達의 동정보고'에 나오는 강원달康元達이 누구인지 처음에 필자는 몰랐다. 그러나 그가 우범선의 사위인 것을 나중에 쓰노다의 책 《우리 조국》을 통해 알게 되었다.

강원달에 관한 그 보고는 "한국 경성에서 강원달(25세, 다카다 겐조高田元三라고 변성)이 지난 22일 인천에서 입항하는 치쿠고가와마루筑後川丸 편으로 고베에 도착하여……이번에 온 목적은 우범선과 면회하는 일과 오이소大磯에 들러 박영효와 만나……."라고 되어 있다.

강원달은 우범선이 훈련대 제2 대대장으로 근무했던 시절 부하 가운데 가장 믿는 부하 중의 하나였으며, 우범선이 일본으로 망명할 때 그에게 처자를 부탁했다고 한다. 강원달은 우범선의 차녀와 결혼하는데, 그가 이때 일본에 온 것은 우범선에게 딸과의 혼인을 보고하고 허락받는 것도 용무 중의 하나였던 것으로 보인다.

이때 우범선이 강원달과 같이 귀국했는지는 알 수 없으나 닷새 뒤(9월 27일) 서울의 가토 마스오加藤增雄 변리(辨理)공사가 오쿠마 시게노부大隈重信 외상에게 올린 보고에는 "최근 우범선 외 1명이 인천에 밀항해 와 3주간 체재하면서 박영효를 위한 사정을 확인한다며 우리 측 거류지 내에 잠복하여……이시이石井 영사를 통해 즉시 일본으로 돌아가도록 우에게 전달했으나 그는 좀체로 응하지 않으며……."라고 되어 있다.

오쿠마 외상은 9월 28일 서울의 가토 변리공사에게 보낸 전문에서 우범선 외 1명을 즉시 일본에 돌아오도록 본인들을 설득해, 송환할 것을 강력히 지시하고 있다. 우범선은 인천의 일본인 거류지 내까지는 왔으나 결국 일본 측이 귀국을 허가하지 않아 10월 4일 시모노세키로 되돌아갔다.(《요시찰거동》 1898년 10월 5일자 보고)

한편 황철과 이규완은 11월 9일 후쿠오카 현의 몬지門司항을 출발하여 인천에 상륙, 서울에 무사히 들어가 진고개 일본인 여관에 투숙했다. 여관으로 오세창吳世昌, 윤치호, 고영근, 이승만李承晩 등이 찾아왔다. 황철 등은 서울 시내에서 4~5천 명의 군중 앞에서 연설도 한 뒤 일본으로 무사히 돌아갔다.

유독 우범선에 대해 일본 외상이 나서서 조선에 상륙하지 못하도록 하고 일본으로 송환시킬 것을 재촉한 이유는 무엇일까?

일본은 우범선이 만약 입국했다가 한국 정부에 체포될 경우 시해사건과 관련해 문초를 당하고 사건의 전모를 자백하거나 한국 정부가 자백을 날조, 과장할 경우 일본의 책임 문제가 다시 불거질 것 등을 우려했기 때문으로 보인다.

일본으로 되돌아간 우범선은 박영효가 1901년 초 고베에 세운, 한국 학생들을 교육시키기 위한 서당 '조일신숙朝日新塾'의 숙장塾長을 맡아달라고 하자, 그해 5월 고베로 이사했다. 처 나카는 두 달 뒤(7월) 아들 장춘을 데리고 고베로 와 '조일신숙'의 학생 등을 위한 취사일을 맡았다.

앞서 후쿠자와가 영웅인 양 운운한다고 우범선을 못마땅하게 생각하고 있는 것을 언급한 바 있는데, 무골 타입의 우범선의 성격을 말해주는 일화가 《요시찰거동》에도 보인다.

박영효는 우범선에게 '조일신숙'의 숙장을 맡겼으나 자주 의견 충돌이 빚어지자 얼마 안 가 그를 그만두게 했다. 그 이유는 "우는 원래 무인으로 오로지 무골의 성질이어서 왕왕 박영효와 감정상의 조화를 잃어……서울 출신으로 성질이 온후 평화한 윤효정으로 바꾸었다."(《요시찰거동》 1902년 3월 24일자)는 것이다. 우범선도 역시 서울 출신이다. 그러나 성격이 다른 사람과 잘 부딪치는 편인데다, 전형적인 군인 출신 타입이기 때문인지 결국 바꾼 것 같다.

박영효는 월 약 300엔의 경비가 드는 이 '조일신숙'의 운영을 위해 휘호를 팔거나 일본 지인들로부터 지원금을 받았다. 그러나 경영난을 이기지 못하고 결국 1902년 10월 폐쇄하고 말았다. 우범선은 가족을 데리고 구레 시의 동서 부부가 사는 집으로 되돌아갔다.

제 5 장

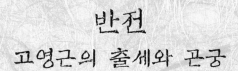

반전
고영근의 출세와 곤궁

【민비, 고영근을 총애】

국내 인명사전 등의 자료엔 고영근의
생몰년 등이 미상으로 되어 있으나 고영근은 스스로(우범선 살해사
건 판결서) 1853년 출생한 것으로 밝히고 있다.

국립중앙도서관 소장의 고씨 중앙종문회가 발행(2003년)한 《고
씨대관高氏大觀》의 〈선조의 충의효열록〉 고영근 항목엔 '1854년
출생, 1923년 2월 16일 별세'로 출생 연도가 2년 빠르며 '부父 중
겸重謙'으로 되어 있으나 출생지는 불명이다.

2009년 3월, 제주고씨 종친회에 전화를 걸어 혹시 고영근의 후
손이 있는가를 물었더니 마침 미국에서 살고 있는 손자가 귀국해
있다고 알려주었다. 손자 고대진高大鎭(1931년생) 씨에 의하면 고영
근은 자식 3형제를 두었는데, 자신은 차남의 넷째 아들이라고 했
다. 그에 따르면 고영근은 서울 출생으로 본명은 고운범高雲範이라

고 한다.

고영근은 상민 출신으로, 민씨가의 실력자였던 민영익閔泳翊의 청지기, 즉 시중꾼으로 궁중을 출입하면서 민비의 신임을 얻어, 종2품직인 경상좌도병마절도사까지 되었다(정교, 《대한계년사》 상권, 국사편찬위원회, 1956년, 234항)고 한다. 당시 민영익은 "고종과 민비가 하도 사랑해서 그의 말이라면 따르지 않는 것이 없었다. 하루 세 번씩 대궐에 들어가며 물러 나오면 많은 내방객이 몰려들어 뒤에 이른 자는 종일 기다려도 면회하지를 못했다."(황현黃玹, 《매천야록梅泉野錄》, 이장희李章熙 역, 대양서적大洋書籍, 1978년, 65항)고 할 정도의 세도가였다.

이같이 고영근은 미천한 신분이지만 세도가의 심부름꾼으로 궁궐을 드나들며 민비는 물론 고종의 눈에도 들어 출세한, 입지전적인 인물이라고 할 수 있다. 당시는 매관매직이 횡행하고, 양반이 아니라도 세도가의 힘을 업고 출세할 수 있는 때여서 민씨가의 유력자뿐만 아니라 국왕과 왕비의 총애까지 받았던 고영근도 함경도 모광감리(1891년), 경상좌도병마절도사(1893년) 자리에 오를 수 있었던 것으로 보인다.

고영근 스스로도 후일 "병마절도사의 직책을 받을 만큼 민비와 조정의 은혜를 입고 있었다."(우범선 살해사건 판결서)고 말하고 있고, "고영근은 조선시대에는 태왕전하[고종]의 총애를 받았고 민가의 일족을 위해서는 물불을 가리지 않는 완강한 사람이었다."(곤도 시로스케權藤四郞介, 《이왕궁비사史李王宮秘史》, 초센신문사朝鮮新聞社, 1925년, 219항, 이하 《이왕궁비사》)는 기록도 있다.

고영근은 민비 사후에는 새로운 왕비가 된 엄비의 비호를 받는 등 여전히 왕실과 긴밀한 관계를 유지하고 있는 것으로 보아, 처세에 상당히 능한 인물이었던 것으로 추측된다.(《윤치호 일기尹致昊日記》 5, 1899년 1월 22일자 등). 1898년 5월에는 중추원 의관, 동년 7월에는 중추원 일등의관에 임명된다.

갑신정변이 실패한 뒤 미국으로 망명했던 서재필은 개화파가 정권을 잡자 1895년 말 귀국하여 1897년 〈독립신문〉을 창간(4월)하고, 독립협회를 만들어(7월) 대중을 상대로 활발한 계몽운동을 벌여 나갔다. 초기에는 정부와 왕실도 협조하여 자주독립의 의지를 나타내기 위한 독립문, 독립관 등을 만드는 등 큰 사회적 반향을 일으켰다. 그러나 친러파가 정권을 잡고, 러시아에 각종 이권을 제공하자 독립협회가 나서 이를 비판함으로써 정부와는 점차 멀어져갔다.

서재필이 미국으로 추방된 뒤 독립협회 회장이 된 윤치호는 1898년 3월, 종로에서 만민공동회를 개최하여 외국의 이권 침탈에 반대하고 의회 설립 등을 촉구했다.

1898년 7월, 황태자의 하사금을 받아 명목상으로는 전국 보부상褓負商들의 자위단체라는 황국협회가 만들어졌다. 이는 독립협회에 위협을 느낀 정부와 왕실이 독립협회에 대항하기 위해 만든 어용단체였다. 고영근은 1898년 9월 이 단체의 부회장이 되었다.

11월 5일, 소위 '익명서 사건匿名書事件'이 일어난다. 독립협회가 전 총리대신 서리 박정양朴定陽을 대통령으로, 윤치호를 부통령으로, 독립협회 간부를 각부 대신과 협판으로 뽑아 대한공화국大韓共和國을 수립한다는 요지의, 수구파가 만든 모략 문서를 보고 고종이 진노했다. 당장 독립협회의 지도자를 체포하라는 불호령이 내려졌다. 이 사건으로 박정양 내각이 붕괴되고 독립협회도 해산되는 날벼락을 맞았다.

이날부터 12월 25일까지 만민공동회는 50여 일간 연일 집회를 개최하여 수구파와 고종을 상대로 정치 투쟁을 벌여 나간다. 이때 고영근은 황국협회가 수구파의 폭력단체가 되는 것을 보고 탈퇴하여, 만민공동회에 가담해 운동을 주도해 나간다. 황국협회가 전국의 보부상을 동원하여 만민공동회를 습격할 움직임을 보이자, 11월 10일경 황국협회 사정을 잘 아는 고영근이 만민공동회 회장으로 추대되었다.

후일 일본으로 망명한 고영근이 우범선 살해를 공모하는 윤효정尹孝定이 쓴 《한말비사韓末秘史》(야담사野談社, 1946년)에는 고영근이 만민공동회의 회장이 된 데 대해 고종이 크게 실망하고 있는 모습이 그려져 있다.

　　고영근은 원래 폐하의 총애하시는 사신私臣으로……본회에 대해

동정하는 취지로 일장 연설을 하니 능히 대중을 감복시키고……만
민공동회 회장은 고영근으로 만장일치로 추선推選되었다.……폐하
께서는 고영근에 대해 크게 실망해 개탄하시길 "고영근까지 이와
같이 나를 버릴 줄 어찌 알았으리오."라고 하셨다. 고영근은 근시近
侍에 청해 비밀로 아뢰길 "소신의 이러한 짓은 실로 폐하의 성은에
보답하고자 함이옵고 감히 임금을 저버림이 아니올시다."라고 여
쭈었다.(《한말비사》, 161항)

11월 14일, 고종은 황국협회가 보부상을 동원하여 만민공동회
를 공격하려 하는 움직임을 만류하면서 그날 밤 회장 고영근을
궁중으로 불러 "너희가 만일 충군애국의 목적이 있으면 마땅히
짐의 마음을 편안히 하여야지 소칙을 불봉不奉하는 것이 충군애
국 하는 것이냐, 물러가 기다리도록 하는 것이 사리에 합당하다."
는 칙유를 내렸다.

고영근이 만민공동회에 이 칙유를 전하자 민중들은, 외국에 의
존하지 말고 관민이 협력하여 전제황권을 공고히 할 것, 칙임관
은 황제가 정부의 과반수 동의를 얻어 임명할 것 등을 촉구하는
헌의육조獻議六條의 시행, 독립협회 활동 재개 등의 요구가 관철될
때까지 물러나지 않는다고 결의했다.

11월 21일, 김옥균을 암살(1894년 3월)한 뒤 귀국 후 황국협회를
이끌고 있던 홍종우洪鍾宇는 서울 종로에서 개최된 보부상 대회에

서 고영근을 겨냥하여 "상놈으로 병사兵使까지 했으면 제 분의에 족하거늘……."이라고 선동 연설을 하고, 몽둥이 등을 든 2천여 명의 보부상들로 하여금 만민공동회 집회장을 습격하게 하여 사상자를 내는 유혈 충돌을 일으킨다.

다음 날 격분한 민중 수만 명이 종로에 자발적으로 참석하는 만민공동회가 열리고, 수구파 대신들의 집을 부수는 등 격렬히 저항하자 고종은 익명서 사건을 모의한 다섯 대신에 대한 재판과 독립협회의 활동 재개를 약속한다.

11월 26일, 역시 1만여 명이 참석한 만민공동회가 열렸는데 고종은 경복궁 인화문 밖으로 만민공동회 회장 고영근, 독립협회의 회장 윤치호, 부회장 이상재李商在 등을 불러 민중의 요구사항의 실천을 다시 약속했다. 민중들은 만세를 부르고 해산했다.

그러나 약속과 달리 고종과 수구파 대신들은 만민공동회와 독립협회의 지탄을 받고 처벌되었던 수구파에 대한 사면 조치와 함께 정부 내 개혁파를 몰아내고 수구파 중심으로 내각을 개편(12월 2일)했다.

12월 6일부터 만민공동회가 재개되어 고영근을 소수疏首로 하여 고종에게 약속대로 민중의 요구사항을 실천하도록 촉구했으나 고종은 강경한 논지를 내려 응하지 않았다. 이에 만민공동회가 연일 집회를 열자 고종은 회장인 고영근을 궁중으로 불러 "독립협회 처소가 있는데 거기서 연설을 하든지, 따로 처소를 정해 몇 명만 회합하라."며 거리에 군중을 동원하는 방식의 만민공동회 활동을 힐난했다.

이에 고영근은 "독립협회는 만민공동회가 아니다."라며, 고종의 지시에 따르지 않고 계속 만민공동회를 열었다. 만민공동회의 집회에 수만 명이 참가하는 등 그 세력이 날로 증대되자 고종과 수구파는 위협을 느꼈다. 고종은 1898년 12월 25일, 독립협회와 만민공동회를 불법으로 규정하면서 무력을 동원하여 강제 해산시켰다.

이와 함께 양 회 회원에 대한 대대적인 검거령이 내려졌고 해산 당시 만민공동회 회장이던 고영근 등은 일본인 집으로, 독립협회의 회장 윤치호와 이승만 등은 미국인 집으로 피신했다.

이때 은신 중이던 고영근은 만민공동회와 독립협회를 다시 세우기로 계획하고 이에 앞서 최정덕崔廷德, 임병길林炳吉 등과 수구파 대신들을 암살하자는 데 뜻을 모았다.

1899년 6월 8일과 12일 사이, 서울 곳곳에서 연쇄 폭발사건이 일어났다.

중추원 의장 조병식趙秉式, 특진관 박정양, 박기양朴箕陽, 한규설韓圭卨, 참정 신기선申基善, 의주 군수 방한덕方漢德 등의 집과 경무중서警務中署, 회동會洞 어물전 앞에 폭탄이 투하되어 사람들이 다치고 집들이 파손되었다. 민심이 흉흉해지고 야간 통행이 제한된 가운데 순검들은 각 대신들의 집을 주야로 경비했다.

13일에는 박영효가 1895년 일본에 망명하기 전까지 살고 있던 집에서 폭탄을 제조하다 폭약이 터져 2명이 죽고, 박영효의 조카 등 15명이 구속되는 사건이 일어났다. 이 일련의 폭탄 투척은 고영근, 최정덕, 임병길 등이 주도한 것이었다.

　이후에도 계속 폭탄 투척 사건이 일어나자 범인 체포자 및 밀고자에게 현상금이 내걸렸고 한 일본인이 임병길 등을 밀고하여, 21일 새벽 이들은 진고개를 빠져나가다 체포되었다. 이때 역시 이곳 일본인 집에 숨어 있던 고영근, 최정덕 등은 도망하여 일본으로 망명한다.

　이상 한국에서의 고영근의 행적과 출신 성분 등을 감안할 때 그는 학식은 높지 않으나 상당히 처세에 밝았고, 아주 수완이 좋았던 것 같다. 거기에다 나름대로 시대를 보는 눈이 있어 황국협회 간부에서 만민공동회 회장으로 재빨리 변신하는 등 과감한 판단과 행동을 하는 인물이었던 것으로 보인다.

【 노복과 '살해동맹' 】

　　　　　　　　　서울에서 사라진 고영근이 일본에 나
타난 것은 1899년 여름이었다.

　일본 경찰의 망명 조선인들에 대한 동향 보고인《요시찰거동》
엔 1899년 8월 4일자로 "한국 경성의 고영원高永元(50세)은……금
년 봄 고국을 출발하여 청국의 즈푸芝罘에 체재하던 중, 평민 아
시바足羽滿가 귀국할 때 그에게 동행을 청해 지난달(7월) 31일에 고
베神戶에 상륙했으며, 그 목적은 본국[일본] 각지를 유람하기 위한
것이라 했다."고 보고하고 있다. 고영근高永根의 이름이 '고영원高
永元'으로 잘못 기재되어 있다.

　고영근은 8월 3일, 구마모토熊本 시로 가 전 군부대신 안경수의
집을 방문했으나 그가 얼마 전 오사카大阪로 옮겨 가 못 만나고 다
음 날 조선어학회 교사를 하고 있던 윤효정을 숙소로 방문, 다섯

시간 가까이 이야기를 나눈 뒤 돌아갔다. 고영근이 이때 조선에서 별로 교류가 없었던 윤효정을 만나 그 후 친해지게 된 것은 후일 우범선이 목숨을 잃는 한 계기가 된다.

고영근은 오사카에서 안경수를 만나 그의 집에 투숙하고, 그 뒤 고베로 가 있다가 12월 25일부터는 고베 시 야마모토도오리山本通 욘초메四丁目의 박영효 집 근처에 방을 한 칸 빌려서 생활한다.

고영근이 일본에 망명한 다음 해인 1900년 정초, 그의 노복이었던 "한인 노윤명魯允明(26세)이 1월 18일 오전 2시 입항하는 이부키마루伊吹丸를 타고 인천으로부터 고베에 와서 한인 고영근의 거처에서 체재했다. 노魯는 일본어 연구를 위해 건너왔다고 하며 당분간 어학 연구의 방법을 정할 것"이라고 현지 경찰은 보고하고 있다.

이때 망명 3년째를 맞은 우범선의 노복(최구현崔九鉉)도 일본으로 건너가 우범선을 만난 뒤 귀국하고 있어, 우범선이 무언가 국내와 긴밀히 연락할 일이 있었던 것으로 보인다.

한인 최구현崔九鉉(21세)은 이번 달(1월) 17일 오사카로부터……히로시마 현 아키군소安藝郡莊 야마다무라山田村로 향해 그곳에 거주하고 있는 한인 망명자 우범선의 거처에 머물다 1월 20일, 귀국길에 올랐다. 그가 이번에 우범선을 방문한 것은 우범선이 이전 그의 서생書生이었기에 귀국하기 전에 들른 것으로 특별히 수상한 거

동은 없었다.(《요시찰거동》, 메이지 33년(1900년) 1월 21일자)

한편 고영근은 일본에 도착한 뒤 어떤 일본 여자와 만나 살림을 차리고 있는 것으로 《요시찰거동》에 보고되어 있다.

한인 고영근은 그 처와 함께 고베를 출발하여, 이달 16일[야마구치 현] 아부 군阿武郡 하기마치萩町의 섬유공장 주인 송병준宋秉畯을 방문했다. 이번에 안경수가 자수하고 귀국하기에 정부[한국]는 몇 명의 정탐꾼을 본국[일본]에 파견했고……고영근의 아들 고용진高龍鎭(26세)이라는 자가 영근의 소재를 토로했기에, 지금 정부가 체포하려고 하니 고베와 같은 번화한 곳에 있으면 그 몸에 위험이 미칠까 두려워 송병준에게 연락하여 일시 하기萩로 피난해 왔다고 한다.

또, 고영근은 만약 한국 정부의 손에 체포될 때는 사형을 면할 길이 없어서 하기에 있는 송병준의 방을 하나 빌려 몰래 숨고, 외출도 하지 않았다. 또, 한인인 직공 등에게도 그 이름을 감추고 말하지 않았을 뿐 아니라 타인과의 면접을 극력 피하기도 했다. 또, 본국에 80여 세의 노모가 있다고 하나 직접적으로는 일절 서신의 왕복을 끊은 채, 금후에도 서로 소식은 송병준의 손을 거칠 것이라 한다.(《요시찰거동》, 메이지 33년(1900년) 2월 20일자)

이 내용은 폭탄 투척 사건으로 결석재판에서 사형을 선고받은 고영근이 일본인 처와 함께, 후일 일진회 회장으로 대표적인 친일파가 되는 송병준의 집에 숨어 본국으로부터의 추적을 피하려고 하고 있음을 보여준다. 송병준은 김옥균 등을 노려 민씨 일파가 보낸 자객 중의 한 명이란 기록이 있는데, 그는 김옥균이 상하이에서 홍종우에 의해 살해(1894년 3월)된 뒤에도 계속 일본에 체류 중이었다.

【 고영근도 일본에서 득남 】

고영근의 일본인 처는, 고가 처음 일본에 도착(1899년 8월)하여 도쿄에 머물고 있을 때 우연히 알게 된 오카야마岡山 현 출신의 염직물 장사를 하는 니시자키 긴페이西崎金平란 사람의 딸(가네요兼代)이다.

《요시찰거동》1900년 2월 26일자 보고엔 그녀가 "임신 중으로 4월 또는 5월에 분만의 가능성"이 있다고 되어 있으며, 그해 8월 14일자 보고엔 "고영근 부부가 7월 28일 오카야마 현의 니시자키 집(기비 군 니와세무라吉備郡庭瀬村)을 방문했을 때, 이미 아이가 있어 때때로 이 집에 오는 일이 있었다."고 되어 있어 그 사이에 아이가 출생한 것으로 보인다. 그 아이는 사내아이였는데, 후일 조금 '엉뚱한' 일을 한다.

고영근은 그해(1900년) 8월 3,4일 무렵 처, 그리고 노복 노윤명

172

과 함께 오카야마 시에 집을 얻었다. 고영근이 "오카야마 현으로 이전하는 이유는 고베 지역이 동서 왕래에 용이한 장소로, 한국인 방문객이 많이 들러 금전을 요구하는 경우가 있어서, 그 연결을 피하기 위해서"이며 "8월 13일 오후 2시경에는 오카야마 현 거주 한국어 교사인 엄달환嚴達煥 및 최정덕이 시모노세키로부터 돌아와 고영근을 방문했고, 같은 날 주연을 열어 고영근의 지휘 아래 두 사람에게 무엇인가 이야기했던 것 같다."고 《요시찰거동》은 보고하고 있다.

최정덕은 고영근과 함께 서울에서 폭탄 투척 사건을 일으켰던 인물로 1900년 4월 14일 이래 교토 부京都府 오토쿠니 군乙訓郡 무코우초向日町에 체재하며 서화를 그리며 지내고 있었는데, 고영근이 고베에 있을 때부터 긴밀히 연락하고 있었다.

이에 앞서 우범선이 고베로 박영효와 고영근을 만나기 위해 방문하고 있다.

《요시찰거동》 1900년 5월 22일자는 "한인 우범선(기타노 잇페이 北野一平라고 이름을 바꿈)은 지난 19일 히로시마로부터 고베에 도착하여 박영효 집에 투숙했다.……그가 고베에 온 목적은 박영효 및 고영근의 안부를 묻기 위한 것이라고 했으며, 당시 박영효는 미도水戸 지방으로 떠나 25일 무렵에 돌아오기로 하여 그때까지 체류하기로 한 듯하다."고 보고한다. 그 후 "박영효의 집에 체재하고 있던 우범선은 지난 30일 오후 구레呉로 출발했다."고만 보

고되어 있어 이때 우범선이 박영효와 고영근을 만났는지는 알 수
없다.

고영근에 대한 《요시찰거동》 보고는 "김준룡金俊龍은 어제 오후
7시 하카타博多발 상행열차로 출발……오카야마에 거주하는 동국
인 고영근의 거처로 갈 것임에 틀림없다. 그가 직접 말한 바를 듣
자면, 그와 고영근·최정덕 3인은 본국의 결석재판에서 교수형을
선고받고 있어서, 함께 활동하고 생사를 같이하기로 하여 고영근
의 숙소에서 회합하는 듯하다."는 1900년 10월 17일자 보고 이
후, 약 1년 동안 일절 언급이 없다. 이 기간 동안은 별다른 움직임
이 없었던 듯하다.

그런데 고영근에 대한 1902년 11월 11일자 《요시찰거동》 보고는
다음과 같은 그의 일본 귀화와 관련한 특이한 내용을 담고 있다.

앞서 호적법戶籍法 위반 혐의로 처벌되었던 한국 망명자 고영근
은, 현재 우리 제국에 귀화하고자 한다는 등의 이야기를 하고 있다.
별로 수상한 거동은 없으나……스기모토 마쓰타로杉本松太郞는
고의 귀화 희망을 달성시켜주고자 거듭 진력하여, 평민 오쿠다 다
카奧田夕ヵ라는 독신자로부터 고영근을 양자로 삼아 입적시킨다는
승낙을 얻게 되어……호적증명서를 발급받았고…….

다른 망명자의 경우 호적법 위반으로 일본 당국의 처벌을 받았

다는 내용이 없으나 고영근은 문제가 생긴 것 같으며, 그는 이 문제를 해결하기 위해 수단 좋게 일본인의 양자가 되어 일본인 호적을 확보해놓은 것으로 보인다.

【 망명자들의 궁상 】

　　　　　　　　당시 갖가지 정변에 관련되어 일본으로 도망간 조선인 망명자들은 피살의 위협과 생활고 등에 시달렸다. 이들은 대부분 본국 정부로부터 대역부도죄 등의 중죄인으로 지목되어 있었고, 민씨 일파 등은 이들의 목숨을 노린 자객들을 밀파시키고 있어 우선 목숨을 부지하는 일이 급선무였다.

　자객의 칼날 못지 않은 위협은 생활 문제였다. 김옥균 등이 일으킨 갑신정변에서 보듯 겨우 목숨만을 부지한 채 급히 도망쳐 일본으로 간 만큼 이들이 충분한 생활비를 가지고 있는 경우는 거의 없었다.

　상업학교 임시교사(한문)로 채용된 안영중과 같은 경우도 드물게 있으나, 대부분 조선에서 높은 관직에 있었던 이들은 남의 나라에 기술도 경험도 없이 와 마땅한 직업을 구할 수 없는 상태였다. 또, 일본어가 되지 않아 한문으로 겨우 필담을 나누는 상태인데다, 대체적으로 조선에선 지체 높았던 양반들인 그들이 농사를 짓거나 장사 같은 것을 할 수도 없는 형편이었다. 어떤 신문기사는 "오사카의 모 제재소에서 어느 한국 망명자를 직공으로 써보았으나 우둔해서 도움이 되지 않았다."고 꼬집고 있다.

김옥균, 박영효 등 망명자 중 거물급들에겐 일본의 우익, 독지가 등이 생활비를 후원해 주는 경우가 있었으나 이들에겐 조선에서 데리고 온 두서너 명의 노복이나 부하 등 식솔들이 딸려 있어 생활은 어려웠다. 거물급이 아닌 여타 망명자들의 경우는 더욱 형편이 어려웠다.

일본 신문과 《요시찰거동》 보고 등은 조선 망명자들의 상황을 '궁상窮狀', '생활 곤란', '여비 결핍' 등으로 전하고 있다.

망명자들로서 가장 손쉽게 생활비를 보탤 수 있는 방법은 붓글씨를 써 주거나 사군자를 그려 주는 등의, 휘호揮毫로 사례비를 받는 것이었다. 노복을 제외한 망명자 대부분이 한학과 서도 등 유교적인 소양을 갖추고 있어 이들에게는 휘호가 가장 좋은 호구지책이었다.

일본인들에게는 망명해 온 조선의 고관대작들의 작품이란 희귀성과, 또 이들이 대부분 정변 등에서 일본 편에 섰기에 왕실과 민씨 일파로부터 핍박을 받아 조국을 떠나 망명해 온 만큼 동정하고 도와준다는 뜻에서 휘호를 사준 것 같다.

망명자들은 일본인 지인들을 통해 부탁을 받고 써 주거나, 또는 어떤 지역으로 초대받아 가서 휘호를 해주는 것이 일반적이었다. 그러나 규모가 큰 휘호전람회를 여는 경우도 있었다. 박영효가 고베에서 '조일신숙'이란 서당을 열기 위해 후쿠오카 지방을 돌아다니며 연 휘호전의 수입은 수백 엔에 달했다는 《요시찰거동》(1901년 12월 23일자) 보고도 있다.

이 같은 조선 망명자들의 여행을 일본 신문 등은 '휘호만유揮毫漫遊', '휘호여행揮毫旅行' 등으로 부르고 있는데 그나마 휘호 수입으로 생활비를 어느 정도 해결할 수 있는 경우는 몇 명에 불과했다.

조선 망명자 중 휘호로 가장 인기가 있었던 사람은 일본 조야에 널리 알려져 있던 김옥균이었다. 1894년 봄, 상하이에서 암살되기 전까지 일본에서 망명생활 10년을 보냈던 그의 글씨는 사찰 등의 현판을 비롯하여, 개인이 소장하고 있는 것 등 상당량에 달했고 현재 일본 곳곳에 남아 있다. 특히 세필細筆에 능했다는 김옥균의 글씨는 한국보다 일본에 더 많이 남아 있는 것으로 알려져 있다.

김옥균 이외엔 대원군의 손자 이준용과 박영효, 조희연, 우범선 등이 휘호로 '밥을 먹고살 정도'(《고베우신일보神戶又新日報》, 1903년 11월 27일자, 1면)였다고 한다. 전 군부대신 조희연의 휘호여행을 전하는 《요시찰거동》 보고 내용을 잠깐 살펴보자.

한국인 망명자 조의연趙義淵[조희연趙羲淵의 오식]과 그 학생 이하종李夏鍾이……오카야마에 온 용건은 휘호로 생활비를 벌고자 함인데, 당 지역의 유지들과 당 지역에 체재하는 한인 고영근과 서로 왕래했었다.

메이지 35년 3월 22일 유지들의 알선으로 당시 우쿄초右京町 고라쿠엔後樂園에서 서화회를 개최하고, 내일(26일)은 쓰쿠보 군都窪郡 구라시키초倉敷町에 들를 예정이며, 그리고 현 내의 두세 군데 지역을 더 순유할 듯함. 체재 중에 특별히 수상한 거동은 없음. (《요시찰거동》, 메이지 35년(1902년) 3월 25일자)

그러나 민씨가의 노복 출신인 고영근의 경우 서화, 시문 등에 소양이 없는지 일본인들에게 휘호를 해주었다는 기록이 없고, 고영근의 노복인 노윤명도 휘호를 할 정도의 교양을 갖추고 있지는 않았던 것 같다.

박영효의 경우 경호원을 겸하는 노복들이 양계장을 하여 생계에 보탰고, 송병준은 염직공장을, 노윤명은 야간에 우동 등을 파는 행상을 거쳐 방적공장 직공 등으로 생활하고 있었다.

이 같은 망명자들의 궁상을 파악하고 있던 일본 정부는 그들의 생활 보조를 위해 매달 일정액을 망명객들의 조선에서의 관직직급에 따라 지급하고 있다. 현재의 차관급 이상은 35엔, 그 이하는 20엔, 대원군의 손자인 이준용에게는 특별 케이스로 100엔이 지급되었다.

《요시찰거동》 1903년 10월 16일자, 경찰청 장관이 사가佐賀 현 지사에게 보낸 '본방재류한국망명자本邦在留韓國亡命者에 관한 회답의 건' 보고에는 우범선이 암살되기 2년 전쯤인 1901년 지원금 수급자 26명의 명단과 액수가 실려 있다.

망명자의 직위, 성명, 주소로 된 명단 아래 '참고參考'라는 표시를 하고 '메이지 34년 10월 가도분明治三十四年十月 可渡分'이라고 적은 뒤, '이준용 금 백 엔金百圓' 밑에, '조희연 등 금 삼십오 엔金三拾五圓', '우범선 등 금 이십 엔金貳拾圓', '윤효정 등 금 십 엔金拾圓'의 세 그룹으로 나누어 지급된 내역서다. 단, 종이품인 관찰사가 정사품으로 기재되어 있는 등 내용 일부에 오류가 있다.

합계 26명에게 655엔을 지급하고, 취급 보수금으로 10엔, 총 665엔을 '메이지 34년(1901년) 10월 10일자'로 지급했다고 기록되어 있는데, 취급 보수금이란 명목으로 별도의 경비를 지급하고 있는 것으로 보아 외무성이 아니라 산하 단체에서 취급한 것으로 추측된다. 이 내역서 아래엔 지급 날짜가 기재되지 않은 채 '정부의 보조를 받는 자'란, 또 하나의 지급내역서가 첨부되어 있는데, 위의 내역서와는 지급 액수가 조금 다르다. 이준용의 액수가 '금 백사십 엔金百四十圓'으로 40엔 더 많고, 10엔을 받았던 윤효정과 이홍림 2명이 20엔을 받은 것이 다르다. 합계 26명이 총 695엔을 받았다(표1 참조)고 되어 있다.

앞의 내역서엔 이름이 없던 박영효와 고영근, 김준룡의 3명은 이 내역서엔 '그 밖'으로 별도 처리하고 있으나 지급 액수는 적혀 져 있지 않다. 후일 우범선 살해사건 수사 조서에서 우범선은 정 부 산하단체로부터 20엔의 지원금을 받은 것으로 되어 있으나, 고영근의 경우 재판장이 일본에서의 생활비 충당에 대해 물어보 지만 지원금과 관련한 언급이 없어 그에게는 지급되지 않았던 것 으로 보인다.

당시의 물가를 분석해놓은 앞서 인용한 자료(《값의 풍속사》)의 1900년도 소학교 교사 초봉이 10~13엔, 1902년도 백미 10킬로 그램(도쿄 소매 기준) 가격이 1엔 19전이었던 것을 감안하면 이들 조 선인 망명객들이 각각 받았던 35엔(차관급 이상), 20엔(차관급 이하) 은 당시 일본에서 풍족하지는 않지만 그런대로의 생활은 가능한 액수였던 것으로 추측된다.

일본 정부가 이들에게 지원금을 지불한 것은 망명자들 대부분 이 본국에서 활동할 때 일본 측에 섰던 인물인 만큼 그에 대한 보 상이란 의미와, 그들이 향후 귀국할 경우 일본에 우호적인 감정 을 갖고 일본에 도움을 줄 수 있을지 모른다는 점 등을 계산한 것 으로 해석할 수 있다.

이들 조선인 망명자들에게 있어 특이한 현상 가운데 하나는 상 당수가 일본인 여성을 첩으로 거느리고 있었다는 점이다.

김옥균은 망명생활 10년 동안 일본의 각계 인사들뿐만 아니라

여성들에게도 인기가 높았다. 그가 관계한 여성은, 암살 후 일본 신문에 "김옥균의 여인은 5,6명에 달한다."는 보도가 있을 정도였다. 김옥균과 일본 여성들 사이에 난 자식도 여럿 남겨져 있었다. 박영효에겐 일본인 첩과 여학교에 다니는 딸이 있었는데 그 첩은 박영효가 조선정부의 내부대신이었을 때 부하(주사보)였던 배치실裵致實이란 자의 첩(나카무라 사키中村サキ)과 자매관계였다(《요시찰거동》, 1900년 3월 16일자)고 한다.

우범선, 고영근, 황철 등도 일본 여성과 살며 그 사이에 각각 자식을 두고 있다. 윤효정과 같이 일본으로 망명할 때 본국에서 처나 첩을 데리고 간 경우도 있었다.

이 밖에 이준용은 시종(이경대李慶大 등)을, 박영효, 조희연, 고영근 등은 노복을 데리고 있었고, 김옥균의 양자(김영진金英鎭)를 비롯하여 장박張博의 아들, 권형진의 동생 등 망명자들의 가족과 노복들도 상당수가 일본으로 동반 망명해 있었다.

그런가 하면 도쿄의 유곽을 출입하는 망명자에 관한 경찰의 동정보고도 있고, 일부 망명객들이 음주, 방탕한 생활을 하고 있다고 혹평하는 다음과 같은 기사도 있다.

조선인의 기질을 대략 평하면 오로지 나태懶怠하고 음험陰險하기 그지없다. 한때 수 명의 망명자들이 내 친구의 집을 빌려 생활하고 있었는데 그들의 매일의 업무는 서로 모여 잡담을 하거나 술을 마시는 것이며……그들은 아주 호색한으로 대체적으로 수상한 여자와 동거하고 어떤 때는 여자의 배가 불러와 곤혹스럽게 되자 야반도주하는 자도 있었다. (〈고베우신일보〉, 1903년 11월 27일자, 1면)

〈표1〉 정부로부터 보조를 받는 자

지급 일시 불명, 메이지 34년(1901년) 10월부터 36년(1903년) 10월 사이에 지급된 명단으로 추정됨. 일본명은 필자 추가. 단 일본인들의 성과 이름은 같은 한자라도 달리 발음되는 경우가 있는데, 망명자들의 일본명 발음은 가장 일반적으로 사용되는 것을 표기했음.

이 름	직 위	품 계	일 본 명	금 액
이준용李埈鎔	대원군 손자	정일품		금 일백사십 엔
조희연趙羲淵	군부대신	종일품	오야마 도모조大山智三 오무라 도모자부로大村智三郎	금 삼십오 엔
유길준俞吉濬	내부대신	종이품	야마무라 사타山村貞 또는 사타요시貞吉	동상
장박張博	법부대신	동상	다카타니 요시高谷義	동상
유세남劉世南	내부협판	정삼품	나무라 다다시名村正	동상
이종달李淙達	관찰사	정사품		동상
우범선禹範善	대대장 소좌	정삼품	기타노 잇페이北野一平	금 이십 엔
이두황李斗璜	대대장 소좌	동상	이토 시치로伊藤七郎	동상
이범래李範來	대대장 소좌	동상	마라이 효키치馬來兵吉 기도 유지로木戶雄次郎	동상
조중응趙重應	법부 형사국장	동상	요시미 진스케吉見仁助 또는 진타츠仁達	동상
이규완李圭完	경무관	동상	아사다 료이치淺田良一	동상
이승구李承九	경무관		우노 요시타로宇野儀太郎	동상
신응희申應熙	군부비서관 소좌	정삼품	요시다 이치로吉田一郎	동상
유혁노柳赫魯	군무국장 소좌	동상	야마다 유이치로山田唯一郎	동상
조희문趙羲聞	소좌 조희연의 제	동상	히라야마 인키치平山尹吉 또는 나가하루長春	동상

이 름	직 위	품 계	일 본 명	금 액
권동진權東鎭	전경무사 권형진의 제	동상	가바야마 곤지로樺山權次郎	동상
육종윤陸鍾允	외부 교섭국장	동상	나리타 신成田信	동상
구연수具然壽	농상공 부주사		구보 주타로久保壽太郎	동상
윤효정尹孝定	탁지부주사		야스히라 사타카즈安平定一	동상
정난교鄭蘭敎	소좌	정삼품	나카하라 유키지仲原雄吉 또는 유죠勇丈	동상
한석로韓錫璐	소좌	동상		동상
최경붕崔敬鵬	불상		우에노 세키치上野淸吉	동상
정진홍鄭鎭弘	불상	정사품		동상
황철黃鐵	군수	정삼품	야마구치 테츠로山口鐵郎	동상
이홍림李弘林	서생			동상
합계 26명				금 육백구십오 엔

그 외

박영효朴泳孝 (이전 한국 국왕의 부마였고 또 대신이었던 자)

고영근高永根 (이전 병사兵使, 즉 장관將官 상당의 관리였던 일 있음)

김준룡金俊龍 (고영근의 부하)

제 6 장

＊

결행
국모 시해 복수

【 압록강 유인 살해 기도 】

《요시찰거동》 1898년 11월 29일자 보고엔 우범선이 '첩妾 사카이 나카(당 22세), 유아乳兒 춘장春長(본년 6월생)'과 함께 나카의 언니 부부가 살고 있는 히로시마 현 구레吳로 이사했다는 내용이 나온다. '장춘長春'의 이름이 '춘장春長'으로 앞뒤가 바뀌어 있고, 생일도 틀리게 기재되어 있다. 나카의 나이도 실제 나이와 서너살 차이가 난다.

우범선은 구레에 온 이후 안정된 생활을 영위하고 있은 듯하다. 앞서 언급했듯이 우범선은 서양식 코트 정장차림으로 처와 아들을 데리고 사진관에 가 가족사진을 촬영하는 등 나름대로의 여유 속에 생활하고 있었다.

그러나 고영근은 일본 정부로부터 조선 망명자에게 지급되는 지원금도 받지 못한 채 어려운 생활을 하고 있었던 듯하다. 이때 고영근은 경제적인 궁핍뿐만 아니라 가정불화도 심했던 것으로 보인다.

고영근은 일본 망명 2년째인 1900년 여름, 일본인 처의 친정이 있는 오카야마 현으로 이사하여 처가 구멍가게를 차려 담배, 소금 등을 파는 장사를 했으나 잘되지 않았다. 처는 생활고를 이기지 못하자 젖먹이 아이를 남겨 둔 채 친정으로 가버렸다. 고영근은 할 수 없이 아이를 야마구치 현 하기초에 살고 있는 송병준의 집에 맡겼다.

노윤명도 일본 정부의 지원금 수급 대상자가 아니었다. 노윤명은 고영근이 살고 있는 오카야마로 온 뒤 고영근과 함께 밤엔 우동 행상을 하러 다녔다. 이들의 동태를 감시하던 오카야마 경찰서 형사의 주선으로 노윤명은 1902년 3월부터 방적공장 직공이 되었고, 다무라 이치로田村一郎라는 일본 이름을 사용한다.

일본 신문(〈오사카아사히신문〉 1903년 11월 27일자, 2면)은 노윤명에 대해 "오카야마 방적공장 회사 사택에 거주하고 있는 동안 한 여공과 정을 통해 부부처럼 살고 있었는데, 그 여공이 세간에 한인과 정을 통한다며 조롱받는 것을 싫다고 하여, 노는 그 후 혼자 살게 되었고 가끔씩 히가시나카지마東中島 유곽에 출입하고 있었으며……." 라고 우범선 살해사건 후 그의 사건 전 생활상을 전하고 있다.

이 무렵(1902년경) 일본 내 한국 망명객들 가운데 우범선의 생명을 노린 움직임이 구체화된다.

오사카 부大阪府 지사가 외무대신 앞으로 보낸 동정보고에 의하면, 1902년 8월에서 9월 사이 당시 오사카에 있던 윤효정의 집에서, 윤과 우범선, 유상범兪相範 3명이 만나 술을 마셨다. 우범선과 윤효정은 박영효가 고베에서 열었던 '아사히신숙'의 숙장塾長과 교사 관계였고 유상범은 윤효정과 친분이 있었다.

함께 옛일을 이야기하던 중, 우가 전에 왕비를 죽인 것은 자신이라는 취지의 말을 하는 것을 듣고, 윤은 우를 살해하여 한국 조정에 공을 쌓아 그 공을 발판으로 자신의 가문의 번성을 이루고자 결심했다. 그 계략으로, 윤은 우를 속이기 위해 한국 정부를 혁신할 것을 주장하자, 우는 찬동하면서 같이 일을 도모하자고 약속했다.(《일본외교문서》 제36권 제1책, 750항)

윤은, 1903년 2월경 귀국하는 유상범에게 우범선 처치 계획을 알리며 거사자금 천 엔을 조달해 줄 것을 민영달閔泳達에게 부탁케 했으나 성사되지 않았다.

그래서 같은 해 5월경, 조변趙翩에게 사정을 이야기하고 귀국시켰더니, 7월 말 유상범이 천 엔을 가지고 일본으로 건너와 윤에게 전달했다. 그 돈은 아마도 한국 궁중에서 나온 것으로 보인다.

이때쯤 고영근이 윤효정의 집에서 기숙하게 된다. 이에 앞서 1902년 여름 고영근은 경제적으로 어려워져 돈을 구하기 위해 인천까지 갔으나 상륙 허가가 나오지 않아 돈을 구하지 못한 채 일본으로 되돌아갔었다. 고영근이 윤의 집을 찾아간 것은 생활비가 바닥이 났었기 때문이었다.

윤효정은 고영근에게 우범선의 민비 시해 관련 사실을 전하면서 그를 압록강 부근으로 꾀어내어 살해하려는 계획을 비밀리에 상의했다. 고영근도 찬성하면서 같이 추진해보자고 약속한다.

이들이 우범선 살해 장소를 압록강으로 정한 것은 일본 내에선 경찰의 감시, 경계 등으로 암살이 어려울 것으로 보고, 한국 내보다는 사람의 눈길을 피할수 있는 중국과의 접경지역이 적합하다고 판단한 때문인 듯하다. 이때 우범선의 일본 내 지인들은 윤효정이 살해계획을 세우고 있다며 우범선에게 주의하라고 여러 차례 충고한다.

그러나 이후 윤효정과 고영근의 사이에 사원私怨이 생겨 압록강 유인 살해계획은 틀어지고 만다. 그 사원은 여자 문제가 원인인 것으로 알려져 있는데 후술한다.

단독으로 우범선을 살해할 방침을 굳힌 고영근은 우범선과 친한 사이로 오사카에 거주하고 있던 이두황, 이진호, 황철에게 윤효정의 암살계획을 알렸다. 이어 고영근은 이들과 함께, 아와지시마淡路島에서 휘호여행 중이던 윤효정을 쫓아갔다. 이두황 등 세 사람 앞에서 윤효정으로 하여금 암살계획을 자백하게 했다. 이어 고영근은 일본 경찰에 윤효정의 암살계획을 밀고했다. 우범선을 단독으로 처치하겠다는 나름대로의 계략에서 나온 행동이다.

윤에 대해서는 즉시 일본 국내에서의 퇴거명령이 내려졌다. 일본 정부는 윤을 9월 25일 고베항에서 중국 즈프행 여객선 편에 태워 출국시켰다. 그러나 고영근에겐 퇴거명령이 내려지지 않았다. 거기엔 일본 나름대로의 노림수가 있었다. 외무대신 고무라는 주한공사 하야시 곤스케林權助에게 보낸 전문에서 다음과 같이 통지한다.

고영근은 아시는 대로 엄비와의 관계가 적지 않은 인물이므로, 앞으로 그를 이용할 기회가 없다고는 할 수 없으며, 거기에다 고는 음모사건의 주범이 아니라 밀고한 자다. 더욱이 고를 국외에 방출한다고 해도, 당장 여비 등에 문제가 있으며, 또 우리 정부에 좋지 않은 일을 가져올지도 모르는 우려가 있다. 따라서 동인은 엄중 감시 아래 본방에 두기로 했으므로, 이 같은 사정을 알고 있기 바란다. (《일본외교문서》 제36권 제1책, 750항)

고영근은 이에 앞서(8월 중) 오카야마에서 방적공장 직공으로 일하며 생계를 꾸려가던 노복 노윤명을 불러 우범선 살해계획을 알리고, 연락을 하면 즉시 달려올 것을 다짐받았다. 후일 우범선 살해사건 재판 과정에서 재판장은 둘이 '살해동맹'을 맺었다고 추궁한다.

고영근은 우범선을 살해하기 위해서는 우선 우의 신용을 얻어야 한다고 판단하고 그에게의 접근을 서두른다.

고영근은 이두황 등 3명과 연명으로 우범선에게 서한을 보내 윤효정의 살해 음모와 그가 자백한 전말을 전했다. 그러곤 우범선에게 개인적으로도 편지를 보내 윤효정과 함께 자신도 우범선을 노리는 자객이라는 신문기사는 전혀 사실무근이라고 강조했다. 고영근은 만나서 자신의 뜻을 이야기하고 싶다고 했다. 그러나 우범선은 고를 의심해 만날 필요가 없다는 답장을 보냈다.

우범선이 살고 있는 지역의 구례경찰서는 사복 순사를 우범선에게 파견하여 신변보호를 했고 구례헌병대도 우범선에 대한 보호감찰을 실시했다. 그러나 오히려 우범선이 경찰의 보호를 불편하게 생각하여 순사를 보낼 필요가 없다고 했다. 구례경찰서는 실제 그런 면도 있다고 판단하여 우범선에 대한 신변보호를 중지하고 단순한 시찰경계로 바꾼다.

【 고영근의 계략…단독 살해 】

이 무렵인 10월 28일 사누키讚崎(현재의 가카와香川 현)에 있던 고영근이 갑자기 구레 시의 우범선의 집(와쇼마치和庄町 1508번지)에 나타났다.

전술한 바와 같이 우범선은 동서인 후지노의 집에 동거하면서, 자신을 노리는 자객의 침입을 방지하기 위해 1층은 후지노 부부가 쓰고, 우 부부는 2층을 사용하고 있었다.

고영근은 자신이 결코 자객이 아님을 열심히, 또 교묘히 해명하여 우범선이 어느 정도 경계심을 풀게 되자, 자신도 구레에 살고 싶으니 방을 얻어 줄 것을 부탁했다.

마음이 풀어진 우는 고를 자신의 집에 사흘간 기숙시키며 근처의 작은 방 2개가 딸린 집(구레 시 와쇼마치 아자나미야하라다니吳市和庄町宇宮原谷 2079번지 1호)을 구해 주었고, 아사오카 우라淺岡ウラ라는

열다섯 살 난 하녀도 알선해 주었다. 이에 고영근은 우범선에게 처의 가출로 야마구치 현의 송병준에게 맡겨 놓은 자식도 데려올 생각이니 좀 더 큰 방을 구해 달라고 부탁한다.

이 부탁에 우범선이 응해, 둘이 다시 방을 보러 다니는 사이에 고영근은 은밀히 오카야마에 있는 노윤명에게 빨리 구레로 오라고 연락했다. 11월 13일, 노윤명이 구레에 도착하여 고영근의 집에 묵었다. 호주가인 둘은 거의 매일같이 술집을 드나들었는데 주량은 노가 더 셌다고 사건 후 하녀가 기자들에게 말했다.

우범선은 고영근이 노윤명까지 불러들이는 것을 이상하게 생각하고, 그를 빨리 돌려보내라고 했다. 고영근은 노윤명이 자신이 새로 구해 가는 방 이사를 도와주고 난 뒤 오카야마로 돌아가도록 하겠다고 했다. 11월 24일, 고영근은 우범선과 새로 구할 방을 결정하고 집주인과 계약을 마치자 저녁에 자신의 집에서 이사턱으로 술이나 한잔 대접하겠다고 제의했다. 그 사이 고에 대한 경계심이 한결 누그러진 우범선이 이에 동의했다. 우범선과 그의 처 나카는 의심쩍어하면서도, 노윤명과 하녀도 있으니 설마 별일이야 있겠느냐고 안심하며, 고영근의 초대에 응한 것이다.

그러나 고영근은 오후 5시경 하녀에게 다른 집에 가서 잘 수 있으면 오늘 밤은 자고 오라고 내보낸 뒤, 노윤명과 함께 우범선을 기다렸다.

저녁 6시경, 우범선이 도착하자, 고영근과 우범선은 노윤명이

神戸に於ける風俗の變遷（十三）

●禹範善　善妻女の談（續き）

善庵禹範善遺

●昨夜の女婦テシヤ外妾

우범선 살해사건을 보도한 일본 신문. 가운데 인물화가 우범선이다.

데워 올리는 일본 술을 마시며 담소했다. 한 시간쯤이 경과한 7시경, 고영근이 슬며시 일어나 우범선의 등 뒤로 가 품속에 숨겨 둔 단도를 꺼내 갑자기 우범선의 오른쪽 목의 턱 밑을 찌른 뒤, 자신의 몸으로 우범선을 덮쳐 턱과 목 등을 수차례 더 찔렀고, 그 순간 노윤명이 달려들어 미리 방에 준비해 놓았던 쇠망치로 우범선의 머리를 난타했다. 우범선은 즉사했다. 방안은 피로 흥건했다.

우범선의 나이 47세, 민비시해사건 이후 만 8년 1개월여가 경과했고, 일본에 망명한 지 7년 10개월째 되던 시점이었다. 고영근은 49세, 노윤명은 30세였다. 노윤명이 주인 고영근의 명령에, 자신이 처형당할지도 모르는 살인행위에 한마디 군말 없이 따랐던 점이 흥미롭다. 노윤명의 이 같은 행동은 주인의 분부라면 불문곡직하고 따라야 하는 노복의 신분이었기에 그랬다고 볼 수도 있지만, 국모의 원수를 갚는다는 고영근의 주장에 대의명분이 있기 때문이었는지 모른다.

둘은 우범선을 살해한 뒤 곧바로 인근 와쇼마치파출소로 찾아가 자수했다. 고영근은 범행에 쓴 단도와 한국 궁내부대신 및 의정부대신, 그리고 정부제대신 앞으로 각각 보내는 두 통의 서한을 소지하고 있었다.

두 통의 서한은 국모를 시해한 원수를 갚기 위해 우범선을 살해했다는 같은 내용이다. 다음은 서한의 전문이다.

嗚呼痛哉,乙未事變於禹範善,弒國母燒體之極逆大惡,天下共憤,爲大韓臣下者,自有不共戴天之義,今日復讐,於日本広島縣呉港市也,上奏下布,以愍九年間全國痛切之情.而從此日韓兩國和睦協議,以保疆土生靈,以全獨立帝,是所望也,我輩雖受此地之刑,實天與之慶事,而只所恨不能持賊頭,一哭於洪陵也.

光武七年 陰十月初六日 高永根

十一月二十四日 魯允明 泣죠

宮內部大臣

議政府大臣 閣下

오호 통재라, 을미사변 때 우범선은 국모를 시해하고 사체를 태우는 극역대악으로 천하의 공분을 샀도다. 대한의 신하 된 몸으로, 이 때문에 하늘을 같이할 수 없어 오늘 일본 히로시마 현 구레 시에서 원수를 갚음을 위에 아뢰고 아래에 알린다. 이렇게 전국이 통절하는 심정인 가운데 9년간 근심해 왔는데, 이로써 일한 양국이 화목 협의하여 강토와 생령을 보호하고 [대한]제국이 온전히 독립할 것을 소망하는 바다. 우리들은 비록 이곳에서 죄를 받지만, 실로 하늘이 준 경사다. 다만 역적의 머리를 가지고 가지 못하는 한을 홍릉에 보고하며 곡하노라.

광무칠년음시월초육일 고영근. 십일월 이십사일 노윤영 읍극.
궁내부대신 의정부 대신 각하.

(일본외무성외교사료관日本外務省外交史料館, 외무성기록外務省記錄
No,1-1-2-29 〈재본방 한국망명자 우범선 동국인 고영근 노윤명在本邦韓
國亡命者禹範善同國人高永根魯允明 등에 의한 살해殺害의 건件〉)

궁내부대신 등에게 보내는 서한의 봉투 앞면에는 '대한국경성
大韓國京城 궁내부대신宮內府大臣 이재완李載完 각하閣下', 뒷면에는
'대일본 히로시마 현 구레 시 와쇼마치객大日本廣島縣吳市和庄町客
고노함高魯函 11월 24일'로 되어 있다.

정부제대신에게 보낸 서한의 봉투 앞면에는 '대한국경성大韓國
京城 의정부즉정議政府卽呈'으로 되어 있고 뒷면은 앞의 것과 같다.
이 서한은 고영근 등이 범행 후 우체통에 넣으려고 했으나 그럴
시간이 없어 소지한 채 자수, 경찰에 압수당했다.

자수 후 고와 노는 구레경찰서에서 간단한 조사를 마친 뒤 11월
26일 히로시마 감옥 미결감으로 압송되었는데 입고 있는 일본 옷
에 혈흔이 묻은 채였다.

사건 발생 사흘 뒤인 11월 27일, 히로시마지방재판소의 검사장
이 사법대신 앞으로 올린 우범선 살해사건 조사 보고서(《일본외교
문서》 제36권 제1책, 753항)에 따르면, 고영근은 살해 동기를 앞의 서
한에 적은 대로 "우범선은 왕비를 살해한 극악무도한 자이므로

한국의 신하로서 그대로 있을 수 없어 죽였다."고 진술했다.

이어 고영근은 "우와는 친구관계이지만 개인적인 원한 때문에 죽인 것은 아니다. 노 이외에 공범자들은 없으며, 또 누구로부터 명령이나 교사敎唆를 받은 적도 없다. 본래 한국에 있을 때 황태자 전하로부터 왕비의 복수를 하라는 말씀이 있었지만, 이번 일은 그 말씀을 실행하기 위한 것은 아니다."라고 주장했다. 우범선을 살해한 것이 '황태자 전하의 말씀'을 실행하기 위한 것이 아니라는 고영근의 이 같은 진술은 조금 애매모호하다. 황태자의 뜻을 따랐다고 하는 것이 자신에게 유리한지, 불리한지를 계산하고 있는 듯하다.

그러나 노윤명은 "일본으로 올 때 황태자 전하의 명령이라며 궁녀 김씨로부터 일본에 가면, 왕비의 원수인 우범선을 처단하라는 말씀을 전해받았다. 이에 따라 우범선을 죽인 것이지 개인감정이 있는 것은 아니다."라고 고영근과 달리 '황태자 전하의 명령에 따라' 우를 살해했다고 분명하게 주장하고 있다. 이와 관련하여 검사는 "한국 황태자의 하명에 관한 점에 대해서는 아직 진위가 분명치 않으므로 조사 중"이라고 보고하고 있다.

김옥균이 상해에서 암살(1894년 3월)된 뒤 10년째에 일어난 우범선 살해사건은 수십 명의 한국인 망명객들이 체류하고 있는 일본과 한국에 상당한 충격을 주었다.

히로시마 시 등 구레 시 인근에서 발행되는 지방지뿐만 아나라

〈오사카아사히신문〉 등 전국지 성격의 신문들도 대대적으로 보도하는 등 높은 관심을 보이고 있었다. 특히 히로시마 지역 신문들 중엔 사건 현장인 고영근 집 방 안의 좌석 배치도까지 그려 상세히 보도하는 경우도 있었다.

일본 신문들은 일제히 '우국지사', '강개慷慨의 무사'인 우범선이 한국 정부에서 보낸 자객 고영근에 의해 살해되었다며 입을 모아 '비문명', '야만행위'라고 비난하고 나섰다.

그러면서 을미사변 시 우범선의 행동을 "우씨는 병사들을 이끌고 경복景福의 심궁深宮에 들어가 왕비를 마침내 곤녕전 밑의 이슬로 만들고……."라는 식으로 미화하고, 을미사변을 '조선 국정의 개혁'을 위한 것(〈산요신보山陽新報〉, 1903년 11월 27일자, 3면)이라고 강변하고 있다.

신문 등이 연일 '오호嗚呼, 우범선禹範善 - 국사國事에 진력盡力한 23년' 등의 제목으로 추도기사를 싣고 있는 가운데, 우범선의 사진을 참고해 그린 인물화를 큼지막하게 게재한 신문(〈고베일일신문〉, 1903년 11월 30일자, 7면)도 있다.

이 신문엔 고영근이 고베에서 살았던 당시 집주인의 이야기를 전하고 있는데, 고영근의 생활비 조달을 비롯하여 그의 평소 생활상을 엿볼 수 있다.

당시 고는 오카야마 출신의 오카네[카네요兼代의 오기]라는 여자를 첩으로 삼아 남아 한 명을 두고 있었는데 처음 오카네와 관계를 맺은 것은 오사카의 어느 여관으로……고는 가사 등의 일은 일체 오카네에게 일임했는데, 평소 돈은 상당히 소지하고 있은 듯하다. 방세와 기타 자잘한 비용은 일체 밀리는 법이 없었다. 또, 아들이 태어났을 때도 일본식의 팥을 넣어 만든 밥[세키항赤飯]을 이웃에 돌리기도 했다.

고영근의 집은 망명객들의 집회소가 되어 매일 술자리가 벌어졌다. 고는 상당한 호주가로 2홉 정도의 주량에다 대식가로 밥을 5, 6공기나 비운다. 배가 부르면 곧바로 옆으로 누워 잠을 자는 식이다. 고가 있는 곳으로 때때로 본국에서 돈을 보내오는 일도 있는데 그 돈은 천 엔 정도가 되는 때도 있었다. 돈이 도착하면 냄새가 나는 물건에 파리가 몰려들 듯이 망명객들이 고의 집으로 몰려들었다.……이 돈은 한국의 인삼회사로부터 나온 듯하다. 인삼은 한국 정부의 전매사업인 바, 즉 관변으로부터 나온 것이라고 해야 할 것이다. (〈고베일일신문〉, 1903년 12월 9일자, 1면)

이 기사에는 집주인이 고영근에게 '한국의 인삼회사로부터 나온 듯한' 돈이 왔다고 추정하고 있는데, 이를 인삼이 한국 정부의 전매사업이므로 관변에서 나온 것으로 단정 짓는 것은 기자의 가필이 아닌가 의심이 갈 정도다.

우범선 살해사건 후 고영근을 한국 정부가 보낸 자객으로 단정,

부각시키려는 당시 일본 신문들의 의도가 느껴지는 대목이다.

또, 우범선 살해사건은 일본에 있는 수십 명의 한국인 망명자들을 공포에 휩싸이게 했고 일본 정부의 망명자 보호 자세에 불신감을 안겨주었다. 우범선 살해사건의 전말을 재판 과정, 우범선의 일본인 처 나카의 신문 인터뷰 등을 통해 좀 더 자세히 알아보자.

【 우범선의 처 나카의 증언 】

우범선 살해사건이 있은 다음 날인 11월 25일, 우의 처 나카는 집으로 찾아온 신문기자들의 인터뷰에 응해, 장시간 사건의 배경 등에 대해 소상히 밝히고 있다. 남편 우범선과 사건의 경위 등에 대해 나카가 자신의 생각 등을 밝힌 유일한 기록이다. 이 인터뷰 내용이 구레 시 인근의 히로시마, 고베 등지에서 발행되는 신문에 대대적으로 보도되었다.

다음은 히로시마 시에서 발행되는 지방신문 〈게이비일일신문 藝備日日新聞〉에 사건 발생 3일째인 11월 27일자부터 4회에 걸쳐 게재된 '坂井ナカの直話 (禹範善の妻)[사카이 나카의 직화, 우범선의 처] 라는 제목의 인터뷰 기사 전문이다. 기사 제목에 나카의 성인 '酒井(사카이)' 가, 일본어로는 발음이 같은 '坂井' 로 잘못 게재되어 있다. 아마도 나카가 문맹이기 때문에 기자가 성을 물었을때 한자

204

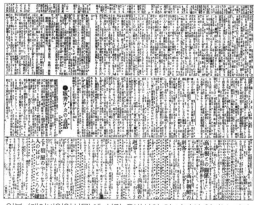
일본 〈게이비일일신문〉에 실린 우범선의 처 나카의 인터뷰 기사.

를 잘못 말해 틀리지 않았나 추측된다.

인터뷰 기사 ①

한국 망명객 우범선 씨가 자객의 손에 쓰러졌다는 비보를 접하고, 본사는 구레 시에 기자를 즉시 특파하여, 구레 시 와쇼마치和庄町의 후지노藤野吉太郎 집으로 그의 처제 사카이 나카, 즉 우씨의 처를 방문했다. 나카는 올해 31세로 흰 피부에 얼굴이 길며, 남편의 비명횡사에 많이 울어 눈이 퉁퉁 부어 있었다. 우씨와의 사이에서 태어난 장남 나가하루長春(6세)는 이모인 후지노의 처 스미에게 안겨 아버지의 죽음에 대해선 어려서 잘 모르는지 자고 있다.……

"저는 가가加賀의 가나자와金沢 다마가와초玉川町에서 태어나 어릴 때 고향을 떠났습니다. 우범선을 만나게 된 것은 정확히 7년 전 도쿄에 있었을 때였습니다. 그때부터 남편이 그런 몸이니까, 다행히 제 언니가 이곳 구레에서 남편과 함께 살고 있으니, 구레는 알다시피 자객 같은 것이 온다고 해도 아무래도 도망치는 것이 어려우므로 그래서 괜찮을 것으로 생각하고, 언니와 형부를 의지하여 이곳에 왔습니다. 그때부터 7년째인 지금까지 쭉 이 집에서 살아왔습니다.

고영근과의 관계 말입니까? 예. 그것은 고가 아직 고베, 다카마쓰 등지에 있을 때부터 자주 우범선에게 편지를 보내 어떻게 이쪽에 오고 싶다고 말해 왔다고 하는데 그때 각 신문지상에 고가 조선의 자객이라고 게재되어, 그 소문이 자자했습니다. 주인은 당할지도 모르는 사람 중의 하나이고, 또 망명하신 분들도 상당히 경계하고 있었습니다.

그런데 고가 그때 말하는 바에 따르면 자신은 자객이 아니다, 자객 같은 것은 생각해본 적도 없다, 그런데도 다른 사람들로부터 자객이라고 지목받는 것이 억울하다, 이 누명을 벗기 위해서 귀군貴君[우범선을 지칭]의 옆에 가서 자신[고영근]의 본심을 보여주고, 망명객 암살을 기도하는 사람이 아닌 것을 증거로 보여주고 싶다고 편지에 써 보내왔다고 합니다. 여기에 대한 우범선의 답장은 오고 싶다면 와도 좋으나 구레란 곳은 물가도 비싸고,

이렇다 할 목적도 없이 확실한 수입도 없는 상태로는 생계가 어려우니까 그만두는 것이 좋겠다고. 예, 전적으로 주인은 고영근이 오는 것을 싫어해서 이유를 만들어 멀리했던 것입니다.

그랬는데, 그 뒤 고영근으로부터 곧 돈이 마련되어, 당장 생계는 곤란하지 않게 되었으므로 구레에 오겠다고 연락이 와, 우는 그래도 안심이 안 되므로 오라고도, 오지 말라고도 어느 쪽으로도 분명하지 않은, 답장을 했습니다.

이 무렵, 고는 사누키讃岐에 있었는데, 그런데 곧바로 구레에 왔습니다. 그게 지난달(10월) 27일의 일입니다.

세상 사람들은 고가 구레에 온 것은 우가 불러서 온 것이라고 말하고 있는데, 그럴 리가 없습니다. 고가 이곳에 왔는데 남편이 같은 나라 사람으로 모른 체하고 있을 수도 없어서 사는 집을 구하는 것을 도와주지 않으면 안 되게 되었고, 당연히 고가 구레에 도착했을 때 이 집에서 이틀 밤을 묵었습니다.

그런 뒤, 사는 집도 남자 혼자이니까 하숙집을 구하는 것이 좋겠다고 우도 이야기했고, 저도 그게 좋을 것이라고 적극적으로 권했습니다. 그런데 어떻게 된 일인지, 하숙집같이 사람의 출입이 많은 곳은 싫다는 것입니다. 지금 생각해보면 그것이 고의 계략이었던 것으로 참으로 유감스러운 일입니다. (이렇게 말하면서 굵은 눈물을 글썽이며) 그런 뒤……이번 일이 벌어졌습니다만, 고영근이 온 지 한 달도 안 되어 이렇게(탄식하며) 정말, 참혹하게 당하다니, 이렇게 들어주셔서……." (〈게이비일일신문〉, 메이지 36년(1903년) 11월 27일자, 4면)

인터뷰 기사 ②

나카는 두 번째 인터뷰 기사에서 우범선이 평소 자객에 대해 상당히 조심했으나 결국 고영근에 당한 것은 우범선의 운이 다한 것이라고 말했다. 그녀는 구레 시에 살며 평소 우범선과 친교가 깊었다는 이승구李承九의 이름을 이남상李南祥으로 잘못 얘기하고 있다.

"남편이 죽은 일에 대해 다른 망명자 분들께 알렸느냐고 말씀하셨는데, 예, 그것은 안 했습니다. 제가 안 알려도 신문 보도로 다들 아시게 될 것으로 생각합니다. 그런데 고베에 계시는 박영효 씨와 그리고 또 한 분, 이남상李南祥 씨에게는 알리지 않으면 안 될 것 같아 그분들에겐 어제 저녁(24일) 곧 알렸습니다.

알고 계시리라 생각합니다만, 이남상이란 분은 오랫동안 구레에 살고 계셨는데, 최근 야마가타山形 현 쪽으로 여행을 가 계십니다. 어리석은 여자의 소견으로 감히 말씀 드린다면, 그분이 구레에 그때 계셨더라면 이 지경으로 당하지는 않았을 것이라고 생각합니다. 그런데 그분과 주인은 정말 친한 사이로 동지와 같은 분이었는데, 혹시 여행을 떠나지 않고, 그때 구레에 계셨더라면 남편과 같이 재난을 당했을지도 모르겠습니다.

그렇게 생각하면, 그 동지 분 한 분이라도 구레 땅을 떠나 계셨던 것이 다행한 일인지도 모르겠습니다. 정말 운이 좋으신 분입니다. 이야기를 바꾸어 그 고영근에 대해서입니다만, 조금 전에도 말씀 드린 대로 세상에서는 형제보다 더 친한 사이로 이야기합니다만, 남편의 가슴속, 아니, 본심으론 조심하지 않으면 안 될 인물로 끊임없이 주의를 해 왔던 것 같습니다.

예, 그것은 기자 선생님이, 뭐라고 하셔도 같은 나라 사람이니까요. 집 문제부터 이불 빌리는 것이라든지 하녀 문제라든지 거기다 부엌에서 쓰는 도구 같은 것도 우리 집에서 다 빌려 주고 했는데, 이 모양이 되었습니다. 우범선은 고심하고 있었는데, 겉으로는 어디까지나 친절하게 대하고 있었지만, 속으로는 굉장히 조심을 하고 있었습니다. 고영근이 기회를 엿보고 있다고 생각하고 있었는데, 결국 당하고 만 셈입니다.

세상 사람들에게 둘이 '형제보다도 더 친한 사이'라고 알려지는 것은 당연한 일로, 이렇게 되고 보니……저로서는, 같이 살고 있는 여편네로 남편의 속마음은 어느 정도 살피고 있었습니다만.

아마도 헌병인 하마자키濱崎 씨 같은 분들은 알고 계셨다고 생각합니다만, 남편은 평소 과묵한 편으로 가슴속 비밀 같은 것은 절대로 사람들에게 이야기하지 않았습니다. 처인 저에게도 말하지 않았습니다.

저도 역시 여자인 주제에 나서는 것도 좋지 않다고 생각해서 그렇게 알려고도 하지 않았지만, 그래도 저는 어느 정도 그 기분을 알고 있었습니다. 그리고 죽은 당일 남편에 대해서입니까? 예, 그것도 말씀 드리겠습니다만, 그 전에 한 가지, 고영근과 노윤명에 대해 말씀 드리면, 더 잘 이해하시리라고 생각해 말하겠습니다. 경찰 쪽도 저에게 은밀히 주의하라고 했으므로, 저는 경찰을 원망하지 않습니다.

그와 같은 일을 일일이 남편에게 이야기하지 않았습니다. 경찰이 그것을 본인에게는 이야기하지 않으나 당신[나카를 지칭]에게 말해둔다며, '저 고영근이 구례 땅에 와서 우범선에게 접근하는 것은 우의 신상에 좋지 않다. 이미 자객이란 소문이 있는 사내이니까 조심하도록 하라. 결코 방심해서는 안 된다. 이쪽에서도 주의하지만, 당신도 주의하라'고 친절히 말씀해주셨습니다.

가능하다면, 이때 고를 어디 멀리 밖으로 보내버리라고까지 이야기했습니다. 이 일로 저도 몇 번씩이나 경찰에 왔다 갔다 했습니다. 경찰의 부주의는 아니라고 생각합니다. 우범선의 운이 다한 것이라고 생각합니다. 그렇게까지 조심했는데 죽었으니까요.……그럼, 여기서 고와 노에 대해 이야기할까요?"(〈게이비일일신문〉, 메이지 36년(1903년) 11월 28일자, 3면)

인터뷰 기사 ③

나카는 우범선이 평소 자객이 몸을 숨기기 힘든 구례 시까지 와서 일을 벌이지는 않고 자신을 밖으로 꾀어낼 것으로 말해 왔다면서 고영근의 계략에 당하고 말았다고 아쉬워한다. 나카는 사건 직후 경황이 없어 그런지 남편 우범선이 집을 나간 시간을 재판판결서나 신문기사 등 다른 기록과는 달리 저녁 7시로 한 시간 늦게 이야기하는 등 대체적으로 시간을 한 시간씩 틀리게 말하고 있다.

"우범선이 늘 말해 온 것은, '구례 같은 곳에 자객이 와서 설령 목적을 달성하여 자신[우범선]이 죽는다고 해도 자객 자신도 곧 붙잡히고 만다. 힘들게 일을 벌였는데, 그 자신도 죽게 되니까, 좀처럼 일을 벌이지는 못할 것이다. 아무리 자객이라고 하더라도 자신의 목숨도 아까운 것'이라며, '괜찮다'고 한 것이 일생의 불찰이 되고 말았습니다.

그래서 죽이려면 이곳에서는 일을 벌이지 않고, 어딘가 밖으로 꾀어내어, 자객이 몸을 숨기기 좋은 곳으로 데려가 죽일 것이라고 말해 왔습니다. 그래서 남편은 거의 여행을 한 적이 없습니다. 구례에 온 지 7년 동안 작년 말 야마구치 지방에 여행을 간 것과 그 밖에 히로시마 지방에 한 번, 단 두 번밖에 없었습니다.

술을 못 마시는 편은 아니지만, 처지가 처지인 것을 깊이 주의하여, 평소 집에 있을 때도 술을 그렇게 많이 마시지는 않았습니다. 그리고 다른 곳에 초대받아 갈 때도 오래 앉아 있지 않았습니다.

죽은 그날 밤, 예, 어젯밤 저녁 7시에 집을 나가 한 시간 반 정도 지났을 때인, 8시 반쯤인가 골목 밖이 시끄러워지며, 사람이 죽었다니 어쩌니 해서 무심코 밖에 나가 보니 조선인이 죽었다며 큰 소동인데, 그래요. 남편이 그런 몸인데도 누구 하나 알려주는 사람이 없었어요.……그래서 저는 이제 집으로 돌아가려고 생각했는데, 남편을 기다리고 있었던 때라 혹시나 하고, 고영근의 집으로 뛰어가 보니 그 일이 벌어져 있었습니다. 죽인 고와 노는 사라지고 없었습니다. 남편은 책상다리를 한 채 앞으로 쓰러져 있었습니다.

그 주위는 피가 흥건했습니다. 그때는 정신이 하나도 없어서 제가 죽었는지 살아 있는지도 모를 정도였습니다. 기절하지 않은 것이 이상한 일입니다. 예, 정말입니다. 주인의 몸 위에 방석이 얹혀 있었던 것은 나중에 들어서 알았습니다. 이렇게 되어버리니, 이쪽에서 아무리 조심을 해도, 저쪽에서 목숨을 걸고 죽인 뒤에, 곧 바로 자수를 해버리니, 어쩔 수 없는 일이 되어버렸습니다. 막무가내로 이렇게 해버리니 방법이 없습니다. 우범선의 운명이 다한 것입니다.

이야기가 조금 뒤바뀐 것 같습니다만, 그때부터 고영근이 이사를 하고 싶다고 했습니다. 주인도 같이 방을 보러 다녔는데 겨우 어떤 방을 구하게 되어, 고를 데리고 가 보여주었더니, 마음에 든다고 하여 어제(24일, 범행 당일) 아침, 주인이 고의 집으로 갔고, 오후에 고가 우리 집으로 와 같이 이사할 집으로 가서 보고, 5시경 돌아왔습니다.

그때 그 집주인과 만나 계약을 하고 드디어 모레(26일) 이사할 것이라고 하고 돌아왔다고 합니다. 그때 헤어지면서 오늘 저녁에 방을 빌리는 계약도 마쳤으니 축하하는 의미에서 한잔하고 싶으니, 꼭 와달라고 했다고 합니다. 그것이 그날 밤 남편을 죽이려는 계략으로 완전히 이사 축하하는 술자리를 핑계로 만든 것입니다.

앞서 말씀 드린 대로 남편은 술을 거의 하지 않고, 또 고영근에게는 아주 조심하고 있어서 불러도 가지 않고, 가지 않으면, 그쪽에서 우리 집으로 와서 왜 불렀는데도 오지 않느냐고 시비를 거는 인간이라서 정에 이끌려 세 번에 한 번 가는 정도였습니다.

그날 술을 하자는 이야기여서 그다지 내키지 않았습니다. 특히 밤에 남편이 혼자서 외출하는 것은 좋지 않은 일이라고 생각했으나, 고의 집에는 하녀도 있고, 또 서생……노윤명도 있고 해서 별일은 없을 것이라고 방심한 것이 큰 실수였습니다.

그 노윤명도 공모한 사람이고, 하녀는 그 전에 집에서 내보내어, 그것이 저녁 6시경이고, 남편이 간 것이 7시경인데, 끔찍한 일을 당하게 되었습니다. 그런데, 그 노윤명의 일에 대해서입니다만…….〈게이비일일신문〉, 메이지 36년(1903년) 11월 29일자, 4면)

인터뷰 기사 ④

마지막 인터뷰 기사 내용 중 우범선의 상처 부위에 대한 상세한 언급은 기자가 수사 기록 등을 참고로 설명해준 듯하다.

"지금부터 서생인 다무라 이치로田村一朗……노윤명에 대해 조금 말씀 드리지요. 다무라는 이번 달(11월) 14일에 돌연 고영근의 집에 나타나 그 뒤 쭉 이곳에 체류하고 있었는데 그 전에는 오카야마엔가에 있었다는데, 한때는 방적 직공을 했다고 합니다. 그런데, 저한테는 아무런 말도 하지 않은 채 갑자기 나타났으므로 놀랐습니다.

지금까지 고영근, 즉 다카하시高橋 한 사람조차 속사정은 잘 몰랐지만, 겉으로는 생계조차 어렵다며, 남편에게 몇 번이나 돈을 빌려 달라고 했고, 거기에다 고가 오고 난 뒤 겨우 1개월 남짓인데 동네 이곳저곳에 돈을 빌려 달라며 다녔다는, 소문이었다고 합니다. 그런 마당에 식객인 서생까지 데리고 있을 여유가 없는데도, 그래서 남편이 그런 사람은 데리고 있지 않는 것이 좋지 않느냐고 여러 번 말했습니다.

그러자 고도 속마음은 어떻든 말로는 지적한 대로다. 빨리 보내도록 하겠다고 받아들였습니다. 그러나 모처럼 자신(고영근)을 의지하고 와서 12~13일이나 도와주었는데, 지금 그냥 가라는 것도 뭐하니, 그래서 26일 이사하는 것을 도와주고 난 뒤 그렇게 하자고 하여, 남편도 할 수 없이 그러는 게 좋겠다고 어쩔 수 없이 납득을 했습니다. 그래서 고가 모레 이사가 끝나면 노는 돌아갈 것이라고 하녀 등에게도 말했다고 합니다.

그런데 돌아가기는커녕, 도대체 이번 건은 처음부터 그 사람 둘이 짜고 꾸민 연극이므로 노, 즉 다무라를 오카야마에서 부른 것도, 이사를 도와주기 위한 것이 아니라 남편을 죽이는 것을 도와주러 온 것이었습니다. 고가 노는 곧 돌아갈 것이라고 말한 것은 완전히 이쪽을 방심시키려고 한 것이었습니다.

그리고 살해의 원인에 대해서입니다. 술자리에서의 싸움 때문에 일어났다고 하는 소문을 저도 듣고 있지만, 그것은 아닙니다. 여러 차례 말씀 드린 대로 남편은 별로 술을 마시지 않고, 굉장히 조심하고 있었기에 싸움을 할 정도로 술을 마시는 일은 절대로 하지 않습니다. 시간으로 보아도 7시에 집을 나가 8시 전에 일어난 일입니다.

그리고 남편은 평생 엄격한 사람으로, 자신의 신분을 잊어버리고, 광분할 그런 사람이 아닙니다. 잘 판단해주시기 바랍니다. 사람들 가운데는 고가 단도를 가지고 노가 망치를 가지고 좌우에서 세워 놓고 찔렀다는 등 마치 본 것처럼 말하는 사람도 있습니다만, 사체를 볼 때도 우의 상처는 머리에 5,6개소, 턱에 3개소, 목 오른쪽 뒤에서 앞쪽으로 큰 상처가 있습니다. 거기에 다 아까 말씀 드린 대로 남편은 책상다리를 한 채 앞으로 쓰러져 있었습니다. 싸움이라도 했다면, 책상다리를 한 채로 있을 리가 없습니다. 그 점에 대해 형부(후지노藤野吉太郎)하고도 여러 가지로 이야기하고 있습니다.

고가 술을 권했는데 남편이 못 마신다고 사양하자, 무리하게 권해서 완전히 방심한 것을 확인한 뒤, 노가 망치를 가지고 갑자기 머리를 때려, '앗!' 하는 순간에, 무엇보다 머리를 망치로 당했으니까 견뎌낼 수가 없는 것입니다. 쓰러지는 순간에 단도로 찌른 것이 아닐까라고 생각합니다. 그러나 죽은 사람은 말이 없고, 우범선은 이미 죽었기에 물어볼 수도 없습니다. 정말 유감스러운 일로 저와 유족들의 심정을 헤아려주시길 부탁드립니다.

고영근이 남편을 끈질기게 노린 원인 말씀입니까? 그것은 아주 모르는 바도 아니지만, 무엇보다 저는 아녀자의 몸으로 가끔씩 남편으로부터 들은 이야기도 이해가 되지 않는 것이 있었으므로, 모처럼 말을 하는데 틀린 얘기를 하면, 죄송스럽게 되므로 그 점만은 용서해주십시오. 나라에도 관련이 있는 일이라고 생각하므로……(완결完結)"〈게이비일일신문〉, 메이지 36년(1903년) 12월 2일자, 4면)

【 우범선의 자술 】

　　　　　우범선의 처 나카는 사건 직후, 인터
뷰를 하면서 생전 우범선이 자신의 이력과 망명의 심정 등을 적
어놓은 간단한 문건을 신문기자들에게 보여준다. 이 문건은 우범
선이 1902년 겨울 야마구치에 있을 때 쓴 것으로 우범선은 일본
어가 능숙하지 않았기에 한문으로 쓴 것을 기자가 일본어로 번역
한 것으로 보인다.

　우범선 자신이 남긴 현재까지 알려진 유일한 기록이다. 을미사
변에 대해 간단히 언급하고 있는데, 자신은 병력을 이끌고 악정
을 타파하기 위해 관아와 싸웠다고 주장하고 있다. 민비시해사건
에 대한 일말의 반성이나 후회는 전혀 없이, 국정을 개혁하기 위
해 을미사변에 가담했다고 강변하고 있다.

　다음은 〈오사카아사히신문〉 1903년 11월 28일자 3면에 게재된

'우범선의 자술自述'이란 제목의 기사 전문이다.

"소생은 본래 한국의 무사로 귀국의 메이지 14년(1881년)경 하나 부사 요시모토花房義質 공사가 우리나라에 부임해 와 재임할 때 우리 조정은 처음으로 귀국의 육군 공병 대위 호리모토 레이조堀本禮藏 씨에게 청해 우리 육군의 병식兵式을 개혁했다.

당시 소생은 훈련 영관에 임명되어, 다음 해 임오년 1월(1882년)에 진정하여 그 직을 떠나 김옥균 씨와 함께 처음으로 귀국의 도쿄에 와, 문명의 실황을 둘러보고 또 동양의 대세를 살펴보던 6,7월 사이에 본국에 대란[임오군란]이 일어났다고 듣고 곧바로 귀국했다. 시급히 개혁을 도모했으나 실패하여 도리어 감옥에 갇히는 몸이 되어 갖은 악형을 당했다. 겨우 목숨만을 건졌다. 다행히 난이 진정됨에 따라 다시 육군훈련대에 임명되어, 3년 후 경신년에(1883년) 다케조에 신이치로竹添進一郎 공사가 우리나라에서 근무하게 될 때 뜻을 같이하는 사람들이 악폐를 바로잡기 위해, 정부를 전복시키려는 계획[갑신정변]을 세웠으나 결국 청나라 병사들에 진압당해 박영효, 김옥균, 서광범 씨 등이 귀국에 오게 되고, 소생은 피해 벽지에 있었던 덕분에, 어떻게 관여하지 않게 되어 화를 면했다.

이와 같이 하여 3년 뒤, 병술년(1886년)에 이르러 대원군 전하에게 개혁정치를 촉구한 것이 다시 발각되어, 또 감옥에 갇혀 갖가지 혹독한 형벌을 받았으나 다행히 7년 유배형에 처해졌다. 임진년

(1892년) 봄 고향으로 돌아가게 되어 중국으로 여행을 떠났다.

갑오년(1894년) 여름에 귀국할 때 동학당의 난이 있어 순변사巡邊使의 막幕에 참모가 되어, 드디어 그 난을 진정시켜 조정에 돌아왔다. 이때 오토리 게스케大鳥圭介 공사가 우리나라에 부임해 와 나에게 혁신의 정치를 권하매 이에 따라 뜻있는 선비들과 함께 귀국 군대의 힘을 의지하여 크게 개혁을 추진했다.

소생은 다시 육군 정령正領의 직에 임명되고, 조정의 내각의원을 겸하게 되었으나 조정 대신들과 뜻이 맞지 않아 분함을 느껴 그만두었다. 몇 개월 있지 않아 박영효 씨는 특히 귀국의 도움을 받아 조정에 돌아가 정무에 임하고, 을미년(1895년) 봄 구식의 군경을 해산하여 소생은 다시 육군훈련 대대장에 임명되었다.

귀국의 육군 소좌 우마야하라馬屋原務本 씨가 독립 대대를 이끌고 우리나라에 주둔하여 제반의 병식兵式을 전수했다. 그때 우리나라 민후閔后폐하가 완고한 신하들에게 개화당파를 처단하라고 했는데, 박영효 씨가 소생과 상의하여 황실을 바로잡으려는 일이 또 발각되었다. 박영효 씨는 민후가 자신 등을 처단하려는 것을 알아차리고 귀국으로 도망 왔다. 수개월 후 또 소생도 처단될 것이라 하고 소위 개혁의 정무도 수포로 돌아갔다.

이때 미우라三浦梧樓 공사가 우리나라에 부임해 와 잠시 사정을 관찰한 뒤, 한국 혁정革政의 부진을 통탄할 뿐 아니라 자국의 위신을 더럽히는 일을 무겁고 심각하게 생각하여 우마야하라 대대장과 상의해, 소생의 병력을 도와 관아와 싸우게 하여 악정을 혁신하고 나아가(不明), 불행히도 조정의 관료들은 소생이 하는 바에 따라주지 않고, 오히려 파직을 명했다. 또, 귀국 정부도 미우라 공사 등을 불러 히로시마 옥중에 보내고, 소생도 우리나라에서 더 이상 견뎌낼 수 없어 귀국으로 도망칠 수밖에 없었다(불명). 후일을 기약하고 도망 와 교토에 수개월 체재했는데 우리나라의 뜻을 같이하는 사람들 역시 실패하여 귀국에 도망 와 소생과 같이 망명을 하고 있는 이것이, 우리나라의 소위 을미 10월의 변變이다.

소생 고국을 떠난 이래, 귀국의 융성을 보며 스스로 부끄러워한 지 20여 년의 풍상이 지났고(불명) 문을 닫아 걸고 종적을 감춘 채로 지내고 있는 것이 7년이 되었다. 서쪽 고향 산을 바라보니 풍운이 여전하고 처참하구나. 국세는 날로 기우니 천애 비분하여 뜨거운 눈물이 흐르도다. 스스로를 위로하고 스스로를 너그럽게 하여, 응달진 절벽에 양춘이, 또는 그 같은 시기가 올 것을 기다린다. 작년(메이지 34년) 여름, 박영효 씨가 30여 명의 떠도는 청년들을 모아 한 학숙學塾을 열고, 나를 청해 교육시켜줄 것을 부탁하는 바 소생도 역시 그 뜻에 찬동해 사양치 않고, 숙장塾長이 되었다. 운운."

우범선은 이 자술서에서 임오군란(1882년) 발생 '3년 뒤 경신년'이라고 하고 있으나 전후 문맥으로 보아 임오년 다음 해인 '계미년(1883년)'을, '3년 뒤 경신년'으로 착각하고 있는 듯하다.

이 기사엔 우범선이 고향을 그리는 내용의 〈재오항술회在吳港述懷〉 등의 유작시 두 편(참조; 권말 자료4, 우범선 유작시)도 함께 게재되어 있다.

이와 함께 우범선이 직접 말한 기록은 아니지만 그의 생각을 전해주는 기록으로, 1899년 5월, 우범선이 시코구四國의 고치高知현으로 휘호여행을 갔을 때 만난 일본인에게 "조선은 국세가 낡아 있다고 한탄하면서 개혁을 하려면 일본을 본받아야 함은 물론 러시아의 간섭에서 탈각해야 한다."고 주장했다는 《요시찰거동》(1899년 5월 4일자) 보고가 있다.

한편, 우범선과 고영근 두 사람에 대해 잘 알고 있는 박영효는 〈오사카마이니치신문大阪每日新聞〉, 〈주고쿠中國〉지 등과의 인터뷰에서 사건의 배경과 원인 등에 다음과 같이 말하고 있다.

"우범선이 구레吳에서 암살되었다는 것을 지금 막 듣고 놀랐다. 자객 고영근이란 인물은 나도 잘 알고 있다. 그는 고故 왕비의 일족인 민閔씨 집안의 신臣이었는데 일본에 온 것은 정확히 5년 전으로 내가 고베에 있을 때다.

그가 일본에 온 원인은 경성에서 있었던 폭발사건 때문이다. 경성에서 내 집의 행랑채를 빌려 주고 있었는데, 거기서 폭열탄을 제조하여 조선의 고관들을 습격했다는 혐의로 망명해 왔다.

당시는 고베의 내가 살던 집 뒤쪽에 방을 빌리고 있었으므로 이때부터 내 집에 자주 출입을 했다. 번번이 조선의 당국자들을 비난하고, 나에게 동지라고 하면서 다시 조선에 건너가 무력으로 조선 정부를 전복하면 어떻겠느냐고 권했다. 그러나 나는 처음부터 고영근의 거동을 수상하게 생각하고 있었으므로 그 의견에 찬동하지 않았을 뿐 아니라 그가 일본에 망명한 사실조차도 연극이 아닐까 하고 생각했다.

좀 더 알아보니 폭발사건이라고 하는 것도 처음부터 조선의 당국자들과 모의해 지어낸 연극으로 우리들을 조선으로 꾀어내어 살해하려는 계획 같았으므로 그 뒤 경계를 강화하고, 상대해주지 않았다.

그 후에는 오카야마에 가서 잠시 체류했었고, 그 뒤 마루카메丸龜로 갔고, 그리고 난 뒤 오사카로 옮겨 얼마 전 우범선 암살 혐의로 국외로 방출된 윤효정의 집에 동거하면서 우 암살의 계획을 세웠다.

그러나 그 뒤 윤효정과 사소한 일로 불화가 되어 윤효정이 혼자 계획한 것처럼 말하고 다녔기에 결국 윤효정은 그 일로 추방당하게 된 것이다.

그 후, 고영근도 마루카메에 가, 거기에서 지난달 상순 구레로 옮겨 갔고, 거기에서 자리를 잡아 우범선과 자주 왕래하고 있다는 이야기를 듣고, 나는 이상하게 생각하고 있었다(불명). 나는 고영근에 대해 상당히 의심하고 있었는데 과연 이번 흉보를 접하고 보니 정말 우범선에게는 안된 일이다. 가해자의 다른 한 명인 노윤명이라고 하는 자는 고영근의 신臣으로서 어느 쪽이 우범선을 죽였는가하면, 나는 고영근이라고 생각하는데, 또는 노윤명을 시켜서 죽였는지도 모른다. 본래 고영근이란 인물은 학식도, 담력도 있는 자가아니다. 연령은 잘 기억하지 못하나 44,45세 정도일 것이다.

그는 조선에서는 관리의 후보가 된 적은 있지만, 실제로 일한 적은 없다. 고영근의 성질이 어떤가 하면 아주 바보 같은 편이다.

우범선은 왕비 사건으로 일본에 망명해 온 자로, 일본에 온 것은메이지 28년 겨울인가, 29년 봄으로 그 이후 구레에 거처를 정하고계속 살고 있었는데, 내가 조일신숙朝日新塾을 효고兵庫에 설립할때, 즉 3년 전에 구레에서 효고로 와 교장이 되어 고국 출신 자제교육에 힘을 기울였다.

그러나 작년 겨울, 사정이 있어 조일신숙을 폐쇄하게 되어 그 사람은 나와 헤어져 다시 구레로 갔었다. 그의 사람 됨됨이가 어떤 편인가 하면, 상당한 기개를 가진 자이며, 그리고 논의하는 것을 즐겨하는 편이다. 그의 조선에 있어서의 경력에서도 논의 때문에 사람들과 충돌한 일이 많았다. 겉으로는 온후한 군자의 모습이나, 담력을 가지고 있는 사람이다.

자객은 여러 번 말씀 드린 대로 우리들을 노리고 있으나 나 같은사람은 생명은 하늘에 맡기고 있어서 보통의 경계는 하지만 특별히경호하는 사람을 늘린다든가 하는 일은 하지 않는다. 나도 3개월

전부터는 어디에도 나가지 않은 채 집에 틀어박혀 있었는데 지난번 단고丹後 쪽으로 다니러 갔을 때 교토에서부터 한 명의 수상한 한인이 뒤를 쫓아와 곤혹스러웠다. 고베에 있는 한인 말인가?

우리 집에 있는 정성옥鄭成玉, 이한규李漢奎 두 사람 이외에 한 명 더 있는데, 고베에는 수상한 인물은 들어와 있는 것 같지 않다.(《주고쿠》, 메이지 36년(1903년) 11월 27일자, 2면)"

【 고영근, 재판에서 법리논쟁 】

            사건 발생 이틀 뒤인 11월 26일에 구 레 시로부터 히로시마 감옥으로 이송된 고영근 등에 대한 예심이 신속히 진행되어 12월 18일 히로시마지방재판소는 '피고 양 인을 중죄공판에 회부한다' 고 결정(참조, 권말 자료1; 예심결정서 전문)했다.

    이에 따라 12월 24일 오전 9시부터 히로시마지방재판소 제 1호 법정에서 두 피고에 대한 '모살謀殺 피고 사건 공판' 이 열렸다.

    재판장 우하니 쇼이치羽仁祥一 판사를 비롯하여 배석 판사, 검사 와 관선 변호사 2명, 고영근 사선 변호사 1명, 통역 등이 참석한 가운데 재판이 열렸고, 방청석은 경찰 관계자 외에 일반 시민들 로 가득 찼다. 러일전쟁 개전(1904년 2월)이 임박했던 시점으로 이 사건에 대한 일반의 관심과 흥미가 크게 고조되어 있었다.

    당시 일본 신문들도 이 사건 재판과정을 비중있게 보도하고 있는데, 그 가운데서도 히로시마시에서 발행되는 〈게이비일일신문〉이 가장 많은 지면을 할애하여 상세히 전하고 있다. 다음은 〈게이비일일신문〉에 보도된 우범선 살해사건 재판 관련 기사를 중심으로 살펴본 재판 내용이다.

고, 노 양 인이 출정하자 재판장은 주소, 성명, 나이 등을 물어본 뒤 신문을 시작했다. 고, 노 양 인은 미결감방에 수감된 지 정확히 한 달이 되었다. 둘은 비교적 건강한 모습이었으나 일본 옷을 입은 이들은 범죄자와 같은 몰골을 하고 있었다. 고영근은 길게 자란 머리를 묶고 있었는데, 듬성듬성 빠진 머리는 나이를 감출 수 없었고 과거 생활이 힘들었다는 것을 말해주고 있다. 머리를 '고부五分가리'[스포츠형]로 깎은 노윤명은 밤송이 같은 머리에, 아무리 보아도 교양이 있어 보이지는 않는다.……

이날 공판에서 고영근은 재판장에게 "우범선을 살해한 것은 황태자 전하의 뜻을 받들어 국모의 원수를 갚기 위한 것"이라며, 자신의 행위를 단순한 살인사건으로 취급해서는 안 되고, 노윤명은 단지 종범에 불과하다고 주장하는 등 나름대로 법리논쟁을 펼쳤다. 다음은 재판장과 고영근의 일문일답.

재판장 : "윤효정과 '우범선 암살'을 합의해놓고, 그 약속을 지키

지 않은 채 윤의 모계謀計를 우에게 알린 것은 오히려 너에게 불리하게 되는 것 아닌가?"

고영근 : "윤의 모계를 우에게 알리면, 윤은 우리나라 사람들에게 질책당해 그 일을 성사시킬 수 없을 것이다. 그렇게 하지 않으면 내가 [우범선을 살해]하려고 해도 안 되는 것을 우려해서였다."

재판장 : "또 윤의 모계를 우에게 알린 것은 윤에 대해 사정私情상 어떤 것이 있었기 때문이 아닌가?"

재판장이 여기서 고영근에게 말하는 '사정私情상 운운'은 고영근이 그해(1903년) 7월경부터 오사카의 윤효정의 집에 기숙하고 있을 때 윤이 한국에서 데려온 첩과 고영근이 간통하여, 둘의 사이가 나빠졌다는 소문을 말한다.

《요시찰거동》 1900년 6월 13일자 보고에 따르면 윤효정(43세)의 첩은 박성자朴星子로 나이는 21세로 되어 있다.

고영근 : "아니, 그런 일 없다. 혹 그런 일이 있었다면, 우를 살해하는 일보다 먼저 윤이 나를 살해하든지, 내가 윤을 살해하는 변고가 있었을 것이다. 개인감정 운운한다면, 우와 나와는 아주 친밀한 사이로, 참으로 견디기 힘든 일이었지만, 나는 다만 그를 역적으로 생각해 죽인 것이다. 개인감정에 의한다면 참고 넘어갈 수도 있었지만, 감히 그 일을 수행한 이유는 거기에 있었던 것이다."

오전 11시 25분경, 고영근에 대한 신문이 끝나자 재판장은 노윤명에 대한 신문을 시작했다. 노윤명은 사건 당시의 상황을 다음과 같이 말했다.

오카야마에서 구레로 올 때 숙소에서 돈 2엔을 빌려 왔다.……살해 당시, 나는 다른 방에서 술을 데우고 있었는데, 기다렸다는 듯이 그 방으로 쫓아간 것은 아니고, 그냥 갔더니 고가 왜 늦었느냐고 크게 꾸짖어 엉겁결에 탁자 밑에 있던 망치를 들어 우의 머리를 향해 쳤으나 잘못되어 어깨를 쳤고, 더욱이 우는 이미 죽었던 것 같았다. 하지만 소생하면 안 된다고 생각해 쳤는데, 그때 망치의 자루가 부러졌고, 그 부러진 자루로 두세 번 머리를 쳤다.……

이어 노윤명은 "을미사변 중, 궁중의 건물 밑에 숨어서 우범선이 궁중에 불을 지르고, 또 민비를 습격한 것을 보았다."고 예심에서 말한 것을, 이날은 "나는 그때 심부름을 나가 총성을 듣고 크게 놀라 어느 집으로 숨었는데, 다음 날 아침 집으로 돌아와 궁중에서 있었던 변란을 궁녀로부터 듣고 알았다."고 달리 말했다.

노윤명의 이 같은 언급은, 그가 민비시해사건에 있어서 우범선의 행동과 관련해 횡설수설하고 있음을 말해준다.

노윤명은 또 "일본에 온 것은 고영근이 불렀기 때문이며, 출발하기 전 궁궐로 인사하러 갔을 때, 일본에 가면 원수를 갚으라는 분부를 받고 왔으며, 일본에 온 것은 메이지 33년(1900년) 1월의 일"이라고 말했다.

노윤명이 궁중에 인사하러 갔을 때 명성황후의 원수를 갚으라는 말을 들은 것은 황태자로부터 직접 들은 것이 아니었다. 그는 궁녀 김씨로부터 그런 얘기를 전해 들었다고 말했다.

노윤명에 대한 신문이 끝난 뒤(11시 45분경) 재판장이 "그 밖에 할 말이 없느냐?"고 하자, 고영근이 일어나 "예심결정서를 읽어본즉, 그대로 해도 좋으나, 단지 '모살죄'라고 하는 것은 유감이다. '적괴참살복국모수賊魁斬殺復國母讎(적괴를 참살하여 국모의 원수를 갚는다)'의 여덟 자를 넣어야만 본 뜻이 되며, 또 노윤명을 공모자라고 그러는데, 그는 전적으로 종범으로 단지 방조한 것에 지나지 않는다."고 늠름하게 주장했다.

이에 대해 재판장은 우범선의 사진을 보여준 뒤, 고영근이 한국 정부 및 궁내부 대신에게 보내려고 한 두 통의 서면을 제시하면서 "이 서면은 살해의 전말을 보고하고 있지만, 실은 자신의 공명심을 보여주기 위한 것이 아닌가?"라고 추궁했다. 이에 고영근은 "오로지 국모의 원수를 갚기 위한 것"이라고 반박했다.

재판장이 고영근이 우범선에게 보낸 편지를 제시하자, 그는 그것은 예심에서 몇 번이나 나온 얘기이므로 더 이상 언급하지 않겠다고 한 뒤, 앞에서 얘기한 죄명에 대한 불만을 다시 얘기했다.

이에 대해 재판장은 "일본에는 법률이 있고, 그에 따라 증거를 조사하고, 변론을 해서 판결해, 정해지는 것이므로, 지금 그런 말을 아무리 한다 해도 뭐가 되지는 않는다."고 일축했다.

재판장이 "일본에 온 이래 무엇을 해서 생계 자금을 충당했는가?"라고 묻자, 고는 종래의 자객들과 같이 한국 정부로부터 자금을 받아 온 것 아니냐는 의미로 생각했는지 매우 격앙하여 "처음, 나도 한국에서는 별입시別入侍를 하고 있던 몸으로, 상당한 재산을 가지고 있었고 그 돈으로 생활해 왔으나 작년 봄(1902년)에 돈이 다 떨어져 그때부터 크게 곤란해졌다. 결국 서생인 노윤명도 오카마야에서 방적직공으로 일하게 했으나, 누구한테 한 푼도 빌린 적이 없다."고 큰소리를 쳤다.

고영근이 말한 별입시別入侍란 신하가 사사로운 일로 임금을 뵙던 일을 말하는데, 고는 자신이 고종과 민비를 개인적으로 알현하는 위치에 있었던 점을 강조하고 있다. 고영근과 재판장의 일문일답을 좀 더 들어본다.

재판장 : "노가 망치로 우범선을 친 것은 어깨가 먼저인가? 아니면 머리인가? 어느 쪽인가?"

고영근 : "나 자신이 사람을 죽인 것은 생전 처음으로, 그때 내가한 일조차 알 수 없는 상황에서 다른 사람이 한 일을 어떻게 알겠는가?"

재판장 : "네가 우를 찌르고, 머리를 누르고 있었다고 했는데, 노가

(망치로) 칠 때는 우는 이미 죽어 있었는가?"

고영근 : "엎어져 있었기에 죽었다고 생각했다."

재판장 : "노윤명과는 '우 살해동맹'을 맺었다면서 왜 그날 둘이 동시에 우를 죽이지 않았는가?"

고영근 : "그 기회를 잡기가 어려워서였다"

재판장 : "메이지 32년(1899년) 이래 우를 노려 왔다고 했는데 어떠한 수단을 강구했는가?"

고영근 : "예심결정서에서 말한 것과, 큰 차이 없다."

재판장 : "피고가 작년(1902년) 7월 고국에 가려고 한 목적은 무엇이며, 또 그때 상륙을 거절당한 이유는 무엇인가?"

고영근 : "생활비에 쪼들려 돈을 구하기 위해서였다. 이전 나는 고국에서 관민(만민)공동회를 설립하여 그 회장을 맡아 정부 개혁을 도모했으나 당시 정부의 핍박을 받고, 결석재판에서 사형을 받아 귀국은 위험했다. 그러나 나는 가짜 호적이지만, 하시모토 아사키치橋本淺吉라고 하는 일본 호적도 있었던 터라 일본인처럼 해서 귀국하면 안심하고 돈을 마련할 수 있을 것으로 믿었다. 그러나 안 되었다. 상륙이 금지된 이유는 주한 하야시林 공사가 나에게 일본인이라고는 하지만 본래는 조선인이므로 이번에 상륙하는 것은 불가할 뿐 아니라 위험하다고 했기 때문이다. 나는 곧바로 군함에 보내져 함 내에 있게 되었다. 내가 일본에서 가짜 국적으로 있는 것이 가능한지도 확실하지 않은 채였다. 또, 군함에 보내진 것은 공사의

명령이라고 생각한다."

재판장 : "망명자가 고국에 돌아가면 어떤 제재를 받는가?"

고영근 : "즉시 붙잡혀 생명을 빼앗긴다."

재판장 : "영근은 도저히 고국에 돌아갈 수 없는 몸이니까 무언가 공을 세워 특사를 받아 귀국하고 싶다는 생각은 없었는가?"

고영근 : "고국은 미개국으로, 세상에 그 이유를 알 수 없는 일들이 많이 일어나고 있는 나라여서 조금도 귀국할 생각이 없었다."

재판장 : "결석재판에서 사형을 받은 이유는 무엇이며, 그것은 언제쯤 알게 되었는가?"

고영근 : "고국을 떠난 뒤, 일절 연락을 취하지 않아 아무것도 몰랐지만, 메이지 32년(1899년) 폭열탄 사건이 있었고, 33년(1900년) 8월, 관련자 전원 유죄를 받아 공동회장이던 나에게도 벌이 내려진 것은 그때 일본의 신문을 보고 알았다. 혹시 선고 전이었다면, 나만은 죄가 없다는 변명이 받아들여졌을 것이라고 생각하지만, 사후에 알았기에 어떻게 할 수가 없어, 우범선을 처치하는 것만이 유리하다고 생각하고 그냥 있었다."

재판장 : "윤효정과의 관계는 어떤가?"

고영근 : "고국에서 알고는 지냈지만, 친한 사이는 아니었다. 일본에 온 뒤 구마모토熊本에 갔을 때, 그가 구마모토에 있어 이후 친하게 되었다. 그는 황제가 황태자에게 양위해야 한다는 음모를 꾸미다 발각되어 망명한 자다. 그 후, 윤의 밀계를 우와 기타 망명자에

게 알리게 된 전말은 이미 이야기한 바 있는데, 그는 우를 해외에 데리고 나가 살해하여 자신의 목숨을 보전하려고 계획했으나, 나는 내 생명을 바쳐 일본 안에서 행하려고 했다. 우를 해외에 데리고 나간다 해도 다른 망명자가 주목하므로 도저히 불가능한 일이라고 생각했다."

재판장 : "우를 살해하면, 자신이 한국에서의 사형도 면해지고, 상여도 있을 것으로 생각하지 않았는가?"

고영근 : "일본에서 하면, 목숨은 없어지는 것이라고 각오하고 있는데 상여 같은 것은 더더구나 생각하지도 않았다."

재판장 : "국제 법률, 죄인 인도 같은 것은 알고 있었는가?"

고영근 : "다소는 알고 있었다."

재판장 : "이번 건으로 반드시 한국으로부터 너에 대한 인도 요청이 있을 것이라고는 생각지 않았는가?"

고영근 : "전혀 생각지 않았다."

오후에 속개된 재판에서 데라다寺田 검사의 논고의 대강은 다음과 같다.

본건의 요점은 영근, 윤명, 양 인이 공모하여 우를 살해했다는 점에 있으며, 피고 등의 진술에 비추어보거나 증거에 비추어보거나 범죄 사실은 지극히 명료하다. 고영근에 대해서는 말할 것도 없고,

노윤명에게도 공모의 사실이 있는 것은, 그날 밤 우의 내방을 기다리고 있었던 사실을 비추어볼 때도 분명하다. 단, 윤명의 타격이 우가 절명한 후냐 아니냐는 의심이 있으나, 그 이외는 명료하다. 그러나 그 사후란 점에 있어서도 영근, 윤명 양 인의 진술에 상이한 점이 있다. 요컨대, 윤명의 진술은 사후에 했다고 하는데, 윤명의 예심 진술에서도 시끄러운 소리를 듣고 뛰어갔을 때는 영근이 칼로 찌른 뒤였고, 망치로 때렸으나 자루가 부러졌다지만, 부러진 망치로 때린 것도 때린 것이다.

역시 영근이 먼저 착수한 것은 사실로서 윤명이 옆방에 있었다고 해도 좁은 집이어서 실제로는 같은 방에 있는 것과 마찬가지다. 우가 앉은 자리 뒤쪽의 '후스마'[칸막이] 쪽에 있어서 시간이 걸렸다기보다 곧바로 뛰어나온 것과 같다.

의사의 감정으로는 우의 치명은 다량 출혈로서 순간적으로 치명에 이른 것이 아니며, 따라서 영근이 처음 찌른 것은 어느 정도 우의 기력을 약하게 한 것은 틀림없지만, 현장에 다량의 출혈이 있는 것을 볼 때, 의사가 출혈이 사인이라고 하는 것에 비추어보면, 윤명도 우를 죽이는 데 가담한 것이다.

따라서, 둘이 공동으로 치명시켰다고 단정할 수 있으며, 설사 윤명의 타박이 절명 후라 하더라도 이미 공범으로서 범행을 같이한 것은 명백하며, 그것은 오랫동안 두 사람이 계획해 왔던 일이다. 영근이 윤명을 구례에 불러온 일, 술을 먹여 방심한 틈을 타 살해하려고 윤명이 술을 데운 일 등. 이 모든 것이 공모의 증거다.

말할 것도 없이 범행에 가담한, 영근이 칼로 찌른 것과 윤명이 망치로 친 사실이 명료한데다가 영근의 살해를 도와주기 위해 술을 데워 주고, 그 알선을 하고, 또 그것이 영근이 도와달라고 부탁했다 하나, 공모의 명확한 증거다.

또, 범죄의 목적이 두 사람 모두 왕비의 복수를 위해서라고 말하고, 이 목적에 의해 범행을 꾀했다고 하는데, 그 심정은 편협한 적개심이지만, 대체적으로 참작할 만하다. 또, 양 인은 자수했고, 특히 윤명은 영근의 문하생으로 동인의 명령은 무엇이든 따라야 하는 신분으로 범행에 가담한 사실은 참작할 점이 있다. 그러나 법률의 규정은 어쩔 수 없으므로, 형법 제292조에 따라서 양 인 모두 각각 사형에 처해야 하고, 범죄에 사용된 흉기는 몰수해야 한다.

이후 변호인들의 변론이 있었는데 고영근의 사선변호사인 나리세 구지로成懶駒次郎는 미우라 전 주한 공사 등이 1896년 1월 히로시마재판소의 민비살해사건 관련 재판에서 증거 불충분 등으로 무죄판결이 난 당시의 서류를 제시해 줄 것을 요청했으나 필요 없다고 기각당했다.

관선변호사인 모리타 다쿠지森田卓爾의 변론 요지는 다음과 같다.

고영근이 우범선을 죽인 목적은 국모의 원수를 갚기 위한 것이므로, 일본의 법률상의 보통의 모살로 논해서는 안 된다. 시정의 무뢰한이 치정에 의해 범행을 한 것과는 크게 취지가 다르며, 영근이 오랫동안 고심하고, 흉행을 한 동기 등은, 이것은 의협, 의협이라고 하면 용어가 부적절할지 모르나, 틀림없이 일종의 의협에 다름 아니다.

나는 한국의 을미사변에 대해서는 잘 모르는데, 만약 우범선 그 사람이 세상 소문대로 왕비 살해의 수괴인지 아닌지는 모르지만, 한국의 백관, 유지 사이에는 거의 우가 왕비 시역弒逆의 수괴라는 것이 공공연한 비밀로 되어 있다.

따라서 동 국민은 대부분 우를 수괴에 해당한다고 확신하고 있고, 우의 그 같은 행위에 대한 가부는 정치상의 문제이지만, 이 정치적인 의미를 떠나 단순히 생각해볼 때, 신민으로서 왕비를 참살한 것은 대역무도에 해당하는 것이 아닌가? 따라서 동국 신민인 고영근이 국모를 위해 원수를 갚은 것이야말로 미거이며, 한국의 행정사법기관이 미비하여 국내에 범인이 있어도 경찰권이 행사되지 않고, 일단 국외로 도망한 경우 국제 담판의 힘을 빌려 송환하는 것이 마땅하나……이것은 고가 국가를 대신하여 대역무도의 신하를 처치한 것으로 이 같은 관점에서 말하자면, 그는 한국의 대충신, 대의사이며, 특히 피신해 다니기 힘들고, 경찰의 단속이 심한 일본에서 그 목적을 달성한 것은 그 뜻이 매우 순결한 사람이 아니면 할 수 없는 일이다. 피고도 여러 차례 말한 바와 같이 보통의 모살로

논하지 말고, '적괴참살복국모수賊魁斬殺復國母讐'의 여덟 자를 더 해야 한다고 간절히 원하고 있으므로 그 심정을 가련히 여겨, 일본의 법률에 의해 모살죄로 하는 것은 어쩔 수 없다 하더라도 법률이 허용하는 한 될 수 있는 대로 경감하여 고영근을 유기징역 12년에 처하는 것이 지당하다고 믿는다.

이어서 나리세 변호사도 모리타 변호사와 같이 고영근을 의사義士라고 주장하고, 일본에서도 충신효자의 모살죄는 경감해주는 판례가 있다며 형량 경감을 주장했다.

또 다른 관선변호사인 다가미 모로조田上諸藏는 노윤명을 변호하면서 고와 노, 양 인은 역시 의사라고 주장하고, 고가 늘 혹시 자신이 실패할 경우, 그 뒤를 부탁한다고 노에게 말해 온 점, 살해 당시 노가 방으로 뛰어 들어오자 고영근이 왜 늦게 왔느냐고 나무란 점, 의사醫師의 감정이 우의 치명은 목 부분의 상처에 있다고 한 점 등을 크게 주목하지 않으면 안 된다고 한 뒤, 결국 노는 미리 공모했지만, 살해 당시는 우의 치명에 가담하지 않았으므로 증거 불충분으로 무죄라고 주장했다. 재판장은 26일 판결을 선고할 것이라고 말하고 오후 3시 50분 폐정했다.

한편 우범선의 사체는 검시 후 사건 다음 날인 11월 25일 처 나카와 그녀의 형부 등 가족에게 전해졌고 그날 오후 6시 "훌륭한 장례식이 치러졌다."고 신문들은 전하고 있다. 장례식 닷새 뒤인

11월 30일 낮, 우범선이 살았던 동네에 있는 진노인神應院이란 절에서 그의 일본인 친지 3명이 발기인이 되어 우범선을 추모하는 법회가 열렸다.

우범선과 친교가 있던 일본인 지인들과 한국 망명객 등 50여명이 참석했다. 구레 해군기지의 포교사 승려가 집전한 이 법회에서 우범선의 계명戒名(승려가 죽은 자에게 지어 주는 법명)은 '우공원홍범선정거사禹功院洪範善政居士'로 붙여졌다. 이 법회에 참석한 한국인 망명자들은 조희연, 장박, 이범래, 이진호, 박영철朴榮喆, 서희순徐熙淳, 최경방崔敬方과 구레에 살고 있는 이승구 등이었다.

이들은 장례비용으로 26엔을, 법회 경비로 10엔을 모아 유족에게 기증했다. 이들은 우의 부인 나카와 장남 장춘, 임신 중인 나카의 태아(차남 히로하루弘春)를 위한 생활양육비를 매달 보태 주기로 했다. 그러나 실제 얼마가, 어느 기간 지급되었는지는 불명이다.

이날 우범선의 유골은 분골되어 이범래, 서희순에 의해 도쿄로 옮겨져 12월 23일 오전 아오야마靑山 공동묘지에서 장례가 치러졌다.

장례에는 구레에서 나카와 장춘, 나카의 언니, 이승구 등이 배편으로 상경했고, 박영효, 장박, 이범래, 이진호, 유세남 등 한국인 망명객 30여 명, 미우라, 스기무라, 사사, 시바 등 민비 사건 일본 측 관련자를 비롯하여 100여 명이 참석했다.

장례에 앞서 아다치, 구니토모, 야마다 등 민비 사건 관련자들과 스나가 등이 발기인이 되어 '고 우범선 씨 제사료 모집첩故禹範善氏祭祀料募集帖'을 지인들에게 돌려 43엔을 모아 조위금으로 전달했다.

그 뒤 우범선의 묘는 구레와 도쿄의 두 곳에 세워졌다. 구레엔 사건 다음 해인 1904년 10월, 앞서 우범선의 추도법회가 열렸던 절(진노인神應院) 경내에 만들어졌다. 당초엔 정문을 들어가 왼쪽에 있었으나 그 후 절이 운영하는 유치원 건물을 짓기 위해 절 본당 옆으로 옮겼다고 한다. 묘비(높이 240센티미터)의 전면에는 조희연이 쓴 '우범선지묘禹範善之墓'라는 비명이 새겨져 있다.

도쿄에는 1904년 8월 11일, 아오야마 공동묘지의 김옥균 묘 옆에 세워졌다. 그러나 후에 스나가에 의해 사노시 묘켄지 경내로 이장된다. 우범선의 처 사카이 나카는 1953년 8월 18일 사망한 뒤 역시 묘켄지 경내 우범선 묘 바로 옆에 있는 스나가 집안의 묘에 매장되었다.

【 고종, 이토에 고영근을 부탁 】

　　　　　　　　서울에 우범선 살해 소식이 알려진
것은 고무라 외상이 히로시마 현 지사로부터 우범선 살해사건의
보고를 받고 주한 하야시 공사에게 일보를 전해준, 사건 다음 날
인 11월 25일 오후 3시 25분발 전보를 통해서였다. 일본 공사관
측이 이를 한국 정부에 통보해주어 고종과 궁중도 우범선 살해
소식을 알게 되었다.

　한국 조야에선 고영근이 중범죄인이지만 국모의 원수를 갚았다
며 크게 반기고 고영근이 국내에서 지은 죄를 사면해주어야 한다
는 움직임이 일어났다. 고종은 일본 측에 직접 선처를 요청한다.

　사건이 전해진 다음 날인 26일, 고영근이 우범선 살해 음모사
건을 밀고하여 일본에서 추방되어 서울에 와 있던 윤효정尹孝定이 평리
원平理院(사법에 관한 제반 업무를 맡아보던 기관)에 나가 자신이 기도했

던 우범선 살해사건의 전모를 밝혔고, 윤은 과거에 저질렀던 죄('황제양위음모사건')가 면해졌다.(《고종실록高宗實錄》, 광무光武 7년 12월 9일)

아마도 우범선 살해 소식을 전해 듣고 누구보다도 기뻐한 것은 고종과 황태자였을 것이다. 고종은 11월 30일, 학부대신 민영소閔泳韶와 예식원장 민영환閔泳煥을 하야시 공사에게 보내 고영근의 선처를 부탁했다.

민영소 등은 "우를 왕후 시해사건의 범인으로 보는 만큼, 폐하와 황태자는 어떻게 해서라도 고의 죄를 용서해주고 싶어하고 있으며, 국민들도 그렇게 희망하고 있다. 실제 폐하와 황태자는 일본 황실에 대해 이 같은 희망을 전보로 전하든지, 아니면 특사를 파견해 의뢰할 의사가 있다."며 하야시 공사의 의견을 물었다.

이에 대해 하야시 공사는 "일본제국의 법률을 무시하는 것은 있을 수 없는 일이지만 폐하의 희망과 한국 일반의 감정을 우리 정부에 전해 가능한 한 관대히 처분하는 방안을 강구토록 하겠다."고 답했다.

민영소 등은 "이번 사건은 우연히 일어난 일이지만 조야 모두가 환호하고 있음은 사실이다. 만약 고를 처분할 경우 세상 물정을 잘 모르는 일반 국민들은 일본에 더욱 악감정을 가지게 될 것으로 우려된다. 따라서 고의 처분에 대해서는 일본제국도 양국의 장래를 감안하여 잘 생각해줄 것"을 요청했다.

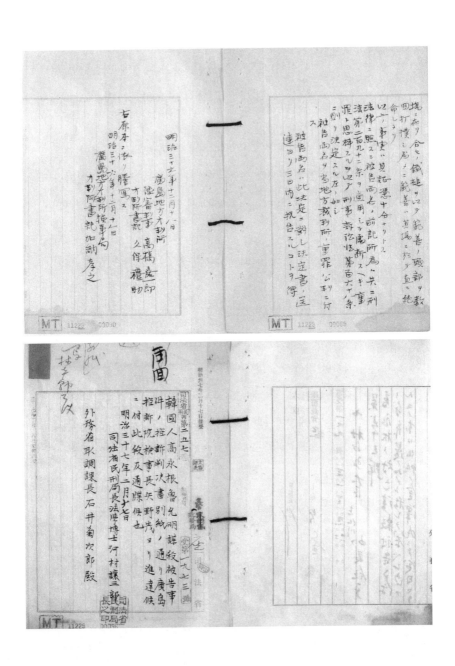

境ニ在リ合セ、鐵柱ヲ以テ范善ノ頭部ヲ
回打撲シ為メニ范善ハ其傷ニ於テ直チニ絶
命セシ
以テ事実ハ見認ス十合セリトス
法律ニ照スニ被告両名ハ前記所為ハ共ニ重刑
法第二百九十二条ヲ適用シテ尾斯ニスヘキ重
罪ト思料スルニ由ア刑事新弦律第百六十条
二則ノ法定スル左ノ如シ
被告両名ニ此法定ニ對シ法廷言渡ス
達ヨリ三日内ニ抗告スルコトヲ得
社告両名ヲ当地方裁判所ニ重罪ニ付

明治三十六年十二月十日
廣島地方裁判所
陸筆事事
裁判所書記
久保　禮一郎
高橋　慶助

右原本ニ依リ謄写ス
明治三十六年十二月十四日
廣島地方裁判所検事局
ニ判所書報加納孝之

司法省刑事第二五七
韓國人高永根魯名明詳段被告事
件ノ控訴裁判決書別紙ノ通リ廣島
控訴院検事長矢野茂ヨリ進達候
ニ付此段及通牒候也
明治三十七年二月十七日
司法省民刑局長法學博士河村譲三
郎
外務省取調課長石井菊次郎殿

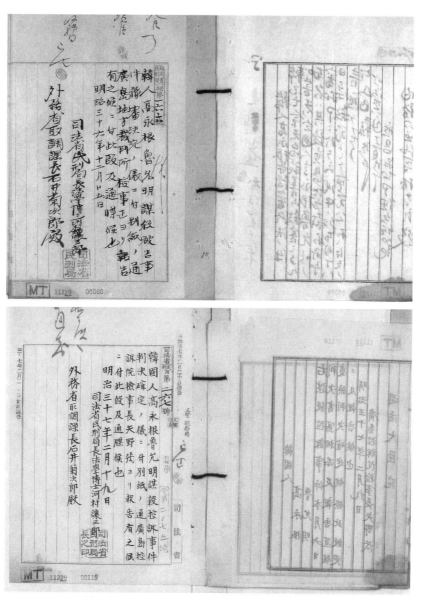

일본 외무성 외교사료관에 소장되어 있는 우범선 살해사건과 관련한 일본 외교문서.

고종은 이날 오후엔 직접 하야시 공사를 불러 접견하는 자리에서, 고영근의 처분에 대한 자신의 희망을 일본 정부에 전해달라고 부탁했다.

하야시 공사는 이 같은 한국 황실과 국민들의 감정을 고려하여 "다소 정상을 참작하여 처벌을 경감, 사형으로 하지 않는다면 아주 좋을 것"이라고 고무라 외상에게 건의(《일본외교문서》, 제36권 제1책, 752~753항)하고 있다.

고종의 이 같은 뜻에 따라 외부外部[현재의 외교부]는 주일 한국 대리공사에게 '고영근 등에 대한 보호를 궁내대신과 외무대신에게 의뢰하라'는 훈령을 내렸고, 대리공사는 12월 3일 궁내대신과 외무대신을 찾아가 고영근의 처벌 완화를 요청했다.

이에 대해 고무라 외상은 "법률에 관한 문제인 만큼 다른 쪽에서 함부로 참견하는 것은 안 되지만 법률이 허용하는 범위 안에서 최대한 관대하게 처분되도록 노력하겠다."고 답했다.

한편 12월 3일, 중추원 부의장 김가진金嘉鎭 등이 상소하여 "도망 중인 죄인 고영근이 일본에서 '을미시역범乙未弑逆犯'인 우범선을 수살手殺하여 일본 경찰서에 구속되었다고 하는데 고영근이 죄를 짓고 망명 중인 죄신罪臣이지만 역괴를 살해한 공이 그의 죄보다 더 크므로 법부에 명해 고영근의 죄를 탕척蕩滌케 하고 또 이 같은 안을 외부外部로 하여금 일관日館[일본 공사관]에 알리고 조회케 하여 바로 송환케 할 것"(《고종실록》, 광무 7년 12월 3일)을 청했다.

이어 12월 5일엔, 의정부 참정 김규홍金奎弘이 김가진 등의 상소를 복주覆奏하여 "고영근이 역적을 살해한 공이 있으므로 은전을 베풀어 죄를 특별히 탕척해줄 것과, 고영근과 노윤명의 송환을 건의"하자 고종은 이를 윤허했다.

민씨가의 노복이었던 고영근이 우범선을 살해한 것과 관련, "민씨 일족들은 12월 3일 저녁 궁궐 안에서 집안끼리 모여 내밀히 축연을 열 것"이라고 하야시 공사는 고무라 외상에게 보고(《일본외교문서》, 제36권 제1책, 755항)하고 있다.

이 무렵, 러시아와의 일전이 불가피하다고 보고 전쟁 준비에 박차를 가하고 있던 일본 정부로서는 한반도 주변이 러시아가 청국으로부터 조차하고 있던 만주 남부와 함께 주전장(主戰場)이 되는 만큼 한국 정부의 협조를 얻는 것이 러일전쟁 준비에 무엇보다 중요한 외교 과제 중의 하나였다. 민비시해사건으로 한국 황실과 국민들의 반일감정이 심화되는 가운데 일본은 우선 궁중을 회유하는 것이 급선무라고 판단하고 그 대책 마련에 부심하고 있었다. 이때 일본은 고종의 비위를 맞추기 위한 방책의 하나로 고영근 감형 문제와 일본 내 한국 망명자 처리 문제를 카드로 사용한다.

12월 26일 고영근과 노윤명에 대한 히로시마지방재판소의 중죄공판에서 고는 사형, 노는 무기징역을 각각 선고받았다.

이와 관련하여 고무라 외상은 다음 날(12월 27일) 하야시 주한 공사에게 보낸 전문에서 "양 인은 다분히 상소할 것으로 보이나……만약 사형으로 확정된다면 한국에 대한 호의의 표시로 특사를 [천황에게] 상주하여 한 등급을 감형해, 목숨을 건지게 하는 것을 고려 중이므로 그 뜻을 [한국] 황제폐하에게 내밀히 상주해주기 바란다."(《일본외교문서》 제36권 제1책, 756항)라고 훈령을 내리고 있다. 고영근의 감형을 대한對韓 외교의 비장의 카드로 사용하라고 지시하고 있는 것이다.

고무라 외상은 같은 날 별도의 전문에서 하야시 공사에게 "한국 황제를 우리 편으로 안고 가는 것은 무엇보다 중요하다."고 전제하면서, 고종에게 접촉하여 은밀히 일본 내 한국 망명자 중 일본의 벽지로 보낼 필요가 있는 자의 이름을 파악할 것을 지시한다. 그리고 이 같은 목적을 위해 "필요하다면 상당한 금액을 증여하는 것도 문제가 없다."(《일본외교문서》, 제36권 제1책, 756항)고, 한국 정부에의 자금 지원을 '당근'으로 사용해도 좋다는 훈령도 아울러 내리고 있다.

히로시마지방재판소의 1심 판결에 대해, 고와 노가 형량이 무겁다며 불복해 항소했는데 기이한 일이 벌어진다. 검사도 피고인들과 같이 고영근과 노윤명의 형량이 무겁다며 항소한 것이다.

피고인들이 항소하는 이유는 고영근이 감형을, 노윤명은 무죄를 주장하는 것으로 당연하다고 할 수 있다. 그러나 검사의 항소 이유가 두 피고인에 대해 형량이 높다며 감형을 주장하는 것으로 이는 검사 본래의 입장에서는 거의 있을 수 없는 일이다. 두 피고인에게 사형을 구형했던 검사로선 판결이 가벼운 데 대해 불복하는 것이 당연한데 정반대의 이유로 항소한 것이다.

왜 이렇게 코미디 같은 일이 벌어졌는가? 검사의 항소는 앞서 언급한 고무라 외상의 훈령에서 나타났듯이, 일본 정부가 형량을 1등급 감해주어 고영근의 목숨을 구해주려는 국책에 따른 것이었다. 고영근 등에 대한 판결이 있은 지 이틀 후인 12월 28일, 도고 헤이하치로東鄕平八郎 해군 중장을 사령관으로 하는 연합함대가 편성되어 러시아 발틱함대와의 결전에 대비하는 등 러일전쟁이 임박하고 있었다.

앞서 언급했듯이 청일전쟁과 마찬가지로 러일전쟁의 주전장은 한반도와 주변 해역이 될 가능성이 컸으므로, 일본은 한국 정부의 협조 여부가 전쟁 승패에 큰 영향을 미칠 것으로 예상하고 있었다. 따라서 일본은 고종의 비위를 맞추어 한국 정부의 협조를 확보하는 것이 무엇보다 중요했고, 고영근의 감형을 위해 검사가 형량이 무겁다며 판결에 불복하는 해괴한 일이 벌어진 것이다.

다음 해인 1894년 2월 4일, 히로시마항소원(고등법원) 제2심 재판(참조, 권말 자료2 제2심재판결정서)에서 고영근은 사형에서 무기징역으로, 노윤명은 무기징역에서 징역 12년으로 각각 감형되었다.

이날 재판엔 일본인 통역이 출석지 않고 이면우李冕宇라는 한국인 변호사가 판결 내용을 고와 노에게 전해주었는데 고영근은 전

과 같이 별다른 반응을 보이지 않았다. 노윤명은 합장한 채 재판
장에게 재배했다.

고영근과 노윤명은 상고 기간(1904년 2월 9일까지)에 상고하지 않
아 항소심 형량이 확정되었고, "근일 미이케三池[후쿠오카 현] 감옥
으로 압송될 것"이란 신문보도가 있었다.

항소심 재판에서 고영근을 무기로 감형하여 목숨을 살려줌으
로써 선처를 부탁한 고종의 체면을 살려주고, 일본도 생색을 낸
셈이다.

이날, 일본 정부는 러시아에 국교 단절을 통고했으며, 4일 후
인 2월 8일, 러시아가 조차하고 있던 랴오둥遼東반도의 뤼순旅順
항에 정박 중이던 러시아 함대에 대한 일본 해군의 기습공격과
서울을 장악하기 위한 일본 육군 제2사단의 인천 상륙으로 러일
전쟁이 시작되었다. 한국 정부는 고영근의 송환을 요구했으나 러
일전쟁의 와중에 일본 정부는 그 문제에 신경 쓸 겨를이 없었다.

한국은 러일전쟁에서 중립을 선언(1월 23일)했지만, 서전부터 러
시아에 연승하고 있는 일본은 이를 무시한 채 개전 2주 후, 한국
에 한일의정서 체결을 강요한다. 이 의정서는 일본군이 전략상
필요한 지점을 이용할 수 있도록 편의를 제공하도록 강제하는 한
편, "대한제국 정부는 대일본제국 정부를 확신하여, 시설의 개선
에 관해 그 충고를 받을 것"을 규정하고 있다. 이 의정서체결에
의해 일본 정부는 한국에 대한 내정간섭의 권리를 확보하여 한국

을 보호국화, 식민지화하는 길을 대폭 넓힌 셈이 되었다.

러일전쟁의 전세가 일본으로 기울어가던 2월 말, 한국 황실은 내탕금內帑金[임금이 사사로이 쓸 수 있는 돈]에서 일본군의 군비 명목으로 황제 10만 엔, 황태자 5만 엔, 영친왕 3만 엔을 각각 일본 측에 증여했다(《일본외교문서》 제37권 제1책, 273항)고 기록되어 있어 눈길을 끈다.

총리에서 물러난 뒤 추밀원 의장으로 국가 원로의 위치에 있던 이토 히로부미는, 3월 17일 한국 황실 위문을 위한 특파대사의 명목으로 방한하여 직접 한국의 정황을 살피며 한국을 보호국화 하기 위한 정지작업에 나선다.

고종은 3월 20일, 경운궁(덕수궁) 내 구성헌九成軒에서 이토에게 훈장을 수여하면서 "경은 국가의 원로로서 혁혁한 훈공을 세워 그 이름이 일세를 풍미하고 있다. 서양 사람들이 말하는, 근세의 4대 인걸은 영국의 빅토리아 여왕, 독일의 비스마르크, 청국의 리홍장에, 나머지 한 명은 일본의 경[이토]으로, 경은 지금 유일하게 생존해 있다."고(《일한외교사료(9) 한국왕노관파천韓國王露館播遷/한국영세중립화운동타韓國永世中立化運動他》, 500항) 치켜세워주었다.

이토는 한국 황실의 일본군에 대한 군비 기증과 관련, 3월 21일 오후 숙소인 서울의 모 여관으로 궁내부대신 민병석을 불러 "일로日露교전 개시 이래 한국 황제폐하는 여러 가지 편의를 아군에 베풀어 주셨을 뿐 아니라 특히 지난번에는 황제폐하를 비롯하여 황태자 전하, 영친왕 전하께서 다액의 금원金員을 우리 군사비로 기증해 주어 우리 황제폐하께서 그 우의에 대해 깊이 만족하시어……황제폐하께서 한국 황제폐하에게 사소한 금원을 보내려 하니……."라며, 메이지천황이 보내온 답례금 30만 엔을 고종에게 전달케 한다.

이토는 아울러 은밀히 황후 등에 대한 답례금 기증을 타진하여, 황후(엄비)에게 1만 엔, 황태자와 황태자비에게 각각 5천 엔씩을 기증했다.

고종은 일본 군사비로 기증한 돈에 대해 이토에게 "귀국 군용비로 차출한 금액은 실로 사소한 것으로……짐의 귀국에 대한 미충微衷에 불과하며……."라고 의례적인 성의로 치부하고 있다. (《일한외교사료》(9), 503~504항)

그러나 이 같은 한국 황실의 일본군에 대한 군비 기증은 민비 시해사건, 단발령 등으로 고조된 당시의 일반의 반일감정과는 전혀 다른 황실 외교의 이면을 보여주는 대목이다. 물론 이 같은 사실은 당시 조정에도, 일반에게도 알려지지 않았다.

3월 25일 오후 1시, 경운궁 내 구성헌에서 고종은 이토 특파대사와 수행원 등을 위한 오찬을 베풀었다. 황태자와 영친왕도 배석했다.

고종은 이토와 차관 문제 등 양국 간 현안을 논의하면서 재일 망명자 처리 문제에 이어 고영근 송환 문제에 대한 얘기를 꺼냈다. 고와 관련한 두 사람의 대화는 다음과 같이 기록되어 있다.

폐하 : 동인[고영근]은 전에 우리나라에서의 범죄 혐의로 일본에 망
명한 자다. 그러나 얼마 전의 행위[우범선 살해사건]는 칭찬해줄 만
한 점이 있다. 그래서 무언가 편법을 강구해서라도 일본 정부로부
터 인도받아 한국에서 과거에 지은 죄에 대한 형을 내려, 한국의 고
도에 유배형을 보냈으면 하는 생각이다(폐하의 뜻은, 고에게 관대한 처
분을 내려, 고도 안에서 자유로운 생활을 시키고 싶은 것이다). 이것 역시,
대사가 여러 가지로 고려해주기 바란다.

대사 : 이미 한 번 일본의 재판소에서 법률에 의해 형을 선고받아
그 형이 확정된 자에 대해 편의 조치를 부여하는 것 같은 일은 정부
라 하더라도 어떻게 할 수 없는 일이다. 후일을 기해, 본인 복역 중
의 행동에 따라 다소의 감형 등의 은전을 받는 것도 가능할 것이다.
또, 특사나 대사면 같은 기회가 되면 은전을 받는 경우가 없다고는
할 수 없을 것이다. 운운.(《일한외교사료》(9), 498항)

이토 방한 중 고종은 일본 측과 내밀히 일본에 체류하는 망명
자 처리 문제를 논의하여 이준용, 박영효, 유길준, 장박, 조희연,
이두황, 이진호, 이범래, 조희문, 권동진, 구연수, 정난교, 이규
완, 신응희 등 14명은 중범으로 용서해주는 것이 어려우며 그 밖
의 자들은 귀국하면 각기 죄에 따라 관대히 처분할 수 있다는 뜻

을 전했다.

그러나 그 후 일본은 고종이 지목한 이들 14명에 대해 국외 추방을 시키거나 일본 내 오지로 보내는 등의 조치를 취하지 않았다. 고종의 환심을 사기 위한 말장난에 불과했던 셈이다.

청일전쟁 승리에 이어 러시아와의 전쟁에서도 유리한 전세를 이끌고 가던 일본은 대륙 진출의 교두보인 한국을 손아귀에 넣기 위한 작업에 박차를 가한다.

이토가 귀국한 직후 4월 3일 조선 주차駐箚 군사령부가 설치되고, 5월 18일 한국 정부가 러시아와 체결했던 모든 조약, 협정의 폐기가 선언되며, 5월 31일 '적당한 시기에 일본이 한국을 보호국화 또는 병합한다'는 '대한對韓 방침'이 결정되고, 8월 22일 제1차 한일협약(외국인고문초빙에 관한 협정)을 강요해 체결시키는 등 한국 침략을 위한 조치가 착착 진행되어갔다.

제 7 장

※

함정
김옥균과 홍종우의 동행

【옥균을 노린 엉터리 자객들】

1896년 초, 우범선이 일본으로 망명 가기 전 이미 일본에는 수십 명의 조선인 망명자들이 몰려가 있었다.

임오군란(1882년), 갑신정변(1894년) 등 수구파와 개화파, 민씨 일파와 대원군 세력 등 얽히고설킨 여러 세력 간의 피비린내 나는 정쟁과 정변으로 수많은 정치적 망명자를 낳았고 특히 일본 세력과 손잡았던 측은 대부분 일본으로 망명 행선지를 정했다.

망명자들뿐만 아니라 일본을 등에 업고 갑신정변을 주도했으나 실패하자 일본으로 망명한 김옥균, 박영효 등 개화파의 거물들을 노려 민씨 정권에서 일본으로 파견한 자객들도 호시탐탐 기회를 엿보고 있었다.

그렇다면 고영근은 과연 고종이 보낸 자객일까? 또는 민씨 일

갑신정변을 주도했다 실패하자
일본으로 망명한 김옥균.

파가 고종이나 황태자의 재가를 받아 보낸 자객일까? 아니면 자
발적인 자객일까?

고영근 스스로 우범선 살해사건 공판에서 "황태자의 뜻을 받들
어 국모의 원수를 갚기 위해 우를 살해했다."고 주장했지만, 고
종, 민비 등과 관련한 국내 및 일본의 저술 중엔 고영근을 고종(또
는 황실)이 보낸 자객으로 보는 경우가 일반적이다.

고영근이 고종 또는 조선 정부가 보낸 자객인가, 아닌가를 알
아보기 위해서 먼저 김옥균 등 갑신정변 관련자들을 암살하기 위
해 민씨 정권이 보낸 자객들의 행적을 살펴보기로 한다.

민씨 정권이 일본에 망명 중인 김옥균을 노려 밀파한 첫 번째 자

객은 장은규張殷奎(일명 장갑복張甲福)라는 자였다. 장은규는 평민 출신으로 고종의 아들(의화군義和君 강堈, 후의 의친왕)을 낳았다는 이유로 민비에게 미움을 받아 궁중에서 쫓겨난 장 상궁의 오라비였다.

과거 일본에 체류한 적이 있는 장은규는 1882년 9월 박영효(수신사), 김옥균(수신사 고문) 일행이 정부의 사절로 일본을 방문했을 때 안내역을 맡은 인연이 있었다.

장은규는 불우하게 된 가문을 일으켜 세우기 위해, 민응식閔應植에게 접근하여 김옥균을 살해하겠다고 제안했다. 왕실이 장의 제의를 받아들여, 그는 김옥균과 박영효 등을 처치하라는 밀명을 받아냈다. 그는 거액의 거사사금을 받아 1885년 8월경 일본으로 건너갔다.

이때(1885년 6월) 장은규가 민응식 등의 주선으로 고종과 민비를 알현, "역적 김옥균을 처치하겠다."고 맹세하고 처치 위임장과 거사자금 1만 5천 엔을 하사받았고, 장은규가 고종에게 김옥균이 열두 척의 일본 군함에 무기와 장사壯士들을 태우고 조선을 침공할 계획이라는 당시 일본에 나돌던 소문을 보고하자, 고종과 민씨 일파들의 얼굴이 새파랗게 질렸다는 기록도 있다.

어쨌든 밀명을 받고 나가사키長崎에 도착한 장은 고베에 있던 김옥균을 만나 조선엔 김옥균에게 내응하려는 세력들이 있으니 조선에 돌아가는 것이 어떻겠느냐고 떠본다. 그러나 이미 다른 경로를 통해 장은규가 수상하다는 정보를 입수하고 있던 김옥균은 귀국 제의를 거부하고 이후 그를 멀리했다. 김옥균에게 접근이 차단된 장은규는 더 이상 움직이지 않았고, '역적 김옥균 처단' 계획은 그것으로 끝났다.

일본 경찰의 《요시찰거동》은 "장은규는 나가사키의 게이샤藝者를 첩으로 삼아, 고베에서 여관을 경영하고 있다."고 외무대신에게 보고하고 있다.

결국, 고종과 민씨 일파는 장은규에게 속았고 거액의 거사자금은 장은규의 여관 사업 비용 등으로 날아간 셈이다. 당시 주한 일본 공사대리 다카히라 고고로高平小五郎는 본국 외상 이노우에井上馨에게 보낸 비밀 보고에서 장은규에 대해 다음과 같이 적고 있다.

장은규는 원래 평민에 불과했으나 그 누이가 국왕의 시녀였으므로 권문에 출입할 수 있게 되었다. 그 누이 장씨는 일찍이 민승호閔升鎬와 공모하여 대원군 세도를 탈취하는 데 공이 있었기에 궁녀 중에서도 자못 권세를 얻어 한때는 왕비와 침식을 같이할 정도로 친근했다.

그러나 장씨가 아들을 낳았기에 왕비의 미움을 사서 궁중에서 축출당해 은규의 형 홍규弘奎의 집에 퇴거하므로 그 이후에는 장은규도 이李[왕실], 민閔 양가에 대해 아무런 권세도 없게 되었다.

그는 본래 아무런 자산도 없는 미미한 인물이었으므로 자주 민가에 출입하여 공로를 세워보고자 힘쓰던 나머지 민응식이 평안도에서 귀경하여 집에 있는 것을 기화로 김옥균 살해의 건을 상의하니, 민응식은 민병석과 상의하여 국왕의 위임장을 조제하여 장은규를 다시 일본에 가게 했다.

그러나 이래 하등의 실질적인 공적이 없으므로……장은규는 민씨에 대해 면목 없게 되었고, 그 형 장홍규張弘奎는 포도청에 포박당하고 말았다.(《일본외교문서》 제19권, 569~571항)

【 엉터리 자객 제2호 】

민씨 일파는 장은규를 단념하고 김옥균 살해를 위한 두 번째 자객으로 지운영池運永을 선발하여 일본에 파견한다.

지운영은 한국 최초의 종두법 시행으로 유명한 지석영池錫永의 형이다. 중인 출신으로 화가인 지운영은 개화사상에도 일정의 이해를 하고 있었고 김옥균을 흠모하기도 했다. 지운영이 통리기무아문統理機務衙門의 주사로 근무하고 있을 때 김옥균은 참의로 그의 상사였다. 김옥균과 지운영의 그 같은 친분이 민씨 일파가 지운영을 자객으로 선발한 이유 중의 하나이기도 했다.

기무아문 주사로 근무 중 밀지를 받은 지운영은 1886년 2월 23일 인천을 출발하여 나가사키를 거쳐 고베에 도착한다. 그곳에서 김옥균을 살해하는 임무를 띠고 일본에 파견된 자객 전임자인 장은규를 만나, 김옥균에 대한 정보를 듣는다.

당시 일본 경찰은, 일본에 망명한 조선인들을 노려 본국에서 파견된 자객들에 대한 경계를 강화하고 있었다. 일본에 입국할 때 방일 목적을 병 치료를 위해서라고 적은 지운영은 일본 관헌의 의심을 받지 않기 위해 짐짓 일본의 3대 신궁 중의 하나인 이세伊勢 신궁에 가 참배하고 5엔을 헌금하기도 했다.

김옥균은 고베를 떠나 도쿄에 은거 중이었다. 도쿄에 도착한 지운영은 이세강伊勢勘 여관에 투숙하여 인근에 살고 있는 김옥균에게 편지를 보내 면담을 요청했다. 이 여관은 김옥균 등 조선인 망명자들이 자주 이용하는 곳이어서 지운영은 여관 종업원을 통해 김옥균의 주소를 알아낼 수 있었다.

두 사람은 과거 같이 근무한 적이 있었기에 도쿄까지 찾아와 한번 만나자고 하는 지운영의 제의에 김옥균이 응할 만도 했지만 김옥균은 서신을 보내 지운영의 면담 제의를 거절했다. 김옥균은 지운영이 자신을 노리는 자객임을 알고 있었다.

김옥균은 갑신정변의 동지들로 일본에 같이 망명해 있던 유혁로, 정난교, 신응희 등을 지운영에게 접근시켜 지운영이 자객임을 증명하는 증거를 잡도록 했다.

유혁로 등은 지운영을 만나 이국에서 떠돌고 있는 자신들의 신세를 한탄하면서 김옥균을 비난하는 등 김옥균에게 큰 불만이 있는 것처럼 위장했다. 지운영은 이들과 한 달여 동안 자주 만나면서 그들을 신뢰하고 동정심도 갖게 되었다.

그러던 어느 날 지운영은 그들에게 김옥균을 처치하면 망명자의 신세에서 벗어날 수 있다고 설득하면서 자신은 국왕의 밀지를 받들어 김옥균을 죽이기 위해 왔으므로 제군은 자신을 도우라고 본색을 드러냈다. 지운영은 그 증거로 다음과 같은 고종의 칙서를 보여주었다.

명여命汝로 특차도해포적사特差渡海捕賊使인 바 임시계획은 일임 편의요 위국사우爲國事務도 역위전권亦爲全權하니 물핍거행勿泛擧行할 사事(대군주모大君主寶)

발행 일자는 을유년 5월로 되어 있고 국왕의 옥쇄(大君主寶)까지 찍힌 이 칙서의 진위는 알 수 없으나, 어쨌든 '바다 건너의 역적을 체포하는 특명을 부여한다'고 되어 있다. 이 칙서에 따르면 지운영은 김옥균 살해에 대한 모든 권한을 위임받은 특명전권 자객이었다. 게다가 김옥균 살해에 성공한 자에겐 5천 엔을 지불한다는 지불보증서도 가지고 있었다. 지운영은 서울에서 품고 온 비수도 보여주었다.

유혁로 등 3인은 지운영을 포박한 뒤 구타, 위협해 가지고 있던 칙서와 비수 등을 빼앗았다. 김옥균은 이노우에 외상에게 다음과 같은 서신을 보내 사건의 전말을 알렸다

근일 조선 정부가 지운영이라는 자를 이 나라에 보내 도쿄 숙사에 투숙 중인 바 거동이 수상하므로 본인의 동지를 시켜 자세히 탐정해본즉 과연 본국의 명령을 받아 전권 자객으로 도래한 것이 틀림없을 뿐 아니라 자살刺殺의 위임장과 기타 칼, 서류 등의 충분한 증거까지 빼앗아 본인에게 보내져왔다. (《일본외교문서》 제19권, 555항)

김옥균은 이 서한과 함께 지운영으로부터 빼앗은 증거품을 동봉해 보내면서 일본 정부의 신변보호를 요청했다. 지운영은 이미 자객임이 탄로났는데도 불구하고 몸을 숨기지 않고 '과감히' 활동을 계속한다.

그는 요코하마橫浜 그랜드 호텔에 투숙 중인 김옥균을 추적하여 요코하마 거리를 배회하다가 신고를 받은 일본 경찰에 체포당하는(6월 10일) 신세가 되고 말았다. 그는 일본 경찰에 연행되자 곧바로 본국에서 김옥균 살해 밀령을 받고 왔다고 실토했다.

요코하마 공중원共衆園이란 시설에 수감당하는 신세가 된 지운영은 본국 정부에 보낸 전문(6월 21일자)에서 "역적 옥균을 살해하려던 계획이 노출되어 일본 정부의 추궁에 '왕명 위임장에 의해하려고 했다'고 답했으니 의당 우리 정부에 문의해야 할 터인데도 나를 먼저 감옥에 넣어 이런 욕을 당하고 있다. 하루빨리 풀려나게 해 귀국하도록 해달라."고 요청하고 있다.

참으로 한심한 자객이라고 할 수밖에 없다. 이처럼 당시 조선 정부는 제대로 임무를 수행하는 자객 하나도 보내지 못하는 수준이었다.

사학자 이선근李瑄根은 "지운영의 모든 행동이 얼빠진 아이나 다름없었고 따라서 이러한 인물을 전권 자객으로 선발 파견한 척신들의 소행도 실로 서글픈 일이라 아니할 수 없다."(《한국사韓國史》 최근세편, 을유문화사, 1961년, 931항)고 개탄하고 있다.

일본 경찰에 붙잡힌 지운영이 조사 결과 조선 정부의 관리임이 분명히 드러나자 일본은 지운영에게 퇴거명령을 내리는 한편 조선 정부로 하여금 소환명령을 내리게 했다. 그는 체포당한 지 불과 2주 후 풀려나 곧바로(6월 23일) 귀국한 뒤, 유배에 처해졌다. 일본 정부가 지운영에게 곧바로 퇴거명령을 내린 데는 노림수가 있었다.

일본을 등에 업고 갑신정변을 일으켰다가 실패하자 일본으로 망명한 김옥균 등은 일본 정부에는 귀찮고 골치 아픈, 천덕꾸러기 같은 존재였다.

당시 후쿠자와, 도야마 등 재야 인사들은 김옥균 등 개화파 망명자들을 지지, 후원해주고 있었으나 이토 총리, 이노우에 외상 등 정부의 고관들은 이들 망명자들을 달갑지 않게 생각하고 있었다.

일본 정부 측은 그동안 개화파에게 힘자라는 대로 지원할 테니 청나라의 속국에서 벗어나 자주독립국가를 만들기 위한 개혁을 하라고 선동, 고무했었다. 그러나 정변에 실패해 망명 온 그들은 귀찮고 성가신 나그네에 불과했다.

그러던 차에 터진 지운영사건을 일본 정부는 골치 아픈 김옥균 문제 처리의 호기로 삼았다. 조선 정부가 역적으로 규정해 처단하려는 김옥균을 계속 일본 내에 머물게 하며 안고 가는 것도 외교적으로 득이 안 된다고 판단한 일본 정부는 김옥균에게도 지운영과 마찬가지로 국외추방의 결정을 내렸다.

김옥균은 미국행을 결심하고 백방으로 여비를 주선해보았으나 여의치 않게 되었고, 결국 일본 정부와 약속한 도미 기일을 지키지 못한다.

【 옥균, 고도에 유배 】

　　　　　　　일본 정부는 1886년 8월 김옥균을 도
쿄에서 남쪽으로 1천 킬로미터나 떨어진 오가사하라小笠原라는 절
해고도로 강제 추방시켰다. 사실상의 유배였다. 조선으로부터 오
는 자객들의 공격으로부터 김옥균을 안전하게 보호·관리하는 효
과도 노렸다.

　김옥균은 아열대의 오가사하라군도에서 만 2년 동안 병마에
시달리며 이전보다 더욱 참담한 유배생활을 해야 했다. 미국에
보내줄 것을 요청했지만 일본 정부는 묵살했다.

　김옥균은 고온 다습한 오가사하라에서의 풍토병으로 생긴 위
장병 등의 신병 치료를 위해 다른 곳으로 옮겨줄 것을 몇 차례나
일본 정부에 호소했다. 그러자 겨울에는 혹한인 홋카이도北海道로
옮겨져(1888년 8월), 다시 1년 8개월간 유배와 같은 생활을 한다.

김옥균은 1890년 4월, 겨우 유배생활에서 풀려나 자유로운 행동을 하게 되었으나 역시 비참하고, 신산한 망명생활이었다. 그가 홋카이도에서 도쿄에 도착했을 때 평소 김옥균을 존경해 왔던 스나가는 우에노上野역으로 마중 나가 첫 대면을 하고, 그 후 사노의 자신의 집으로 초대하여 김옥균은 한동안 광대한 스나가의 저택에 머문다. 스나가는 김옥균이 거처한 건물을 '김옥균 거실金玉均居室'이라고 명명했다.

풀려난 김옥균이 일본의 유지들과 귀국하여 조선 내의 반대 세력들과 손잡고 재기를 도모한다는 '김옥균 귀국설'과, 대원군이 김옥균과 손잡고 민씨 정권을 전복시키려 한다는 설이 일본 신문을 통해 국내에 유포되었다. 민씨 일파는 그 같은 설에 크게 놀랐다. 앞서 김옥균을 노려 두 차례나 자객을 보냈으나 실패했던 민씨 일파는 다시 자객들을 밀파한다.

이번 자객의 두목은 이일직李逸稙이다. 서울 출신으로 진사에 급제한 경력을 가진 이는 당시 34세로, 민씨 일파의 거물 병조판서 민영소閔泳韶로부터 "갑신 당년의 역적으로 일본에 망명 중인 도배를 주벌誅伐함은 국왕의 내유內諭이니 적의한 수단으로 이를 수행해보라."는 지령을 받았다. 이일직은 1892년 5월 초 도쿄에 도착했다.

암살 대상은 김옥균, 박영효 등이다. 이때 이일직과 함께 자객 3명이 같이 파견되지만 무슨 일인지는 알 수 없으나 3인은 곧바로 귀국한다.

이일직은 앞서 김옥균을 암살하기 위해 파견되었던 엉터리 자객들과는 달랐다. 이일직은 도일 이후 미곡업자로 위장하여 도쿄, 오사카 등지를 배회하면서 김옥균 등을 처치하려고 호시탐탐 기회를 엿보고 있었다. 그러나 행동은 매우 신중했다. 이일직은 일본 내에서 암살할 경우 발생할 복잡한 외교 문제를 생각했던 것 같다. 그리고 혼자 힘으론 '거사' 하기가 어렵다고 판단했다.

김옥균 주변엔 갑신정변 이후 같이 망명 온 정난교 등이 주변을 지키고 있었고 박영효도 도쿄에서 '친린의숙親隣義塾'이란 서당을 운영하고 있어 주변에 사람들이 많아, 이들의 목숨을 노리는 것은 쉽지 않은 상태였다.

이일직은 오사카에서 오미와 초헤이大三輪長兵衛와 만났다. 오미와는 조선 정부의 고문으로 화폐제도 문제 등에 깊숙이 관계하고 있는 '오사카고주하치은행大阪五八銀行'의 두취頭取[행장]였다.

오사카에서 이일직은 김옥균에 관한 정보를 얻고 조선어에 능통한 가와쿠보 츠네요시河久保常吉를 포섭한다. 이때 역시 자객으로 일본에 파견된 권동수權東壽, 재수在壽 형제와도 연락이 닿았다. 셋은 김옥균에 접근하는 방법을 궁리한 끝에 우선 박영효에의 접근을 시도하기로 했다.

당시 박영효는 조선인 아동들을 교육시켜 개화파 세력을 육성시킨다는 취지에서 교육사업인 친린의숙을 시작했지만 자금난에

한국인 최초의 프랑스 유학생으로
김옥균을 암살한 홍종우.

허덕이고 있었다. 이일직은 이 점을 노리고 박영효에게 자금 지
원을 약속하여 신용을 얻는다.

이일직은 박영효에게 자신이 중국과의 무역 등으로 큰돈을 벌
었고, 심지어는 복권에 당첨되었다고도 했다.

이때(1893년 7월 말) 프랑스 유학을 끝내고 귀국하던 홍종우洪鍾宇
가 일본에 들러 이일직과 만나게 된다. 김옥균에게는 치명적이
된, 운명적인 만남이다.

홍종우는 서울 출생(1854년생)의 몰락한 양반 출신으로 이렇다
할 관직에 나가지 못했다. 뒤에 군부대신이 되는 조희연의 집에
얹혀 몇 년간 식객노릇을 하던 그는 1888년, 일본으로 건너가 오

사카에서 〈오사카아사히신문〉 식자공 등을 하며 일본말을 익혔다. 그는 도쿄제국대학에서 프랑스어를 가르치던 프랑스인 선교사의 소개로 프랑스 유학길에 오른다.

1890년 12월 말 파리에 도착한 홍종우는 조선 최초의 프랑스 유학생으로, 키메박물관의 연구 보조원 등으로 약 2년 8개월간 체재했다. 그는 《춘향전》,《심청전》 등 조선 고전의 프랑스어 번역작업에 관여하고, 후일 그 책들이 출판되는 등 조선문화를 처음 프랑스에 소개하는 데 기여한 공적이 있다.

귀국길에 일본에 도착한 홍종우는 당장 돈이 필요했다. 이일직은 홍종우에게 우선 용돈을 대어주고 김옥균 암살 성사 후의 관직 등을 미끼로 유인한다. 홍종우는 이일직이 왕명을 받고 김옥균 암살을 추진 중이라고 믿고 암살계획에 동참한다. 1893년 겨울, 이일직과 홍종우 간에 김옥균 암살에 대해 구체적인 합의가 이루어졌다.

이일직은 홍종우를 데리고 박영효에게 가서 홍종우를 괜찮은 사람이라고 소개하면서 그를 박영효가 하고 있는 교육사업에 한번 써보라고 권한다. 이일직은 또 연줄을 찾아 김옥균에게 접근하여 조선의 국정 운영에 대해 짐짓 강한 불만을 토로했다.

이일직은 김옥균과 몇 번 만나면서 김옥균이 청의 실력자인 북양北洋대신 리훙장李鴻章(1823~1901년)과 만나고 싶어한다는 사실을 알았다.

【옥균, 만류에 '호랑이 굴' 고집】

　　　　　　　　김옥균은 당시 10년째로 접어든 일본
망명생활에 지쳐 있었다. 일본 지인들의 도움과 휘호를 써 겨우
생활하는 어려운 나날이었고 수구파가 장악하고 있는 조선의 정
세는 변화의 조짐이 없었다.

　무언가 돌파구가 필요했다. 김옥균은 중국으로 건너가 동아시
아 정세에 막강한 영향력을 행사하는 리홍장과 만나 조선문제를
비롯한 동아시아 현안에 대해 논의하고 싶었다.

　김옥균은 주일본 청국 공사로 재직 중이던 리징팡李經方(리홍장
의 동생의 아들로 리홍장의 양자)과는 가끔 만나 시국을 논의하던 사이
였다. 김옥균은 리징팡을 통해 리홍장과의 면담 의사를 타진하고
있었다. 리홍장이 김옥균을 만나줄지 여부는 알 수 없지만 어쨌
든 김옥균은 중국으로 건너갈 마음을 굳힌다.

김옥균 암살을 주도하는 이일직은 주일 청국 공사관에 대한 공작을 시작했다.

주일 청국 공사관도 이미 리징팡이 주일 공사로 근무할 때 김옥균을 중국으로 불러낼 계획을 세우고 있었다. 조선과 청국, 양쪽 정부의 의사가 맞아떨어졌기에 리징팡을 통한 김옥균의 중국행이 은밀히 추진되었다. 이 무렵 주일 공사에서 물러나 귀국한 리징팡으로부터 중국으로 초청하는 편지가 주일 청국 공사관을 통해 김옥균에게 전달된다.

1984년 2월 6일은 음력으로 정월 초하루로 조선과 중국의 설날이었다. 김옥균은 주일 청국 공사관에 인사차 들른 뒤 돌아가는 길에 일본 외무차관 관사에 들렀다. 당시 외무차관이었던 하야시 다다스林董에게 김옥균은 리징팡으로부터 상하이上海에서 만나자는 연락이 와서 곧 중국에 가려고 한다고 했다.

하야시가 중국은 김옥균을 조선에 넘기려고 할지도 모른다며 "상하이행은 위험하다."고 하자 김은 "상하이는 중국이기는 하지만 중립지대이므로 위험하지 않다."고 답했다.

이에 하야시가 "중립지란 각 외국인이 자국의 법률의 보호를 받는 것을 말하나 지금 당신이 그곳에 가면 일본의 보호를 받는 것과는 다르다."라고 강조했다. 김은 국내 여행 중인 후쿠자와를 오사카에서 만나 의견을 들어보겠다고 말했다.

하야시의 자서전에 따르면, 리훙장은 김옥균에 대해 "그자 약간의 재주는 있으나 그로 인해 그 몸을 죽음에 이르게 하기에 족하다."라고 평했다고 한다.

이 무렵(1894년 2월 초순), 이일직은 김옥균에게 홍종우를 소개한다. 이일직은 청국 공사로부터 김옥균 앞으로 편지가 왔다는 사실을 전해 듣는다. 이와 홍은 김을 상하이에 유인키로 하고 그 계획을 진행시킨다.

홍종우는 김옥균에게 프랑스에서의 경험을 얘기하면서 조선의 현실을 개탄하고 개화정책을 추진하는 것만이 조선이 살아남을 수 있는 길이라고 역설했다. 김옥균의 환심을 사기 위해 일부러 자신도 개화파와 같은 생각임을 애써 강조한 것이다.

홍은 그 뒤에도 한두 번 더 김옥균과 만나고 있다. 그리고 어느 때인가 이일직과 홍종우는 김옥균과 함께 친목을 돈독히 하기 위해서라며 기념사진까지 찍는다. 장소는 김옥균이 잘 들르던 '가이수이요쿠海水浴'라는 도쿄만 시바우라芝浦에 있는 여관 겸 요릿집이었다.

그 사진은 이일직 등 자객들의 공작이 주효하고 있다는 증거이기도 하고, 오랜 망명생활에 지친 김옥균의 경계, 주의력이 해이해지고 있다는 반증이기도 하다.

그러던 어느 날 김옥균은 이일직에게 청국에 가고 싶으나 돈이 없다고 본심을 털어놓았다. 김옥균이 드디어 덫에 걸려든다고 판단한 이일직은 내심 쾌재를 부르며 돈 문제는 자신에게 맡기고,

당신은 리훙장을 만나고 오라고, 영걸은 영걸을 알아주지 않겠느냐고 꼬드겼다. 그러면서 상하이의 '톈펑인좡天豊銀莊'이란 은행의 어음 5천 엔을 가지고 있는데 홍종우를 자기 대신 데려가 돈을 찾고, 그 돈을 마음대로 쓰라고 제의한다.

망명생활에 지쳐 탈출구를 찾고 있던 김옥균이 자객 두목 이일직이 던진 달콤한 제의를 받아들임으로써, 일은 이일직 등이 꾸민 방향으로 착착 진행되어간다.

1894년 3월 9일, 김옥균은 상하이로 가기 위해 도쿄 유락쿠쵸有樂町의 집을 나와 주일 청국 공사 왕펑차오汪鳳藻와 저녁을 함께 한 뒤 도쿄 시나가와品川역에서 야간열차로 오사카로 향한다

동행자는 주일 청국 공사관의 통역관 우바오런吳葆仁, 김옥균이 오가사와라 섬으로 유배 가 동네 아이들을 모아 가르칠 때 이래로 김옥균을 조선말로 '아버지'라고 부르며 따르는 청년 와다엔지로和田延次郎, 그리고 나가사키 출신의 사진사로 서울에서 사진업을 했고 평소 김옥균을 흠모했던 가이 군지甲斐軍治 등 3명이었다. 와다는 김옥균의 시중을 드는 한편 경호 역할을 겸하고 있었다.

김옥균은 열차에서 기다리고 있던 일본 우익의 거물 도야마와 합석했다. 도야마는 당시 일본에 망명해 있던 김옥균을 비롯하여 쑨원孫文, 양치차오楊啓超 등 조선과 중국에서 온 망명객들의 뒤를 돌보아주고 있던 인물이었다.

열차 안에서 도야마가 상하이행의 이유를 묻자 김옥균은 웃으면서 "호랑이 굴에 들어가지 않고 어떻게 호랑이 새끼를 잡겠느냐."고 반문했다.

김옥균은 그동안 위험하다며 중국행을 만류하는 일본 지인들에게 입버릇처럼 이 '호랑이 굴' 비유로 답하고 있었다. 그해 2월 김옥균이 후쿠자와가 묵고 있던 도쿄 인근의 휴양지 하코네箱根로 찾아갔을 때 후쿠자와는 중국행을 상의하는 김옥균에게 위험하다며 만류했다. 그때의 대답도 이 '호랑이 굴' 운운이었다.

3월 10일 오사카에 도착한 김옥균은 여인숙에 숙소를 잡아놓고 중국 입국 절차를 밟으면서 도쿄에서 즐겨 치던 당구도 치고 골동품점 등에 들러 중국에 가지고 갈 선물도 샀다. 도야마가 머물고 있는 오사카의 여관에 들러 바둑을 두기도 했다. 도야마는 리홍장에게 전해달라며 교토의 명품으로 유명한 산조三條 일본도를 김옥균에게 전했다.

김옥균은 오사카 근교의 야마토大和에도 들렀다. 김옥균은 일본에 망명 온 직후인 1885년 간사이 지방에 장기간 머물 때 야마토의 히가시히라노초東平野町에 살고 있는 야마구치 신타로라는 사람의 집에 잠시 기거한 적이 있었다. 그때 야마구치의 어머니(나미)와 관계를 맺어 다음 해 사내아이가 태어났다.

김옥균이 이때 야마토를 찾은 것은 아마도 그 사내아이를 보기 위해서였던 것으로 보인다. 전술했듯이 김옥균은 일본 여인들에

게도 인기가 있었다. 이 여인뿐만 아니라 그가 머문 일본 곳곳의 여관의 안주인 등 여러 여인들과 염문을 뿌렸다. 당시 일본에선 축첩이 사회문제가 되고 있었지만, 일본 조야의 지도층 인사들은 김옥균 등 조선이나 중국에서 망명 온 인사들의 여성문제엔 비교적 관대했다. 당시 중국에서 일본에 망명해 있던 쑨원도 일본인 첩(아사다 하루淺田ハル)을 데리고 살고 있었다는 기록(《요시찰거동》, 1901년 7월 5일자)이 있다.

3월 21일, 김옥균은 이일직이 일본인 첩과 살고 있는 오사카 근교의, 그의 집으로 찾아가 밀담을 나눈다. 이 자리에는 권동수, 재수 형제도 동석했다. 김옥균은 아마도 이일직으로부터 여비조로 돈을 받았던 것으로 보인다. 이날 김옥균은 오사카로 돌아와 의류가게에서 약 7엔어치의 옷가지를 사고, 양복점에서 약 20엔 하는 양복도 구입했다.

김옥균 일행은 22일 오사카를 출발, 저녁 무렵 고베에 도착하여 해안 근처의 니시무라西村 여관으로 숙소를 정한다. 이 여관은 앞서 자객 지운영이 조선으로 호송될 때, 또 홍종우가 프랑스에서 귀국하는 길에 일본에 들렀을 때 투숙하는 등, 김옥균과 관련이 있는 조선 사람들 다수가 묵었던 곳이기도 하다.

김옥균 일행이 출국 수속을 위해 잠시 여관을 나간 사이 오사카에서 홍종우가 여관으로 찾아왔다. 그는 여관 주인에게 은화 얼마를 꺼내 금화로 바꾸어 달라고 부탁한 뒤 다시 지폐를 주면서 상하이 왕복 상등석 배표 3매와 중등석(와다용의) 1매를 구입해 달라고 했다.

일행과 함께 여관으로 돌아온 김옥균은 스스로 붓을 들어 투숙객 명부에 일행의 이름을 쓰면서 자신의 이름을 '이와다 상와岩田三和'라고 적는다. 평소 조선, 중국, 일본의 동양 삼국의 관계는 평등하며 삼국이 힘을 합쳐 서구세력의 침략을 막아야 한다는 지론('삼화주의三和主義')을 가지고 있던 그는 일본식 이름으로 '이와다 슈사쿠岩田周作'과 함께 이 '이와다 상와岩田三和'도 쓰고 있었다. 김옥균은 대체적으로 '이와다 슈사쿠岩田周作'를 사용했으나 이날은 동아시아 문제를 논의하기 위해 중국으로 출발하기 전인 만큼 특별히 '삼화三和'란 의미를 살려 이 이름을 썼던 것 같다.

3월 23일 새벽 4시경, 고베항 부두. 이른 아침이었지만 김옥균 일행을 태우고 상하이로 출발하는 여객선 사이쿄마루西京丸를 지켜보는 일단의 사나이들이 있었다. 이일직 등 자객단이었다. 김옥균 일행의 상하이행을 확인하기 위한 배웅이었다.

【홍종우, 옥균에게 세 발 발사】

사이쿄마루가 나가사키 항에 하룻밤 정박한 뒤 상하이를 향해 출발하자, 김옥균은 배 안에서 주로 이 배의 마쓰모토松本良吉 사무장 방에서 자고, 머무는 등 홍종우에 대해 크게 경계했다. 경호 역의 와다에게도 홍종우에 대한 감시를 게을리하지 말라고 일렀다. 김옥균 일행을 태운 사이쿄마루는 3월 27일 오후 5시 상하이에 도착했다.

홍종우는 일본을 출발하기 전 자객 두목 이일직으로부터 김옥균 암살에 대해 다음과 같은 지시를 받고 있었다.

상하이에 밤에 도착하는 경우 동화양행同和洋行이란 호텔에 가는 도중 뒤에서 습격하여 머리를 베고 도망하라. 만약 배가 낮에 닿을 경우는 호텔에 도착한 뒤 3층이면 피스톨로 쏜 뒤 머리와 손발을 절단, 가방에 넣어 도망하라. 2층이면 단도로 찔러 처치하라.

그때 홍종우는 "호텔로 가는 도중에 처치하는 것은 곤란하다."
고 말했다. 이일직은 홍종우에게 "그렇다면 때와 장소를 봐 처치
하라. 만약 실패하면 대신 네놈의 목을 딸 것"이라고 위협했다.
상하이에 도착하자마자 암살을 서두르라는 이일직에 비해 실행
역인 홍종우가 오히려 침착했다.

김옥균 일행은 미국 조계 지역 안에 있는, 일본인이 경영하는
호텔 동화양행에 숙소를 정했다. 당시 상하이의 외국 조계는 영
미불 3개국이 분할하고 있었는데 이 가운데 영국과 미국이 공동
조계를 형성하고 있었다. 동화양행은 외벽이 벽돌로 된 3층 양옥
으로 일본인이 많이 투숙하는 호텔이었다.

홍종우는 상하이에 도착한 뒤 부두에서 호텔로 가는 인력거 안
에서 이일직에게 말한, 호텔에 가는 도중에 처치하는 것은 곤란
하다는 자신의 판단이 옳았다고 생각했을 것이다. 해가 지기 전
인 그 시간대는 통행인들이 많았기에 길이나 인력거 안에서 암살
을 결행하는 것은 어려웠기 때문이다.

김옥균은 동화양행에 도착한 뒤 일본인 호텔 주인에게 자신의
본명을 알리고 보호를 요청했다. 중국인이나 조선인이 찾아와도
절대로 자신이 김옥균임을 알리지 말 것과 자신의 방을, 홍종우
와 통역관(우바오런)과는 별실로 해줄 것을 부탁했다.

이미 상하이 일본 영사관으로부터 김옥균에 대한 동태 감시를 부탁받은 호텔 주인은 방을 김옥균이 원하는 대로 배정했다. 김과 와다는 2층의 1호실로, 홍은 3호실, 통역관 우는 4호실에 들었다.

저녁식사를 마쳤을 무렵 상하이에서 중학교 영어교사로 재직하고 있던 윤치호가 김옥균을 만나러 찾아왔다. 상하이 부두에 도착했을 때 김옥균은 통역관 우를 통해 윤치호에게 만나자는 연락을 취해놓았었다.

윤치호는 갑신정변에는 직접 관여하지 않았으나 김옥균의 주장에 공감했던 터였다. 일방적인 내각명단 발표였지만 김옥균은 갑신정변 '삼일천하' 때 윤치호의 아버지 윤웅렬尹雄烈을 법조판서에 올려놓았다. 윤치호는 김옥균과 만난 그날 일기(원문은 영어)에 다음과 같이 적고 있다.

저녁을 마친 뒤 호텔로 가 김옥균 씨와 전에 내가 토쿄에서 만난 적이 있는 홍종우 씨 등과 오랜만에 만났다 김옥균 씨는 리훙장의 아들의 초대로 중국에 왔다고 말했다. 후쿠자와 씨와 고토後藤 씨가 각각 여비로 천 엔씩을 김옥균 씨에게 보냈고 오사카에서 만난 이세식李世植(이일직李逸稙의 오기) 씨가 일행의 여비로 600달러를 냈다고 했다. 또, 이 씨가 예금하고 있는 중국은행에서 5천 달러를 찾기 위해 김옥균 씨와 홍 씨를 보내 그 5천 달러 중 2천 달러를 김옥균 씨에게 주고 나머지는 홍 씨를 통해 이 씨에게 보내기로 되어 있다고 말했다.

　내가 홍 씨는 간첩으로 왔을지도 모른다고 하니까 김옥균 씨는 그렇지만 홍종우는 간첩행위를 할 필요가 없을 거요. 그는 뭐든지 다 알고 있으니까, 했다. 그러나 나는 그 사람을 믿지 않소, 라고 말했다.(《윤치호 일기尹致昊日記》, 1984년 3월 27일자)

　다음 날(3월 28일) 아침식사 후 김옥균은 홍종우에게 중국은행에 가서 돈을 찾아오라고 이야기한다. 홍종우는 상하이 시내 둥창먼東昌門에 있다는 은행에 간다며 나간 뒤 한참 후 돌아와서는 은행 지배인이 부재중이어서 돈을 찾지 못해 내일 다시 오라는 말을 듣고 왔다고 했다.

　이일직이 홍종우 편에 보낸 5천 엔짜리 어음은 가짜였다. 그리고 훗날의 보도에 따르면 상하이에 그런 은행도 없었다고 한다. 가짜어음 건이 들통 나는 것은 시간 문제였다. 홍종우는 결행을 서두른다. 점심시간에 홍종우는 양복을 조선옷으로 갈아입고 식탁에 앉았다.

　홍종우가 입은 그 조선옷은 이일직이 피스톨, 단도와 함께 준 것이었다. 피스톨은 이일직이 조선에서 일본에 갈 때 가지고 간 것으로, 홍은 이일직으로부터 피스톨을 받아 짐 속에 숨겨 상하이에 가지고 왔다. 그 조선옷은 이일직이 피스톨을 숨기게 좋게 만들어놓은 것이었다.

김옥균은 오후 2시경 상하이 조계를 둘러보고 싶다며 통역관 우에게 마차를 준비시켜 놓으라고 부탁하는 한편 일행이 입고 다닐 중국옷을 사 달라고 했다. 우가 옷을 사러 나간 뒤 김옥균은 조금 피곤하다며 자기 방으로 들어가 침대에 누웠다. 일본에서 출발하기 전 이누카이大養毅에게서 빌려온 《자치통감資治通鑑》을 읽기 시작했다. 이때 홍종우는 자기 방에서 신경을 곤두세운 채 각 방의 움직임을 살피고 있었다.

잠시 후 마차가 왔다는 전갈이 왔다. 김옥균은 홍의 방에 있던 와다를 불러 같이 조계를 구경하기로 한 사이쿄마루의 마쓰모토 사무장에게 마차가 왔다고 연락하라고 했다. 김옥균은 다시 책을 읽다가 며칠간 배를 타고 온 피곤함 등으로 스르르 잠이 들었다.

와다가 김옥균의 지시를 받고 1층으로 내려가는 그 순간을 노려 홍종우는 소리 없이 김옥균의 방으로 들어섰다. 홍은 피스톨을 뽑아 김옥균의 머리를 향해 방아쇠를 당겼다. 첫 발은 왼쪽 볼을 뚫고 들어가 머리에 박혔다. 김옥균이 쓰러지지 않고 일어났다. 홍은 다시 한 발을 옆구리에 발사했다. 김옥균은 두 발을 맞았으나 방 밖으로 나가려고 했다. 홍은 다시 등 뒤에서 한 발을 쏘았다. 이는 왼쪽 어깨를 관통했다.

1층 프런트에서 호텔 종업원에게 말을 건네고 있던 와다는 총성을 들었다. 그러나 때마침 호텔 주변에서 열리고 있던 폭죽놀이에서 폭죽을 터뜨리는 소리로 착각했고, 다른 투숙객들도 그렇게 잘못 들었다.

그때 홍종우가 당황한 기색으로 황급히 계단을 뛰어 내려와, 와다를 밀치고는 호텔 문밖으로 뛰쳐나갔다. 와다는 김옥균에게 무언가 변고가 있음을 알아차리고 홍의 뒤를 쫓아갔다. 그러나 홍은 이미 인파 속으로 자취를 감추어버렸다.

와다가 호텔로 돌아와 2층으로 급히 뛰어 올라가니 2층 8호실에 묵고 있던, 김옥균 일행과 일본에서 같은 배를 타고 온 시마자키島崎好忠 일본 해군 대좌[대령]가 큰 소리로 "김옥균이 총에 맞았어!"라고 외치고 있었다.

김옥균은 8호실 앞까지 기어 나와 쓰러져 있었다. 와다가 끌어안고 있는 힘을 다해 "아버지"라고 울부짖었다. 김옥균은 그 소리를 들었는지 "음" 외마디를 내뱉곤 엄청난 양의 피를 토하며 숨을 거두었다. 그 피는 2홉 가까운 양이었다고 한다.

향년 44세, 일세를 풍미한 풍운아답게 그의 최후는 선혈로 물들었다. 근대국가, 자주독립국가를 세워보려던 그의 꿈은 그렇게, 일장춘몽으로 끝났다.

【 홍종우, 개선장군처럼 귀국 】

　　　　　　국내외의 김옥균과 관련한 저술은 수
십 종에 이른다. 그 가운데 발군의 역저는, 재일 사학가 금병동琴
秉洞(1927년~)의 《김옥균과 일본－체일의 궤적, 金玉均と 日本－滯日の
軌跡》(료쿠인쇼보綠蔭書房, 1991년, 이하 《김옥균과 일본》)이라고 필자는
생각한다.

　그는 수많은 자료를 발굴하고, 현장을 확인하여 김옥균과 일본
관계 등을 집대성(총 1천25항)한 이 저술에서 김옥균의 암살은 '조
선, 일본, 중국 삼국 공동의 정치적 모살'이라고 단정하고, 암살
후 김옥균의 시신 처리와 범인 홍종우의 처리에서도 삼국 정부는
공동 보조를 취하고 있다고 지적한다.

　즉 암살 후 와다는 김옥균의 시신을 상하이 주재 일본 영사관
의 양해를 얻어 3월 31일 일본으로 출발하는 사이쿄마루에 싣고

일본에 옮겨 가기로 했다. 그러나 30일 밤 일본 영사관은 돌연 시신의 일본 운송을 제지했고, 배에 실어 놓은 김옥균의 시신이 없어져버렸다. 공동 조계의 경찰이 와 조계 내 경찰서로 가지고 가버린 것이다.

청국 정부가 조선 정부에 시신을 보내 주기 위해 일본 영사관에 시신을 일본으로 가져가지 말 것을 요청했고, 일본에 옮길 경우 예상되는 조선 정부와의 외교 분쟁 등을 염려한 일본 정부도 중국 정부의 요구에 순순히 응한 것이다. 암살 현장에서 도망친 홍종우는 상하이 근교 농가에 숨어 있다가 조계 관헌에 붙잡혔다.

청국 정부는 범인 홍종우를 처벌하기는커녕 김옥균 일파의 혹시 있을지도 모르는 기습에 대비한다며 상하이 모처에 은밀히 거처를 만들어 호위병 4명을 붙여 경호하는 한편 숙식 등도 최상급으로 대우해 주었다.

청국과 일본 정부로부터 김옥균 암살 소식이 서울에 전해진 것은 3월 29일. 고종과 민씨 일파는 크게 기뻐하면서 다음 날인 3월 30일 오전 청국의 조선주차 총리 교섭통상사의(朝鮮駐箚總理交涉通商事宜) 위안스카이袁世凱(1859~1916년)와 일본 공사 오토리大鳥圭介에게 외부의 고관을 각각 보내 심심한 사의를 표한다.

그날 따로 일본 공사관으로 가서 오토리를 만난 민영준은 "김옥균을 덕분에 처단하게 되어 정말로 감사하게 생각한다."(〈도쿄아사히신문東京朝日新聞〉, 1894년 4월 13일자)고 인사했다.

조선 정부는 톈진天津 주재관 서상교徐相喬를 리훙장에게 보내 김옥균의 시신 처리와 홍종우 처리 문제 등을 상의케 한 다음 곧바로 서상교를 상하이로 보내 홍종우의 신병과 김옥균의 시신을 인수케 했다.

리훙장은 조선 정부의 비위를 맞추려는 듯 신속히 청국 군함 웨이징호威靖號를 준비하도록 지시했고, 웨이징호는 4월 7일 아침 김옥균의 시신과 홍종우를 싣고 상하이를 출발하여 조선으로 향했다.

고종은 홍종우가 외국으로 나가기 전 수년간 식객노릇을 하는 등 친분이 있었던 조희연에게 의금부 도사 3명과 포수 30명을 지휘하여 인천으로 홍종우를 마중 나가도록 명했다. 4월 12일 낮 인천에 도착한 웨이징호에서 김옥균의 시신과 홍종우를 인수받은 조선 선박 한양호는 한강을 거슬러 올라와 4월 13일 오후 현재의 서울 마포구 합정동 양화대교 북단 한강 기슭인 양화진楊花津에 도착했다.

양화진에서 대기하고 있던 병사 20여 명이 배에 올라 김옥균의 관을 내렸다. 그 관은 홍종우가 배 안에서 쓴 '대역부도옥균大逆不道玉均'이라는 깃발과 함께 한강 인근의 농가를 개조한 창고에 보관되었고, 20여 명의 병사가 엄중하게 경비한다.

홍종우는 그대로 한양호를 타고 용산까지 올라갔다. 배에서 내린 그는 가마에 올라 의금부 포교 20명과 병사 6명이 전후좌우를 호위하는 가운데 남대문을 통해 서울에 입성, 조희연의 집을 숙소로 정했다. 민씨 정권의 오랜 숙원이던 김옥균을 살해한 공로로, 홍종우는 마치 개선장군과 같은 대우를 받으며 귀국한 것이다.

당시 서울에는 민씨 정권이 김옥균의 시신에 대해 극형에 처할 것이란 소문이 널리 퍼지고 있었다. 서울에 주재하는 각국 공사들은 연명으로 조선 정부에 시신에 대한 극형을 삼가해달라는 요청을 하기로 의견을 모았다.

조선 정부 안에서 김옥균의 시신을 어떻게 할 것인가를 논의할 때 대부분의 대신들이 극형을 가해야 한다고 상소했다. 후일 친일내각의 총리를 세 번 역임하는 판중추부사 김홍집金弘集만이 유일하게 이미 죽은 만큼 그냥 매장하는 것이 온당하다고 주장한 것이 이채롭다.

그러나 민씨 일파가 좌지우지하는 조선 정부의 논의 결과는 뻔했다. 김옥균의 죄는 대명률大明律에 있는 모반대역부도율謀反大逆不道律에 해당한다며 능지처참으로 결론이 났고, 고종에게 건의하자 곧바로 재가가 났다.

4월 14일 의금부 도사의 입회하에 김옥균 시신의 목과 양팔, 양다리, 몸통을 각각 절단하는 형이 거행되었다.

謀反大逆不道罪人玉均當日楊花津頭不待時凌遲處斬 (모반, 대역부도의 죄인 옥균은 당일, 양화진두에서 때를 기다리지 않고 능지처참하다)란 포고문이 게시되었고, 배 안에서 관과 함께 내린, 홍종우가 쓴

위 홍종우가 쓴 '대역부도옥균'이라는 깃발과 함께 능지처참하여 양화진(현 양화대교 북단 부근) 처형지에 내걸린 김옥균의 시신.
아래 도쿄東京 아오야마靑山 묘지에 있는 김옥균의 묘비.

'대역부도옥균大逆不道玉均' 이란 깃발이 내걸렸다. 목과 팔다리는 장대에 매달아 사흘간 형장에 그대로 두었다. 효수梟首형이었다.

'대역부도옥균大逆不道玉均' 이란 깃발이 걸린 김옥균의 효수 사진 한 장이 전해 내려오고 있다. 이 사진은 당시 서울에 거주하던 일본인이 찍은 것으로 알려져 있으나 누가 찍었는지는 불명이다.

효수는 3일간 처해져 그 사이 서울에 살고 있는 많은 일본인들도 구경하러 갔다. 그중에는 김옥균의 유품을 기념으로 하기 위해 머리칼 몇 올을 종이에 싸서 가지고 간다든지, 옷의 일부를 뜯어 간다든지 하는 자들도 있었다.

4월 17일 오전, 효수가 끝난 뒤 몸통은 한강에 던져졌고 목은 경기도 죽산군(지금의 안성시 및 용인시 일부)의 야산에 버려졌다. 그 야산은 조선 왕조 대대로 역적들의 시신을 버렸던 곳이라고 한다.

사지와 수족은 각 1개씩을 묶어 전국 8도에 보내고 장대에 달아 백성들에게 보인 뒤 거두어들여 역시 목을 버린 죽산에 버려졌다. 흙에 묻는 것이 아니라 들짐승과 새들의 먹이가 되게 방치되었다.

10년간에 걸친 민씨 일파의 개화파에 대한 집요한 정치 보복은 일부이지만 그 목적을 달성한 셈이다. 박정희朴正熙 정권은 1970년대 미국에 망명한 전 중앙정보부장 김형욱金炯旭이 반유신활동과 박정희에 대한 인신공격을 계속하자 중정 요원으로 하여금 파리에서 그를 유인해 살해하게 한 것으로 드러나고 있다. 김옥균과 김형욱이 망명한 이유나 당시 정권으로부터 미움을 받은 이유는 전혀 다르다.

그러나 권력에 고분고분하게 순종치 않고 반항하거나, 전복시키려는 것을 왕조에선 역린逆鱗, 반역이라 했고 현대에선 반정부 활동, 쿠데타라고 하지만 전제專制왕권이나 독재정권이 결코 용서치 않는 속성은 닮아 있다.

김옥균은 신언서판身言書判을 두루 갖춘, 다재다능한 인물이었다. 갑신정변을 같이 주도한 박영효는 "김옥균의 장처는 교유요, 교유가 정말 능하오. 글 잘하고 말 잘하고 시, 문, 서, 화 다 잘하오."라고 평한다. 성격 또한 호탕하여 주변에 항상 많은 사람들이 모여들었다고 한다.

김옥균의 묘는 모발 등을 묻은 것이지만 일본 도쿄에 두 군데, 한국에 한 군데(충남 아산) 있다. 도쿄 도심의 아오야마 묘지엔 김옥균이 효수되었을 때 그의 머리카락과 의복 일부를 당시 서울에 거주하던 일본인이 도쿄로 가져가 그것을 유해로 간주하여, 그의 일본 지인들이 세워준 묘가 있다.

당시 일본 신문은 김옥균 암살사건을 보도하면서 반청, 반조선 감정을 부추겼다. 도쿄의 신문사 17개사는 연명으로 '김씨추도의금金氏追悼義金'을 모금하기도 했다.

김옥균 사후 10년을 맞아 1904년 3월 그의 양자 김영진金英鎭이 김옥균의 일본 지인 도야마, 이누가이 등의 도움을 받아 그의 묘 옆에 비를 세웠다.

도쿄의 지하철 오에도선大江戶線 아오야마 잇초메靑山一丁目역에
내려 아오야마 영원靑山靈園의 외국인 묘역에 있는 김옥균의 묘를
찾아가보았다.

높이 약 3미터, 두께 약 15센티미터, 폭 약 1미터의 비석엔 다
음과 같이 시작하는 장문(982자)의 비문이 적혀 있다.

嗚呼抱非常之才, 遇非常之時, 無非常之功, 有非常之死, 天之生
金公若是己耶…

오호라, 비상한 재능을 갖고 비상한 때를 만나 비상한 공은 없이 비상한
죽음만 있으니 하늘이 김 공을 낳은 것은 이뿐이란 말인가.

당시 일본에 망명 중이던 박영효가 짓고 대원군 손자 이준용이
쓴 비문이다. 타고난 재주에, 파란만장으로 점철된, 길지 않은 김
옥균의 일생을 잘 표현한 글이다.

【 이일직, 박영효 암살은 실패 】

앞서 설명한 이일직을 두목으로 하는
자객단에는 홍종우를 비롯하여, 권동수, 재수 형제와 김태원金泰
元, 그리고 일본인 아쿠보 등이 가담하고 있었다.

이일직은 3월 23일, 고베항 부두에서 김옥균 일행이 상하이로
떠나는 것을 확인한 뒤 오사카에서 권 형제와 함께 눈에 띄는 상
투를 자르고 조선복 대신 양복으로 복장을 바꾸었다. 또 다른 '거
사'(박영효 등의 암살)를 위한 준비작업이다.

3월 25일, 이일직은 도쿄로 올라가 아쿠보의 친형이 운영하는
운라이칸雲來館이라는 여관에 들었다. 이일직은 이 여관에서 박영
효를 암살하기 위한 회유책의 일환일까, 아쿠보에게 50엔, 여관
에는 찻값조로 30엔, 아쿠보의 양친에겐 각각 20엔씩을 준다.

이일직은 홍종우가 상하이에서 김옥균을 암살한 3월 28일에

맞추어 박영효 등의 암살을 꾀한다. 이일직은 박영효가 조선인 생도들의 교육을 위해 만든 친린의숙에 김태원을 위장 입숙시켰다. 박영효 암살을 위한 정보 수집 등을 위해서였다. 그러나 김태원의 행동을 수상하게 여긴 박영효의 측근들이 그를 추궁하자 그는 이일직의 지시 등 암살계획을 전부 실토해버렸다.

본래 이일직의 김옥균, 박영효 등에 대한 살해에는 세 가지 방책이 있었다. 상책은 생포요, 중책은 암살이요, 하책은 시기가 절박하여 어쩔 수 없는 경우 장소를 가리지 않고 죽이는 것이었다.

이일직은 권 형제 등과 운라이칸 여관에 도착한 뒤 아쿠보를 데리고 요코하마로 가 대형 가방 4개를 사 가지고 오고, 다음 날은 모포 여섯 매를 구입케 했다. 피스톨 두 정과 단검 두 자루도 준비해 놓았다.

박영효 등에겐 서화회를 준비해놓았다고 연락하고, 그 여관으로 초청해 생포하거나 암살할 준비를 했다.

그런데 이일직이 박영효 쪽에 심어놓은 김태원으로부터 이미 암살계획을 들은 박영효 측근들은 역으로 김태원에게 이일직 앞으로 편지를 보내 친린의숙으로 오도록 권했다.

3월 28일 새벽, 이일직은 도쿄 츠키지築地의 박영효 집으로 찾아갔으나 박은 이미 몸을 피해버려 집에 없었다. 이일직은 곧바로 그리 멀지 않은 친린의숙으로 갔다.

이일직은 그곳에서 이일직이 나타나기를 기다리고 있던 박영효의 측근 이규완, 정난교에게 붙잡혔다.

박영효의 측근들에게 포박당한 채 두들겨 맞은 이일직은 암살 계획을 실토하고 서울에서 가지고 온 칙서도 있다고 말했다. 그러나 그 칙서는 이일직이 만든 가짜였다고 한다. 이일직은 그 가짜 칙서를 가지고 홍종우를 비롯하여 권 형제, 아쿠보 등을 속이고 오사카의 은행 두취 오미와의 신용을 얻어 돈도 받아냈다. 이일직은 그런 공작 차원에선 뛰어난 자객이라고 해야 할지 모르겠다.

결국, 김옥균이 상하이에서 암살당한 닷새 뒤인 4월 4일 이일직과 권 형제, 아쿠보 등 자객 일당은 일본 경찰에 붙잡혔다.

도쿄지방재판소의 예심판사에 의한 이일직에 대한 조서에 의하면 이일직은 당시 연령 36세, 일본에 온 것은 1892년 5월 4일로 되어 있다.

이일직에 대한 신문조서의 주요 부문을 살펴본다.

문 : 일본에 온 목적, 즉 무엇 때문에 왔는가?

답 : 명령을 받고 역적 등을 죽일 목적으로 왔다.

(중략)

문 : 그 명령은 누구로부터 받은 것인가?

답 : 명령서는 국왕으로부터 나와 민영소를 통해 받았다.

(중략)

문 : 역적으로 해치려고 한 것은 누구누구인가?

답 : 김옥균, 박영효, 이규완, 정난교, 유혁로, 이선호李誼昊의 6명
이다.

문 : 6인을 해치우는 것은 당신 혼자서는 어려운 것 같은데 누구누
구하고 계획해 죽이려고 했는가.

답 : 나 혼자 천천히 해치울 작정으로 있던 중 홍종우가 프랑스로
부터 귀국길에 일본에 들렀길래 내가 목적을 말하고 죽이자고 제안
했다. 나는 국왕으로부터의 명령도 가지고 있으므로 내가 말하는
것은 국왕의 말씀과 마찬가지다, 라고 하니까 홍종우도 동의했다.

(중략)

문 : 김옥균을 상하이로 데리고 나가려고 한 것은 3월 12, 13일경이
라고 했는데 그때까지 일본 안에서 죽일 계획이었는가 아니면 밖에
데리고 나가 죽일 생각이었는가.

답 : 김옥균을 일본 안에서 죽일 경우 시끄러워지기에, 옥균은 구
라파에 갈 생각이 있었으므로 그때 상하이나 다른 곳에서 해치울
생각이었다.

(중략)

문 : 김옥균을 상하이로 끌어내는 데는 무슨 계책을 썼는가?

답 : 리징팡옞이라고 하는 리훙장의 친척을 통해, [김옥균이 중국으로
가] 리훙장을 만나게 되면, 동양의 계획을 위해서는 만사가 나아질
것이라고 내가 권하고, 홍종우도 중간에서 좋은 말로 거들었더니

294

김옥균은 돈이 없다고 했다. 나는 그 문제도 생각이 있다고 했다.

(중략)

문 : 대략 얼마를 김옥균에게 주었는가?

답 : 여기서 여러 가지로 돈을 썼고 뱃삯 등을 합치면 4천여 엔이다.

(중략)

문 : 상하이에서 김옥균을 죽이려는 것을 권동수, 권재수와도 상의했는가?

답 : 두 사람 다 알고 있었다.

문 : 김옥균이 상하이로 간 뒤 권 형제 2명과 함께 머리를 깎고 도쿄에 온 것은 무엇 때문인가?

답 : 머리를 깎고 24일 도쿄에 온 것은 박영효, 정난교, 유혁로, 이규완, 이선호 5인의 목과 손목을 잘라 그것을 가방에 넣어 권동수, 권재수에게 들려서 귀국시키고 나는 상하이 쪽으로 갈 목적으로 그랬다. (중략) (〈지지신문時事新聞〉, 1894년 6월 20일자)

이일직이 오랫동안의 공작 끝에 김옥균을 상하이로 유인해 암살한 것과 비교하면 박영효 등 5명을 도쿄 한복판 여관에서 해치운 뒤 머리 등을 가방에 넣어 조선으로 가져가려 했다는 것은 너무 무모한 암살계획으로 보인다. 그러나 무지막지한 암살을 기도한 끝에 일본 경찰에 체포된 이들에게 일본 재판소는 기상천외의 엉뚱한 판결을 내린다.

도쿄지방재판소는 6월 28일, 김옥균 살해 혐의와 박영효 등에 대한 살해미수 혐의 등으로 사형이 구형되었던 이일직과 무기 구형의 아쿠보에게 모두 예상 밖의 무죄판결을 내렸다. 오히려 박영효의 측근인 정난교, 이규완에게 이일직을 불법 감금, 구타한 혐의로 유죄판결이 내려졌다. 피해자와 가해자가 완전히 뒤바뀐 적반하장 꼴의 판결이었다. 권 형제와 김태원 등은 이에 앞서 무죄방면 되어 조선으로 이미 송환된 상태였다.

당시 조선에선 동학농민전쟁이 일어나 조선 정부가 청국에 파병을 요청하여 청국군이 출병하자 일본도 톈진조약의, 청일 양국 군대 출병 시 상호 통고 조항과 공사관 및 자국민 보호를 구실로 조선에 출병했다.

청일 양군이 조선 내에서 대치, 청일전쟁이 개전(1894년 7월 25일)되기 직전이었기에 일본 정부로선 조선 정부에 우호적인 몸짓이 필요한 시점이었다.

당시 일본 신문과 여론은 이일직의 형량을 사형으로 예상하고 있었으나 재판소는 일본의 국익을 우선하는 정략적 판단에서, 중죄를 내려야 할 피고인(이일직 등)에게 무죄를 선고한 것이다. 검사는 즉시 항고했으나 도쿄공소원(고법)은 그해(1894년) 11월에 가서 항고를 기각한다. 이일직은 이미 10월 국외추방, 즉 조선에의 퇴거 조치로 귀국한 뒤였다.

러일전쟁(1904년 2월)을 눈앞에 두고 있던 우범선 살해사건 재판

에서 검사가 고영근 등에 대한 1심 형량이 높다며 항소하여 재판
부가 2심에서 감형해준 것과 마찬가지로, 국책을 위해 재판은 멋
대로 춤을 추었다.

【자객의 말로】

　　　　　　　1894년 4월, 홍종우가 김옥균을 암살
하고 중국 군함을 타고 서울에 돌아왔을 때 민씨 정권의 고관들
을 비롯하여 각계로부터 대환영을 받았다. 조희연의 집에 숙소를
정한 홍종우를 찾아오는 방문객으로 조의 집은 문전성시를 이루
었다.

　갑신정변 때 김옥균 등 개화파에 의해 살해된 6인, 즉 민태호閔
台鎬, 민영목閔泳穆, 한규직韓圭稷, 조영하趙寧夏, 윤태준尹泰駿, 이상
연李相淵의 유족들은 번갈아가며 홍을 자택에 초청해 성대한 잔치
를 벌여주었다. 홍이 귀국하기 전부터 홍에겐 당상관의 높은 벼
슬에 많은 상금을 줄 것이라든지, 그의 친족 등에게도 관직과 상
이 내려질 것이란 등의 소문이 자자했다.

　홍종우는 실제 국왕으로부터 하사금을 받았다고 일본 신문은 보

도하고 있다. 다음은 〈지지신문〉 1884년 4월 18일자 관련기사다.

홍종우 은상恩賞을 받다. 조선 국왕은 자객 홍종우에게 저택 등
의 비용에 쓰라며 6만 량(일본 돈 약 2천 엔)을 하사했다고 한다.

'청춘예찬'이란 글을 지은 언론인이며 작가인 민태원閔泰瑗의
《갑신정변甲申政變과 김옥균金玉均》(국제문화협회國際文化協會, 1947년)
이란 책에 의하면 "홍종우는 상하이上海에서 범행 후 귀국한 뒤
자신의 공로를 자만하여 은밀히 알현을 기대하고 있었으나 고종
황제와 명성후(민비)는 손에 피를 묻힌 자와는 만나지 않는다는 이
유로 만나주지 않았다.(오세창吳世昌의 이야기)"고 한다.

그래도 홍종우는 판서 참판 자리는 아니었지만 종6품 당하관
인 부수찬, 교리 등의 관직에 임명되었다. 그의 아비에게도 종5품
인 의금부 도사都事 자리가 주어졌다.

그러나 홍종우는 1895년 청일전쟁 후 친일 내각이 들어서자 중
국으로 도망갔다. 1896년 2월 고종의 아관파천으로 일본 세력의
힘이 약화되자 귀국, 의정부 총무국장 등을 역임한다. 민비시해
사건의 관련자를 적발하는 일을 하기도 했다.

홍종우는 독립협회에 대항하기 위해 결성된 보부상을 중심으로
하는 어용단체, 황국협회의 부회장이 되어 독립협회에 대한 폭력
행사를 지휘하는 등 수구 정권의 주구 노릇을 충실히 한다. 앞서

언급했듯이 이때 만민공동회 회장이 된 고영근과도 부딪친다.

홍종우의 마지막 관직은 제주도 목사(1903년 1월~1905년 4월)였다. 1905년 발행된 제주도 안내라는 책자에 제주도 목사 시절 홍종우의 사진이 실려 있다.(《한국일보》, '개혁 풍운아 김옥균', 1994년 2월 15일자)

그는 합일합방 직전인 1909년, 더 이상 조선에 살기가 힘들다고 판단하고 일가를 데리고 프랑스 망명길에 올랐다. 이듬해 귀국하여 전남 무안군에서 숨어 살다가 1913년 사망한 것으로 알려져 있다.

귀국한 이일직의 경우 김옥균을 암살하고 서울로 돌아온 홍종우를 개선장군처럼 맞이했던 경우와는 크게 달랐다. 그가 의지할 민씨 일파의 세력은 위축되고 있었다. 그가 김옥균 등의 암살을 지시했다는 국왕의 칙서를 위조한 죄는 무거울 뿐 아니라 일본에서 멋대로 국왕의 이름을 팔고 다녔다는 죄 또한 무거웠다.

귀국 직후, 결국 그는 감옥에 갇히는 몸이 되고 말았다. 1906년 이토 히로부미가 한국통감으로 재직 중 친일단체 일진회 회장 송병준이 범인 은닉죄로 경무청에 구인된 일이 있었는데, 그 범인이 바로 이일직이었다고 한다.

이일직은 러일전쟁(1904~1905년) 때 고종의 윤허를 받았다며 20여 종에 이르는 막대한 이권을 일본에 넘기려는 사기행각을 벌였고 그 과정에서 옥새 도용 혐의를 받게 되었다. 그러자 일진회를

만들어 친일파의 거두로 행세하던 송병준에게 도움을 청해 송이
숨겨주었다는 것이다.

이일직은 민씨 일파의 지시에 따라 김옥균을 암살하고 박영효
등을 죽이려 했지만, 귀국한 뒤 영어의 신세가 되고 일본 세상이
되어가니 표변하여 매국 사기행각을 벌이는 친일파가 되어갔다
(《김옥균과 일본》, 849항)고 한다.

제 8 장

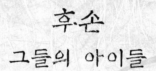

후손
그들의 아이들

【장춘長春과 아우 히로하루弘春의 다른 삶】

　　　　　　　　우범선이 고영근에게 살해되었을 때
우범선과 일본인 처 나카와의 사이에는 장남 장춘長春이 있었고
나카는 임신 중이었다.

　우범선은 1898년 4월 9일, 장춘이 태어나자 다음과 같은 일본
어로 된 기록을 남겨놓았다. 출생일은 음력 3월 19일 자정으로
되어 있고, 그 왼쪽에 두 줄로 나누어서 '光武 二年四月九日, 明
治三十一年 生男'으로 적은 뒤 이어 '성은 우禹요, 이름은 명전
命傳. 형의 이름은 명윤命允, 아버지의 이름은 범선範善'으로 적어
놓았다. 이름이 '장춘'이 아니고 '명전命傳'이다. 망명자의 신분
으로는 자식을 일본 호적에 올릴 수 없었기에 나름대로 자식의
신원을 기록으로 남겨놓아야겠다는 취지에서 작성한 것으로 보
인다.

우장춘의 형이라고 한 '명윤命允'은 어려서 사망했는지 다른 기록에는 언급이 없고, 우범선이 일본으로 망명하기 전 결혼한 처와의 사이엔 딸을 둘 두고 있었다고 한다. 두 딸 중 장녀는 젊어서 사망했고 차녀(장춘에겐 이복 누나인) 이름은 '희명姬命'이었다. 우범선이 남긴 기록 중 형의 이름이 '명윤命允'이라고 하고, 차녀의 이름이 '희명姬命'인 점을 감안하면 '명전命傳'이란 이름은 항렬에 따라 지은 것으로 보인다.

후일 우범선은 본적지(경기도 경성부 훈도방 냉정동 4통1호京畿道京城府薰陶坊冷井洞四統一戶)의 호적계에 아들의 출생신고서를 제출하면서 이름을 '명전命傳'으로 올리고 있다.

이 호적엔 우장춘의 생년월일이 1898년 4월 9일로 되어 있으나 이후 그의 혼인신고서, 이력서 등엔 생일이 4월 15일(출생지는 도쿄 시 아카사카 구 다이마치東京市赤坂區台町)로 기재되어 있다. 그러나 본인은 생전 4월 8일 출생했다고 했고, 수원에 세워진 우장춘 묘비에도 4월 8일로 기재되어 있는 등 혼란스럽다. 태어난 시간이 자정이어서 4월 8일 또는 4월 9일이 되었는지는 몰라도 4월 15일은 왜 그렇게 되었는지 알 수 없다.

조선인 망명자들의 일본식 이름은 앞서 일본 정부의 지원금을 받는 명단에 언급한 바 있지만 대원군 손자 이준용을 제외하고는 대부분 일본식 이름을 가지고 있었다. 자신들의 신분을 감추어야 할 필요성이 있던 그들로서는 조선식 이름은 돌출되는 위험성이 있고, 또 일본인들이 발음하기 힘든 경우가 많은 등 일상생활에 여러 가지로 불편했기 때문이다. 망명 조선인 중에는 일본식 이름을 2개나 가지고 있는 경우도 있었다.

전술했듯이 김옥균은 암살되기 전 이와다 슈사쿠岩田周作 외에 이와다 상와岩田三和란 이름도 사용했고, 박영효는 야마사키 나가하루山崎永春, 우범선은 기타노 잇페이北野一平, 고영근은 다카하시 아사기치高橋淺吉 등의 이름을 사용했다. 이 가운데 박영효의 일본식 이름의 '나가하루永春'는 장춘의 '나가하루長春'와 발음이 같다.

철종의 부마였던 금릉위金陵尉 박영효는 대신을 역임하는 등 조선에서의 신분과 지위는 중인 출신의 훈련대 대대장이었던 우범선보다 월등히 높았다. 조선에서는 별로 친교가 없던 사이였던 두 사람은 일본에 망명한 이후 전술했듯이 박영효가 열었던 조선인 아동을 대상으로 한 조일신숙에 우범선을 숙장塾長으로 기용하는 등 교류가 깊었다.

둘의 관계를 감안할 때 우범선에게 아들이 태어나자 호적에는 항렬에 따른 이름을 올리고 일본에서 부르는 이름은 '나가하루長春'로 한 것엔 박영효의 뜻이 작용했을지도 모른다. 우범선 사후에 박영효는 장춘의 양육비와 학비 지급을 조선총독부에 건의하는 등 우범선의 유족을 나름대로 보살펴준다.

우범선이 처 나카, 아들 장춘과 함께 찍은 사진 한 장이 남겨져 있다. 우범선은 서 있고 나카는 의자에 앉아 있는데, 그 가운데 두 살 정도로 보이는 장춘을 세운 채 찍은 것이다. 장춘이 1898년 생인 것을 감안하면 1900년 전후 사진관에 가서 찍은 기념사진으로 보인다.

이 사진은 우장춘이 환국 후 부산 동래의 원예시험장에서 근무할 때 9년여 동안 총무과장 등으로 보좌한 김태욱金泰昱이 쓴 《인간 우장춘人間禹長春》(신원문화사, 1984년, 이하 《인간 우장춘》)이란 책과 쓰노다의 《우리 조국》이란 책에 각각 게재되어 있다.

김태욱의 책에는 장춘의 셋째 딸(가네다 요코金田葉子)이 할머니(나카), 아버지 등에 관한 이야기를 메모해 보내 준 간단한 회고수기가 실려 있고, 쓰노다의 책에도 장춘의 셋째 딸이 사진을 보내 주었다고 적혀 있다.

콧수염을 기르고 나비 넥타이를 맨 우범선은 당당한 풍채로 이토 히로부미 등 당시 일본 정부 고관 등이 입었던 서양식 코트를 입고 있다. 적당한 키에 통통한 체형으로, 외모상으론 당시 일본이나 한국의 고관들과 진배없어 보인다.

항상 자객을 의식하고 살아가야 하는 망명객의 신분 탓인지 가는 눈매가 날카로우나, 가슴에는 목에 걸어 차는 회중시곗줄이 보여 생활에 어느 정도 여유가 있는 느낌을 준다.

의자에 앉은 나카는 미인이라기보다는 고집이 센 여장부 스타일의 인상이다. 장춘이 입술이 두툼하고 눈망울이 약간 튀어나온 편인 것은 어머니 쪽을 많이 닮은 탓인 것으로 보인다. 작고 아담한 것이 여성의 아름다움으로 여겨졌던 메이지시대의 여성으로는 미인형은 아니라는 것이 쓰노다의 나카에 대한 인물평이다.

《우리 조국》에 게재된, 1950년 우장춘이 한국으로 오기 전 그들 부부와 4녀 2남의 자녀 등 전 가족이 함께 찍은 사진으로 보아 장춘과 닮아 보이는 그의 딸들은, 자신들의 용모가 미인이라고는 할 수 없는 할머니(나카)를 많이 닮았다고 말하고 있다. 우범선은 생전 나카와 결혼한 것은 "얼굴보다는 머리를 보고였다."고 얘기했다고 한다.

1903년 11월, 우범선이 살해된 다음 해 봄 나카는 유복자인 사내아이(히로하루弘春)를 낳았다. 장춘과는 다섯 살 터울이다. 우범선은 장남인 장춘에게는 '우禹'란 조선 성을 붙여 주었으나, 나카는 남편이 사망한 뒤 태어난 둘째 아이의 성을 '우禹'로 하지 않고 자신의 먼 친척 M의 친자로 입적시켜 M으로 했다. 나카는 두 아들을 자신이 데리고 키웠지만 장춘과 달리 일본 성을 가진 차남은 철저히 일본인으로 키웠다.

조선인 남편이 비명횡사하고 없는 만큼 차남은 일본인으로 살아가는 게 그 아이의 인생에는 나을 것이라고 판단하고, 또 희망했던 것이다. 나카의 희망대로 차남 히로하루는 장춘과 달리 반쪽은 일본인, 반쪽은 한국인이란 의식 없이 일본인으로 살아간다. 일본인들도 부러워하는 엘리트 코스를 밟으며.

남편이 없는 몸으로 돌보아주는 사람도 없어 두 아이를 키워야 하는 나카의 생활은 어려웠다. 남의 집에서 바느질을 하거나 포목행상을 하며 생계를 꾸려 나갔다. 큰아들 장춘을 우범선과 자신의 결혼 중매인이었던 도쿄 기운지의 주지에게 맡겼다. 장춘은 절에서 운영하는 고아원에서 기숙했다. 그 기간은 아버지가 죽은 뒤 1년 반이란 설과 여덟 살부터 열한 살까지 3년간이란 설이 있다.

나카가 다시 장춘을 절에서 찾아왔을 때 아들은 영양실조 상태로 '배만 바가지 모양으로 부어서 측은하고 애처로운 상태'(장춘의 셋째 딸의 수기)였다고 한다. 발육기의 영양 섭취 부족이 원인인지 알 수 없으나 장춘은 병약했다.

【 총독 사이토의 거액 지원 】

          1910년 8월 29일, 일본이 한국을 식
민지로 합병했을 때 장춘은 열두 살의 소학생으로 그 의미를 제
대로 알기에는 아직 어린 나이였다.

  한일합방은 친일파를 제외한 거의 대부분의 조선인들에겐 망
국의 슬픔과 함께 이민족에 의한 가혹한 탄압의 시작을 의미했
다. 그러나 장춘의 가족들에겐 뜻하지 않게 경제적인 도움을 가
져다주는 길보였다.

  일본에 망명 중이던 박영효는 1905년 이토가 조선 초대 통감으
로 부임하자 1907년 귀국, 이완용 내각의 궁내부대신으로 기용되
고 1910년 한일합방이 되자 후작 작위와 함께 중추원 고문으로
중용되는 등 친일파의 중심 인물이 되었다.

  이때 박영효는 장춘의 모인 나카가 조선총독부로부터 우범선

유족의 생활비란 명목으로 수당을 지급받도록 적극 주선해주었다. 정확한 액수를 알 수는 없으나 그 수당은 남편 없이 두 아들을 키워야 하는 나카에게는 상당한 도움이 되었을 것으로 추측된다.

장춘이 구례에서 소학교를 다니고 있을 때 고영근과 일본인 처 사이에 태어난 사내아이(1900년생으로 장춘보다 두 살 어린)도, 아버지는 감옥에 가 있었으나 별 탈 없이 자라고 있었다.

아버지의 성을 따랐는지, 어머니의 성을 따랐는지, 학교를 제대로 다녔는지 여부도 알 수 없는 이 아이는 훗날 장춘을 찾아가는 '사내다운' 행동을 보인다.

장춘이 13세가 되던 '메이지 44년 3월 8일에 서울 본적지에서 발행된 장춘의 호적등본 성명란에는 '명전命傳'이라는 이름은 두 줄이 그어져 있고 대신 '장춘長春'이한 이름이 쓰여 있다. '메이지 44년'은 1911년으로 한일합방 이듬해이기에 등본 발행자의 이름이 '남부경찰서장南部警察署長 경시警視 이마무라 도모今村鞆'라는 일본인으로 되어 있다.

후일 장춘이 작성한 이력서엔 '메이지 44년 3월 8일 히로시마廣島 현립縣立 구례吳중학교에 입학'으로 적혀 있다. 아마도 이때 중학에 입학하기 위해 조선에서 호적을 옮겨오면서 호적의 이름을 일본에서 쓰고 있던 이름 '나가하루長春'로 바꾼 것으로 보인다. 아버지 범선이 사망한 지 8년째 되던 시점이다.

장춘은 1911년 봄 구례중학교에 입학하여, 그 중학(당시 5년제)

을 1916년 봄 졸업했다. 구레는 메이지시대 이래 요코스카橫須賀, 사세보佐世保와 함께 일본 해군의 3대 군항으로 불리는 군사 도시였다.

메이지유신에 의한 근대화, 그에 따른 해외 문물의 수입과 대외 관계의 활성화, 일본의 청일, 러일전쟁 등에서의 승리로 당시 일본의 소년들은 해군을 동경하여 해군 장교 후보생을 교육하는 구레의 해군병학교에 지원하는 자가 많았다. 구레중학교 졸업생들 가운데도 성적이 우수한 학생들이 해군병학교에 많이 입학했다고 한다.

수학 성적이 우수했던 우장춘은 중학 졸업 후 고등학교에 진학하여 교토제국京都帝國대학 공학부에 가려고 했다. 그러나 학비를 지급해 주는 조선총독부가 '도쿄제국東京帝國대학 농과대학 실과實科'에 진학하도록 지시하여 장춘은 그대로 따랐다고 한다.

총독부가 장춘에게 학비를 지급하는 대신 대학과 학과 선택까지 관여하고 있었다. 아들의 뒷바라지를 위해 어머니 나카도 함께 상경하여 학교 근처인 도쿄 고마바駒場에 방을 얻어 생활한다.

후일 장춘은 "공학부에 가지 않기를 잘했다. 전쟁에서 사람을 서로 죽이는 병기 같은 것을 만들고 있지 않아서 좋다."고 딸들에게 말한 적이 있다고 한다. 1919년 장춘은 대학을 졸업했다. 장춘이 졸업한 '도쿄제국대학 농과대학 실과'라는 학교는 '도쿄제국대학 농학부'(현재의 도쿄대학 농학부)가 아니라 구제舊制 전문학교

코스의 기술자 양성과였다. 이론보다는 실기 위주의 이 '농과대학 실과'는 그 후 복잡한 통폐합 과정을 거쳐 현재의 '도쿄농공東京農工大学'이 되었다.

대학 졸업 후 장춘이 직장에 다니면서 '도쿄제국대학 농학부' 대학원에 들어가 박사학위를 받아 더욱 그가 '도쿄제국대학 농학부 졸업'이라고 알려지게 되었으나 대학을 도쿄제국대학, 즉 현재의 도쿄대학을 졸업했다고 한 것은 잘못 알려진 것이다.

대학 졸업 후 그가 농림성 농사시험장에 취직하게 된 것은 대학 은사 안도安藤廣太郎 교수 덕분이라고 딸들이나 주변 사람들에게 늘 얘기했다고 한다. 조선인의 이름으로 공무원이 되는 것이 쉽지 않았던 시대였기에 장춘은 은사의 주선으로 취직한 것을 항상 고맙게 생각한 것 같다.

말단 공무원으로서의 장춘의 봉급은 그리 많지 않았겠지만 직장이 가까운 도쿄 혼고에서 모자가 같이 비로소 안정된 생활을 한다.

이때 히로시마에서 중학교에 다니던 장춘의 동생도 상경하여 세 가족이 같이 살게 된다. 일본인 이름 M으로 자란 그 동생은 당시 일본의 최고 명문 고교였던 '이치고一高'(다이이치고등학교第一高等學校의 약칭)에 입학했다. 이때 문맹이었던 나카는 장춘의 지도를 받으며 일본어 쓰기와 읽기를 배워 간단한 편지 정도를 쓰고 읽게 되었다고 한다.

1923년 9월 1일, 도쿄 등지에서 일어난 간토關東 대지진 때 '조선인들이 우물에 독을 집어넣었다' 는 등의 유언비어가 퍼져 수많은 조선인들이 일본인들에게 학살(사망자 수는 일본 내무성 조사 231명에서 조선 측 6천415명설 등 정확한 숫자는 불명)당하는 등 큰 피해를 입었다. 그러나 장춘 일가는 아무런 피해를 입지 않았다.

그때 동생 M은 고등학교 2학년에 재학 중이었는데 당시 조선총독 사이토 미노루齊藤實로부터 학비 등의 명목으로 매월 40엔씩을 지원받았다고 쓰노다와의 인터뷰에서 밝히고 있다. 사이토는 해군 대장으로 3·1운동 직후 조선총독으로 부임하여 두 차례(1919년 8월~1927년 4월, 1929년 8월~1931년 6월)에 걸쳐 9년여 조선총독을 지냈고, 수상을 역임한 뒤 1936년의 2·26사건(청년 장교들이 일으킨 반란사건) 때 피살당한 인물이다.

장춘이 조선총독부에서 학비를 지원받은 데 이어 여섯 살 아래인 동생에게도 학비 지원이 계속되었던 것이다. 동생 M이 받은 돈은 총독 미나미가 개인적으로 비서를 통해 보내왔고, 그 지원은 동생 M이 도쿄제대 법학부를 졸업할 때까지 계속되었다고 한다.

1919년 당시 일본 최고의 직장 중 하나인 은행의 대학 졸업자 초임이 약 40엔에서 45엔 정도(《가격의 풍속사》)였다고 하니 동생 M이 총독 미나미로부터 받은 돈이 학비로서는 상당한 금액임을 짐작할 수 있다.

총독 미나미가 기밀비에서 우범선의 차남에게 주는 지원금인지는 알 수 없으나 동생 M은 어머니 나카가 조선총독부에서 우범선 유족에게 지급하는 돈을 받기 위해 당시 혼자 서울에 간 적이 있다고 말한다.

일본은 이같이 우범선이 사망(1903년)한 뒤 20여 년이 지난 시점인데도 그 자식들에 대한 지원을 계속하고 있었다. 일본에 협력한 자에겐, 당사자가 죽고 난 뒤에도 그 가족들을 철저히 보살펴주는 당시 일본의 식민지 통치 방침과 그것을 차질 없이 수행하는 행정의 철저함을 실감케 해주는 대목이다.

조선총독부가 민비 암살에 협력한 우범선의 장남에 이어 차남도 계속 돌보아주고 있다는 것은, 일본이 얼마나 민비 살해의 성공을 높이 평가하고 그에 협력한 조선인에 대해 고맙게 생각하고 있었느냐는 반증이기도 하다.

일본은 식민지 조선을 효율적으로 통치하기 위해 식민통치에 반대, 저항하거나 협조하지 않는 조선인에 대해서는 가혹한 처벌과 탄압을 가했다.

그러나 식민통치에 동조·협조하는 자를 만들고 또 유지하기 위해 조선총독부는 조선귀족령을 만들어 왕족과 이완용, 송병준 등 친일파 거물 등에게 작위와 함께 은사금, 토지 등을 주어 관리했다. 이때 친일파들이 받은 거액의 토지를 그 후손들이 1990년대 이후 소송을 제기해 찾아가는 일이 생겨 논란을 빚었고 2005

년 친일파 후손들이 소유한 토지를 국가가 환수할 수 있도록 하는 특별법이 제정되었다.

그러나 우범선과 같이 거물이 아니고 이미 사망한 친일 협력자의 유족을 조선총독부가 이같이 관리한 것은 이례적이며, 또 알려지지 않은 사실이다.

조선총독부가 우범선의 유가족을 지원하면서 일본인 처와 그 소생들인 장춘 형제에게만 돈을 지급했는지, 아니면 호적상 정처인 조선인 본처와 그 사이에 태어난 딸 등에게도 지급이 되었을지 궁금했다. 그러나 당사자들은 이미 없고, 이 같은 소액의 수당 지급과 관련한 기록을 찾기는 어려웠다.

【 장춘, 부父 범선을 존경 】

　　　　　우장춘은 50대가 되어 한국에 돌아오기 전까지 한국과는 전혀 교류가 없었다고 알려져 있었으나 그렇지 않았다.

　앞서 언급했듯이 우범선은 일본으로 망명하기 전 가장 신뢰하는 부하(훈련대 제2대대 대원)였던 강원달에게 처와 두 딸을 부탁했고, 강원달은 일본으로 건너가 우범선을 만나 둘째 딸(희명姬命)과의 결혼을 보고하고 허락받았다. 강원달은 이때 우범선을 집으로 찾아갔을 것이며, 따라서 우범선과 함께 살고 있던 일본인 처 나카와도 면식이 있었던 것으로 보인다.

　강원달은 장모인 우범선의 본처를 모시고 살았다. 강원달과 우희명과의 슬하에는 자식이 없었고, 강원달과 첩 사이에 난 아들(강우창康祐昌)을 강원달, 우희명 부부가 데리고 살았다고 한다. 우범선의 큰딸은 결혼했으나 자식 없이 젊어서 사망했고, 둘째 딸인 희명도 자신이 낳은 자식이 없어 한국에서 우범선의 핏줄은 끊어진 상태다.

어쨌든 강우창은 어린 시절(열 살 정도였던 때) 우범선의 처 나카가 일본에서 조선으로 와 자신의 집에서 일본 요리 등을 만들어 먹은 기억이 있고, 우장춘과 같이 외할머니(우범선의 본처)의 산소에 간 기억이 있다고 쓰노다와의 인터뷰에서 밝히고 있다.

강우창이 1929년생인 점을 감안하면 나카가 강우창의 집을 방문한 것은 1930년대 말에서 1940년대 초 사이로 추측된다.

나카는 남편의 암살 후 30여 년이 지난 뒤 서울에 가는 길에 우범선의 본처는 이미 사망해 만날 수 없었지만, 그 딸 부부와는 대면하고 있는 것이다.

장춘은 대학에 다닐 때를 비롯하여 40대인 1940년대 초에 이르기까지 여러 차례 서울에 와서 망부亡父의 부하이자 이복 누나의 남편인 강원달의 집에 묵고 가곤 했다고 강우창은 기억하고 있다.

민비 시해 당일, 우범선이 이끈 훈련대 제2대대 소속 대원들은 경복궁 침입 시 대부분 동원된 것으로 기록에 남아 있으므로 우범선의 부하였던 강원달은 그때 동원된 것으로 보이며, 장춘은 범선의 부하였던 강원달을 통해 아버지에 대한 여러 가지 이야기를 들었던 것으로 추측된다. 장춘의 동생 M도 '데이고쿠帝國생

318

명'이란 보험회사의 서울 지점장으로 근무할 때(1941년) 이복 누나인 우희명의 집으로 가서 만난 적이 있다고 말한다.

한편 나카의 동생 와키는 우범선의 훈련대 부하였고 같이 일본으로 망명했던 구연수와 결혼했고 그 아들이 이승만 정권 시절 한국은행 총재, 상공부 장관을 지낸 구용서具鎔書다. 일본에 망명 중이던 구연수는 1907년 민비시해사건 가담자에 대한 사면령이 내려지자 귀국하여 한일합방 후 조선총독부의 경무관, 중추원 참의 등을 지내다 1925년 사망했다.

말하자면 우범선과 구연수는 동서관계이고 그들의 자식들인 우장춘과 구용서는 이종사촌 간이다. 그러나 구용서의 이름을 아는 한국인 가운데 그가 우장춘의 이종사촌 동생인 것을 아는 이는 거의 없다.

우장춘보다 한 살 아래인 구용서(1899년생)는 현재의 히토쓰바시一橋대학의 전신인 도쿄고등상업학교에 유학 중일 때, 이모인 나카 집에서 기거하며 이종 형인 우장춘과 같이 공부했다. 구용서는 나팔꽃을 심고 밤낮으로 그 씨를 받아 뒤적여 보는 우장춘에게 "장난 그만하라."고 놀린 적이 있었는데 그것이 박사학위 논문 작성을 위한 실험인 줄은 몰랐다고, 훗날 동래시험장으로 장춘을 찾아와 이야기했다고 김태욱은 《인간 우장춘》(207항)에서 적고 있다.

구용서는 친일파 송병준의 딸과 결혼한다. 우범선은 이미 사망

했지만, 송병준과 말하자면 먼 사돈관계가 되는 셈이다. 친일파
끼리 혼인관계를 통해 연고를 강화하고 있음을 보여주는 경우다.

공교롭게도 고영근은 우범선을 살해하기 전 아들을 송병준에
게 맡기고 있어, 우범선과 고영근은 모두 송병준과 묘한 인연을
맺고 있는 셈이다.

장춘은 이종 간인 구용서와 친하게 지냈고, 구용서는 일본에서
대학을 졸업한 뒤 서울의 조선은행에 들어가 간부로 근무한다.
이때 나카는 동생 와키가 서울에 살고 (즉 아들 구용서의 집에) 있었기
에 조선총독부가 주는 돈을 받으러 올 때 혼자 서울에 왔다고 장
춘의 동생은 쓰노다에게 말하고 있다.

장춘은 아버지 범선에 대해 부인이나 자식들에게 구체적으로
이야기한 적은 없었다고 한다. 동래시험장에서 같이 근무한 직
원들이나 제자들에게도 범선에 대해 얘기한 적이 일절 없었다.

그러나 장춘은 자식들에게는 "할아버지[우범선] 같은 분을 가진
것을 자랑스럽게 생각하도록 양육되었다."고 말했다고 장춘의 셋
째 딸은 전하고 있다.(《인간 우장춘》, 220항)

또, 장춘은 한국에 온 뒤 부산에서 친분을 맺었던 김중화金重華
라는 의사에게도 "어머니는 '아버지는 훌륭한 사람이었다, 아버
지의 나라에 도움을 줄 수 있는 인간이 돼라' 고, 나를 키웠다. 나
는 아버지를 존경한다."고 말했다(《우리 조국》, 292항)고 한다.

장춘이 아버지 범선에 대해 이 같은 인식을 가지게 된 것은, 어

머니 나카의 평소 교육과 학생시절 및 성인이 된 뒤 조선에 와서 강원달과의 만남을 통해 우범선의 조선에서의 활동이 그에게 긍정적으로 각인된 때문일 가능성이 크다.

아버지에 대한 존경심은, 장춘이 조선인이란 의식을 가지는 데 크게 작용했을 것으로 보이며 그가 후일 한국으로 돌아오는 데도 영향을 미쳤을 것으로 생각된다. 실제 장춘은 어린 시절 일본인들로부터 '이지메'를 당했고, 자신은 조선인이란 의식을 가지고 살아왔다고 김중화란 의사에게 말했다고 한다.

1924년, 장춘은 사범학교를 나와 교사로 재직 중이던 와타나베 고하루渡邊小春라는 일본 여성과 결혼한다. 장춘이 취직한 이후 그 일가가 살고 있던 도쿄 혼고의 이웃에 고하루의 언니가 살고 있었고, 장춘이 가정교사로 그 아들을 가르쳤던 인연으로 둘은 맺어졌다.

특히 고하루의 언니는 장춘이 무엇보다 어머니에게 효성이 지극한 것을 높이 평가하여 동생에게 그와의 결혼을 적극적으로 권했다고 한다. 장춘은 생모인 나카뿐만 아니라 조선에 있는 우범선의 본처에게도 아주 잘 대했는데, 장춘의 이 같은 태도에 영향을 받은 탓인지 결혼 후 처 고하루는 장춘에게 우범선의 본처를 얘기할 때 항상 '당신의 한국 어머니'라고 불렀다고(《우리 조국》, 294항) 한다.

그러나 고하루의 부모를 비롯한 다른 친정식구들은 '우禹'란 성을 가진 조선인과의 결혼을 인정하지 않았고, 결혼 후 고하루의 호적을 옮겨 가는 것조차 허락하지 않았다. 이것은 장춘의 어머니 나카를 화나게 했다.

일본이 조선을 식민지화한 뒤 10여 년이 지난 시점인 당시, 조선인에 대한 와타나베가家의 그 같은 편견과 차별은 일본 사회에 흔히 있던 일이었다. 시어머니에게 순종했던 고하루는 스스로 친정과는 절연한 상태로 지냈다. 그 절연은 1953년 나카가 사망할 때까지 29년간이나 계속되었다고 한다.

장춘은 고하루와의 혼담을 아버지의 후원자였고 우범선 사후에도 장춘 일가를 돌보아주고, 아오야마 묘지에 있던 우범선의 묘까지 자신의 조상을 모시는 사노의 묘켄지에 이장해준 든든한 후견인인 스나가須永에게 보고했다.

스나가는 크게 기뻐하며 장춘에게 한 가지 제안을 했다. 결혼하면 아이들이 생길 것이고, 그 아이들의 장래를 위해 두 사람이 스나가가家의 부부양자가 되어 장래에도 가족 전원이 스나가란 성을 가지면 어떻겠느냐는 것이었다.

이 같은 스나가의 제의는 일본 사회의 조선인에 대한 차별을 전제로 한 것이었지만 우장춘은 그 양자 제의를 받아들였다. 스나가는 장춘과 고하루 두 사람을 자신의 종형제(스나가 고헤이須永興平)의 양자로 입적시켰다.

고하루가 먼저 스나가 고헤이의 양녀가 된 뒤 우장춘이 사위양자가 되는 형식을 취했다고 한다. 동성동본의 직계 혈족에게만 양자로 가는 한국의 풍습과 달리 일본은 친가든, 처가든 아무런 관계도 없는 사람에게도 양자로 입적하는 차이가 있다.

이렇게 하여 우장춘의 법적인 일본명은 '스나가 나가하루須永長春'가 되었다. 장춘의 자녀들은 스나가란 성을 썼으나 장춘은 끝까지 아버지의 성 '우禹'를 고집했다. 논문 발표 등에도 '禹長春' 또는 'Nagaharu U'를 사용했다.

농사시험장을 다니면서 도쿄제대 농학부 대학원에 다니던 우장춘은 1936년 농학박사학위까지 받았다. 그러나 우장춘은 농사시험장의 기수技手에서 기사技師로 올라가는 데 일본인에 비해 심한 차별을 받았다. 그것도 퇴직을 조건으로 기사로 승진시켜주는, 굴욕을 감내해야 했다. 장춘은 그 굴욕을 누구에게도 말하지 않았다.

1937년 농사시험장을 그만두고 민간기업인 교토의 다키이瀧井 종묘회사로 옮겼고 해방 직후엔 그 회사를 사직, 농장을 자영했다. 왜 공무원을 그만두었는지 그 이유를 생전 우장춘은 말하지 않았다. 그러나 조선인이란 이유로 승진 등에서 받은 차별도 그 이유의 한 가지였던 것으로 보인다.

【 장춘 환국…모친상 출국 불허 】

1948년 건국 후 한국 정부는 세계적인 육종학자인 우장춘을 불러 낙후된 한국 농업을 발전시키기 위해 연구소 설치 법안을 통과시키고 우장춘 박사 환국위원회를 구성하여 그의 환국을 추진했다. 그가 한국에서 태어나 일본에 갔다 한국으로 돌아오는 것이 아니므로 '귀국歸國' 보다는 '환국還國'이란 표현을 사용한 것 같다.

일본 정부가 우장춘이 일본인이란 이유로 출국 허가를 내주지 않자 그는 한국에 있는 호적을 떼어 일본 당국에 제시하여 자신이 한국인임을 주장했다. 그는 한국과 일본 양쪽에 국적을 가진 이중국적자였던 셈인데 이때는 한국 국적을 내세운 것이다.

우장춘은 결국 불법체류 외국인 수용시설인 오무라大村수용소를 찾아가 스스로 불법체류자라고 주장하여 한 달간 수용된 뒤 송환선을 타는, 우여곡절 끝에 어렵사리 한국에 왔다.

1950년 3월 8일이었다. 그가 탄 송환선이 부산에 도착하자 성대한 환국 환영행사가 열렸다. 6·25 전쟁이 일어나기 3개월여 전이다.

우장춘은 환국 두 달 후인 5월 10일, 부산 동래의 원예시험장에 한국농업과학연구소라는 거창한 간판을 달고 출발한 연구소의 소장으로 임명되었다. 연구소 직원은 서너 명에 불과했다.

농업에 대한 전문적인 지식을 가진 학자나 기술자가 거의 전무한 시점이었으므로 우장춘의 귀국은 정부는 물론 국민들에게도 큰 기대를 가지게 했다.

우장춘은 전쟁 중인 어려운 상황에서 낙후한 한국 농업의 발전을 위해 진력한다. 1953년엔 중앙원예기술원장, 1958년엔 원예시험장장으로 직함이 바뀌나 계속 동래시험장에서 근무했다.

우장춘은 일본인 처 고하루와의 사이에 위로 딸 넷, 아래로 아들 둘을 두고 있었다. 우장춘이 1950년 한국에 올 때 막내는 아직 만 여덟 살이 안 되는 등 그의 자녀들은 대부분 미성년자였다.

우장춘은 정부 중앙부처의 부국장급 대우를 받았지만 봉급은 당시의 어려운 한국 정부 사정을 감안할 때 얼마 되지 않았다. 그 봉급 중 일부를 그는 일본에 있는 가족들의 생활비로 송금했지만, 가장 없이 살림을 꾸려가야 하는 부인과 자녀들의 생활은 어려웠다.

낙후된 한국 농업을 발전시키기 위해
한국 정부의 요청으로 환국한 우장춘.

　장춘의 자녀들은 장춘 부부를 양자로 입적시킨 스나가의 성을
따 모두 스나가의 성을 가지게 되었고, 장춘은 자식들을 철저히
일본인으로 살아가게 했다. 반쪽은 일본인, 반쪽은 조선인으로
살아오면서 겪은 자신의 쓰라린 경험을 자식들에게는 경험시키
고 싶지 않았기 때문이었을 것이다.

　장춘의 딸들은 모두 일본인과 결혼했다. 여성이 결혼하면 남편
의 성을 따르는 일본의 법에 따라 딸들은 모두 일본인 성을 가진
일본인으로, 두 아들은 스나가란 성을 가진 일본인으로 각각 살
아가고 있다.

　2009년 7월 현재 4녀 2남의 자녀들 중 장녀는 이미 사망했고
넷째 딸이 일본의 세계적인 세라믹 부품, 반도체 부품 제조회사
인 교세라京セラ그룹의 창업주이자 명예회장인 이나모리 가즈오稻

盛和夫의 부인이다. 이나모리는 1958년 12월 결혼하기 전, 일본에 들르러 온 장인이 될 우장춘을 단 한 번 만난 적이 있다고 자서전에서 적고 있다.

우장춘은 사위가 될 이나모리와 만난 뒤 가족들에게 "그 친구는 자기 나름대로의 철학을 가지고 있다. 장래 무언가 일을 할 사내다."라고 치켜세웠다((우리 조국), 314항)고 한다. 장춘의 말대로 이나모리는 샐러리맨으로 출발하여 당대에 세계적인 대기업을 이루어냈다.

1953년 7월 말 수백만 명의 사상자를 내고, 국토는 두 동강이 난 채 3년여 만에 6·25전쟁의 포성이 멎었다. 그 무렵 일본으로부터 어머니 나카가 위독하다는 연락이 왔다. 우장춘은 급히 출국수속을 밟았으나 출국 허가가 나오지 않았다. 우장춘은 모든 수단을 다 동원하고 이승만 대통령에게도 선처를 부탁했으나 소용이 없었다.

이 대통령은 우장춘이 한국으로 왔을 때 "돌아와주어 고맙소."라는 환영사로 반겨주었다. 해방 직후 세계 최빈국 수준이었던 한국 경제는 3년 동안의 한국전쟁으로 더욱 피폐해진 상태였으나 이 대통령은 어려운 가운데에서도 우장춘에게 예산을 지원해 주었을 뿐 아니라 부통령까지 보내 농림장관직을 제의하는 등 각별히 신경을 써주고 있었다.

그러나 웬일인지 모친 위독의 절박한 순간에, 대통령의 지시라면 곧 될 것 같은 출국 허가의 편의를 보아주지 않았다. 장춘은 "이게 모든 것을 버리고 한국을 위해 봉사해 온 나에 대한 대우란 말인가."라고 분통을 터트렸다고 당시 원예시험장의 직원들과 제자들은 기억하고 있다.

당시 우장춘에게 왜 출국 허가가 나오지 않았는지는 알 수 없다. 한일 간에 국교가 없던 시절이고 6·25전쟁이 끝난 지 한 달도 채 되지 않는 혼란한 때였던 점을 감안하더라도, 무언가 곡절이 있었던 것 같다. 이 대통령은 우장춘이 일본으로 가게 되면 다시 한국으로 돌아오지 않을 것을 염려하여 일부러 출국 허가를 내주지 않았다고도 전해지고 있다.

당시 정부도, 민간도 모두가 어려운 상황이었기에 우장춘에 대한 처우와 연구 지원도 형편없이 미흡한 상태였다. 물론 우장춘도 처우 문제에 대해 불만을 애기한 적은 한 번도 없었다고 한다. 이 같은 열악한 상황에서 이 대통령은 혹시 우장춘이 위독한 어머니의 임종을 위해 일본으로 갔다가 돌아오지 않는 경우를 우려한 것 같다.

결국, 우장춘이 출국하지 못한 상태에서 '모친 별세'의 연락이 왔다. 우장춘의 어머니 나카는 1953년 8월 18일 도쿄 장춘의 동생 자택에서 81세를 일기로 세상을 떠났다. 망명 조선인과 결혼하여 남편은 같은 나라 자객에게 피살당하고, 장남에겐 절반의 한국인으로 아버지의 나라에 봉사하라고 한 반면, 차남은 철저한 일본인으로 키우는 등 당시의 여느 일본 여성과는 다른 기구한 일생이었다.

우장춘 어머니의 위령제는 원예시험장의 강당에서 진행되었다. 위령제 사진엔 우장춘은 망건을 쓰고 한국식 상복을 입고 있고, 이복 누나 우희명도 옆에 서 있다.

우장춘의 모친 사망이 전해지자 전국에서 조의금이 답지했다. 그는 이 돈을 일본의 가족에게 보내지 않고, 물이 부족한 시험장 내에 우물을 파는 경비로 사용했다. 그 우물의 이름을 우장춘은 '자애로운 어머니의 젖'이란 뜻에서 '자유천慈乳泉'으로 명명하고, 비석의 글씨를 손수 썼다.

동래에 있던 원예시험장이 수원으로 이전한 뒤에도 자유천은 동래의 우장춘 박사 유적지 내에 보존되어 있다.

【 장춘, "조국이 나를 인정했다" 】

　　　　　　　　　우장춘이 환국한 지 9년째 되던 1959
년 여름, 지병이 악화되어 서울국립의료원에 입원했고 수술을 받
았으나 용태가 위중했다. 그해 8월 초, 국무회의는 한국 농업 발
전에 기여한 우장춘의 공로를 인정하여 문화포장文化褒章을 수여
키로 의결했다.

　병상에 누워 있는 그를 농림부장관이 찾아가(8월 7일) 가슴에 훈
장을 달아 주었다. 건국 후 애국가를 작곡한 안익태安益泰에게 첫
번째 문화포장을 수여한 뒤 두 번째 훈장 수여였다.

　그가 위급하다는 연락을 받고 급히 한국으로 달려온 부인 고하
루와 문병 온 사람들에게, 장춘은 훈장을 내보이며 "나는 이제 여
한이 없다. 조국이 나를 인정했다. 나는 기쁘다."라고 말했다. 훈
장을 받은 지 사흘 뒤인 8월 10일 그는 운명했다.

한국에 온 지 9년 5개월 만이었다. 장례식은 사회장으로 성대하게 치러졌고 유해는 그가 일했던 부산이 아닌, 한국 농업의 본산이란 점을 감안하여 수원의 농촌진흥원 구내 여기산麗妓山 기슭에 묻혔다.

묘비에는 '1898년 4월 8일 망명 정객 우범선 공의 맏아들로 일본에서 태어나 1959년 8월 10일 서울에서 62세로 별세하다'라고 적혀 있다. 노산鷺山 이은상李殷相이 지은 추도 시조 세 수도 새겨져 있다.

한국에서 우장춘을 모르는 사람은 거의 없다고 해도 과언이 아니다. 일반의 한국인들에겐 교과서에서 배운 영향 등으로 우장춘은 '씨 없는 수박을 만든 세계적인 육종학자', '일본에서 귀국하여 한국 농업을 발전시킨 공로자' 등으로 기억된다.

그러나 사실은 환국 후 우장춘의 업적은 씨 없는 수박(이 문제에 대해서는 뒤에 자세히 언급하기로 한다)보다는 한국 농업을 발전시킨 다른 업적이 더 많다고 한다. 우장춘의 생애를 기리는 다음 글들이 그의 업적을 이해하는 데 참고가 된다.

무, 배추 등 채소류 종자의 수급 상태를 보면 과거 소량의 재래종을 제외하고는 거의 전량 일본에 의지했고 해방 후에도 일본으로부터 들여오고 있었으나, 그럴 무렵 우 박사의 귀국이야말로 하느님이 우리 민족을 살리기 위해 특사를 파견한 것과 마찬가지다.……세계의 종묘업계를 경악케 한 귀재, 유전학의 최고 등 이론을 자유자재로 구사하는 정력절륜의 육종투사 우 박사를 다시 이 땅에서 보지 못하게 된 것은 진실로 서러운 일이다.(서울대 농대 학장을 지낸 한국농학회 회장 조백현趙伯顯, 1959년 8월 11일자, 〈한국일보〉 추도문)

해방 전까지 일본으로부터 전량 들여오던 채소 종자를 우리 손으로 우량한 종자를 생산하게 했으며 육종기술을 세계 수준까지 끌어올려 오늘날에는 2천여 종의 채소 종자가 일본을 비롯한 해외시장에 수출되고 있다. 우리 식탁에 오르는 다양한 채소의 품종들은 모두 선생이 뿌리고 가신 기술의 결실이며 전국 종묘업계 일선에서 활약하고 있는 육종기술자의 대다수가 선생의 직접, 간접적 영향을 받은 사람들이다.(《인간 우장춘》 서문, 원우회 회장 최정일崔廷一)

차별이 있었다 해도 일본에서 안정된 생활을 할 수 있었던 우장춘이 가족들, 그것도 처와 4녀 2남의, 당시로서도 적지 않은 자녀들을 둔 채 말도 통하지 않는 아버지의 나라인 한국에 와 농업 발전을 위해 봉사한 것은 무슨 이유에서일까?

먼저 장춘의 어머니 나카가 평소 아버지의 나라에 봉사할 수 있는 훌륭한 사람이 되라고 아들에게 말해 왔고, 장춘이 효성이 지극했던 만큼 어머니의 가르침이 한국행에 영향을 미쳤을지도 모른다.

두 번째는 농학자로서의 자신의 역량을 일본이 아닌 한국에서 펼쳐보고 싶었을지도 모른다.

세 번째는 조선인의 성을 가진 장춘이 일본에서 당한 차별, 편견에 대한 반발에서 한국행을 결심했을 수 있을 것이다.

쓰노다는 《우리 조국》에서 "절반은 일본인인 우장춘은 마땅히 절반은 가해자의 입장에서 한국의 발전을 위해 봉사하는 것이 자신의 의무라고 생각했을 것"이라고 우장춘의 한국행을 나름대로 분석하고 있다.

장춘은 민비 시해에 가담한 아버지 범선의 행위를 죄로 인식하고 있었을까? 장춘이 아버지 범선을 자랑스럽게 생각한다고 말한 적은 있지만, 범선이 민비 시해에 가담한 사실과 관련해서는 생전 일절 말한 적이 없다고 한다.

그러나 장춘이 한국에 돌아와 농업 발전을 위해 봉사한 것에는, 범선이 지은 죄업을 아들인 자신이 일부라도 대신 갚겠다는 뜻도 담긴 것으로 해석된다.

전술한, 고종과 장 상궁과의 사이에 태어난 의친왕義親王의 아들 이건李鍵은 해방 후 일본에 귀화하여 완전히 일본인(모모야마 겐이치桃山虔一)이 되었다. 조선 왕족이 일본에 귀화한 것과 비교하면, 일본 국적을 포기하고 아버지의 나라인 한국으로 와 봉사한 우장춘의 행동은 평가받을 만하다.

【 '씨 없는 수박'은 허구 】

　　　　　　　어느 시대, 어느 나라를 막론하고 대
체로 역경을 이겨낸 유명 인물들에겐 일반인이 감동할 만한 초인
적인 능력, 인내, 용기와 눈물겨운 미담 등등의 '전설'이 따라다
닌다.

　그런 전설은 보통 신동, 수재, 효자, 효녀였다는 이야기부터 시
작된다. 그 가운데는 물론 사실도 있다. 그러나 잘못 전해진 내용
이 사실로 굳어진 채 전해 내려오거나, 의도적으로 만들어지고
부풀려진 이야기도 있다.

　우장춘도 예외가 아니다. 우장춘과 관련해서도 몇 개의 '전설'
이 전해져 내려오나 그 가운데는 만들어지거나 잘못 알려져 '전
설'이 된 것들도 있다.

　한국에선 우장춘 하면 씨 없는 수박을 세계 최초로 개발한 사

람으로 널리 알려져 있으나, 그것은 사실이 아니다. 우장춘이 세계적인 육종학자란 점은 관련 학계에서도 인정받는 사실이지만 씨 없는 수박은 우장춘이 아니라, 일본 교토京都대학의 기하라 히토시木原均라는 교수가 세계 최초로 만든 것이었다.

왜 한국에서 우장춘 하면 '씨 없는 수박' 이요, '씨 없는 수박' 하면 우장춘이 되었는가? 거기에는 다음과 같은 사정이 있었다.

1952년경 일본으로부터 씨 없는 수박 종자가 한국에 처음 수입되어 가격은 상당히 비쌌으나 독농가들 사이에 인기가 있었다. 그러나 보통 수박과는 달리 재배 방법이 어렵고 까다로워 처음 재배하는 농민들은 거의 다 실패했다. 씨 없는 수박에 대해 우장춘은 처음에는 별로 관심이 없었다. 그러나 동래 원예시험장에 이들 농민들로부터 재배와 관련한 문의가 빗발치자 우장춘은 시험장 한편에 씨 없는 수박을 전시 재배했다고 한다.

1953년 여름, 우장춘이 시험한 씨 없는 수박 재배가 성공하자 직원들은 환호성을 질렀고, 시험장에 견학 와 씨 없는 수박을 처음 본 농민들과 학생들은 감탄을 연발했다.

이들은 돌아가 주위 사람들에게 "우장춘 박사가 '재배'한 씨 없는 수박을 보고 왔다."고 자랑했다. 이 말이 어느새 "우장춘 박사가 '개발'한 씨 없는 수박을 보고 왔다."로 바뀌어 전해지기 시작한 것 같다고 당시 우 박사를 보좌했던 시험장의 직원들과 제자들은 쓰노다와의 인터뷰에서 말하고 있다.

그로부터 2년 후인 1955년 8월 대구에서 '우장춘 박사 환영회 겸 씨 없는 수박 시식회'가 열렸다.

대구에서 발행되는 〈영남일보嶺南日報〉에 경상북도산업국, 경북채소조합연합회 등 주최 측의 시식회를 알리는 광고(1955년 7월 30일자)도 실려 많은 사람들이 시식회장을 찾았다.

이 시식회의 목적은 당시로선 진귀한 씨 없는 수박을 시식시킨 뒤 우장춘 박사가 개발한 배추, 무 등을 선전하기 위한 것이었다. 당시 농민들은 일제시대 이래 정부의 농촌 지도 등에 불신을 가지고 있어 아무리 우장춘 박사가 만든 종자라 해도 여간해서는 믿지 않아 우 박사가 개발한 종자 보급에 어려움을 겪고 있었다고 한다.

우장춘은 한국에 온 뒤 몇 년이 지나자 한국어로 된 신문이나 서류 등을 읽는 데는 큰 문제가 없게 되었다. 그러나 한국어 발음이 도저히 안 되어 그가 한국말을 하면 알아듣는 사람이 아무도 없었다.

대구 강연회에서도 우장춘은 어쩔 수 없이 일본어로 말하고 누군가가 통역을 했는데, 그는 씨 없는 수박을 자신이 만든 것이라고 말하지는 않았지만 기하라 교수가 만든 것이라고도 말하지 않았다고 한다. 우 박사가 거짓말을 한 것은 아니지만 최초 발명자를 자신이 아닌 일본인 교수라고 명확히 하지도 않았던 모양이다.

어쨌든 씨 없는 수박 시식을 내세운 시식회는 성황리에 끝났고, 우 박사가 만든 종자 보급에 큰 성과를 가져다주었다.

이 시식회와 관련하여 당시 우장춘의 부하였던 김태욱은 "지금 생각해도 우 박사에겐 참으로 미안한 일이지만 우 박사가 만든 종자조차 농민들이 믿어주지 않으므로 우 박사로 하여금 시골 장약장수 노릇을 하게끔 만들었다."(《인간 우장춘》, 53항)고 회고하고 있다.

이후 신문은 우 박사를 '육종의 마술사'로 대서특필했고, 국민들은 우 박사의 씨 없는 수박 재배를 개발로 받아들여 경탄과 존경을 금치 못했다. 사람들은 특히 6·25 직후의 어려운 시기에 한국인이 진기한 수박을, 그것도 세계에서 처음 개발했다는 데 대해 대단한 긍지와 자부심을 가지게 되었다.

어느새 "우장춘 박사가 씨 없는 수박을 '세계 최초로 개발'했다."는 이야기는 사실로 굳어져 전국에 퍼져 나갔고, 마침내 초등학교 교과서에까지 실리게 되었다. 교과서에 게재됨으로써 우장춘과 씨 없는 수박은 한국 사람이면 누구나가 알고, 믿어 의심치 않는 전설로 승화되어갔다.

우장춘의 제자 중의 한 사람인 최정일은 "우리들은 우 선생으로부터 '씨 없는 수박은 기하라木原 선생이 만들어낸 것'이란 얘기를 들어 왔고, 우리 제자들은 '개발자가 우 선생'이라고 말한 적이 한 번도 없다."(《우리 조국》, 255항)고 말하고 있다.

어쨌든 '씨 없는 수박'은 당시 언론, 교과서편찬위원회 등 어느 쪽의 잘못인지는 알 수 없으나, 악의로 만들어진 것은 아니라 해도 사실과 달리 우 박사를 상징하는 말로 수십 년간 전설처럼 전해져 내려오게 된 것이다.

그러다 1980년대 후반 안갑돈安甲墩 전 영천여고 교장이 우 박사의 제자 등이 만든 원우회園友會란 단체에 씨 없는 수박을 개발한 것은 우 박사가 아닌 기하라 박사인데, 왜 한국에선 우 박사라고 하느냐고 문제를 제기하고 나섰다. 이에 진정기陳正基 전 원우회 회장은 자신이 우 박사와 씨 없는 수박의 관계를 정확히 밝힌 잡지 기고문을 보여주었고, 이후 원우회 측도 저술과 방송 등을 통해 사실대로 알렸다(《우리 조국》, 257항)고 한다.

또, 안갑돈이 1986년 문교부에 적극적으로 교과서 내용을 정정할 것을 진정한 결과 1988년부터 잘못된 내용이 수정되게 되었다. 이후 수정된 내용이 '꽃씨 할아버지 우장춘'이란 제목으로 실리다가 최근엔 우장춘이란 이름이 빠진 '꽃씨 할아버지'가 도덕 과목(3학년 2학기) 자매 교재에 게재되어 있다.

그러나 교과서의 내용이 수십 년이 지나 수정되었다고 해도 이전에 우장춘과 씨 없는 수박 관계를 배운 세대들은 대부분 수정된 사실을 모른 채, 여전히 우 박사와 씨 없는 수박 얘기를 그대로 믿고 있다.

필자도 이 원고를 쓰면서 씨 없는 수박은 우장춘이 발명한 것이 아님을 처음 알았다. 주변에 물어보아도 중·고년층은 물론 20대

초반까지도, '우장춘 하면 씨 없는 수박'으로 알고 있었다. 20대까지 여전히 그렇게 알고 있는 것은, 교과서 내용은 수정되었을지 몰라도 우장춘 관련 전기류 등의 내용은 수정되지 않은 채로 있었기 때문인지 모르겠다.

우장춘 모자에 얽힌 미담도 있다. 그것은 우범선의 묘와 관련된 이야기다. 앞서 언급했듯이 우범선이 살해된 뒤 그의 묘는 일본에 2개가 만들어졌다. 살해된 구레에 먼저 만들어졌고, 스나가를 비롯한 일본인 친지들이 죽은 지 1년 후 분골하여 도쿄 아오야마 묘지(김옥균의 묘가 있는)에 마련해 준 것이 다른 하나다.

두 아들의 학비 등 생활고에 시달리던 장춘의 어머니 나카는 "우범선을 위해 친우들이 만들어 준 아오야마에 있었던 묘지를 매각할 결심을 했다. 많은 주위 사람들이 다시 생각해보도록 충고도 했으나, 남편의 묘소를 지켜 자식을 망하게 하느니보다 이것을 팔아 자식의 성장과 학업을 완수케 하는 것을 남편도 바라고 있을 것이라며, 단호한 주장으로 그 뜻을 관철시켰다."(《인간 우장춘》, 209~210항)고 한다.

그러나 쓰노다의 《우리 조국》에는 장춘의 동생 M의 얘기로, 나카는 남편의 묘를 돌보는 성격이 아니어서 장춘 등 자식들에게도 무리해서 성묘를 갈 필요가 없다, 가고 싶으면 가도 좋다며, 성묘를 강요하지 않아 아오야마의 묘가 방치된 상태로 있자, 우범선가의 후원자였던 스나가가 아오야마의 우범선 묘를 자신의 조상을 모셔 온 절인 묘켄지로 옮겨 가, 주인 없는 묘가 되자 팔았다고, 자식 교육을 위해 묘를 팔았다는 것은 사실과 다르다고 되어 있다.

따라서 한국에 전해져 오는, 우장춘의 어머니가 자식들의 공부를 위해 남편의 묘까지 팔았다는 이야기는 미화된 얘기다. 하지만 생활이 어려워 묘를 판 것은 사실인 것으로 보인다. 여유가 있었다면 남편의 묘를 팔지는 않았을 것이기 때문이다.

그리고 한국에선 우장춘이 세계적인 육종학자로 알려진 만큼 초등학교부터 대학까지 줄곧 수석으로 학교를 다닌, 수재나 천재로 알려져 있다. 우범선을 옆에서 오랫동안 모셨던 김태욱은 우장춘에 관한 책에서 '천재와 언어능력'이란 소제목으로, '천재에 속하는 우 박사'지만 언어능력에 문제가 있다는 다음과 같은 일화를 소개하고 있다.

나(김태욱)도 우 박사에게 우리말의 선생노릇을 했지만 얼마 안 가서 두 손을 들고 말았다.……우 박사는 신문을 다 볼 수 있고 공문의 결재도 번역할 필요가 없었다. 다 읽을 수 있기 때문이다. 그런데 도무지 발음이 안 되는 것이다. 하루는 우 박사를 모시고 술을 한잔 하는데 술시중을 드는 아가씨가 김 모 과장에게 유독 친절한 것을 보고 우 박사가 무엇이라고 말을 했지만 아무도 알아듣는 사람이 없어, 무엇이라고 하셨느냐고 물었더니 '보구도 마누치 무유'라는 것이었다.……어떤 사람이 여자에게 인기가 있을 때 '복도 많지 뭐유’ 라고 놀리는 말인데, 우박사가 말을 하면 ‘보구도 마누치 무유’ 가 되는 것이다. 그 이튿날 우박사에게 혀를 내어보라고 하고, 나도 혀를 내어밀어 동그랗게 말아 보이면서 이렇게 해보도록 했더니 우 박사의 혀는 말을 듣지 않는다. 우 박사의 머리야 물론 천재에 속하지만 우 박사의 혀는 그렇지 못하니 이것이야 어찌하겠는가.(《인간 우장춘》, 269~270항)

그러나 우장춘이 수재, 천재였다는 한국에서의 전설과는 달리 장춘은 구레중학교 재학 중에 성적이 뛰어나 급장이나 반장을 맡은 적이 없었던, 그저 평범한 학생이었다는 것이 동기생의 증언이고, 대학 성적도 그리 우수한 편이 아니었던 것 같다(《우리 조국》, 85항)고 그의 둘째 딸은 말하고 있다.

1916년 대학에 입학한 우장춘은 일본에서 태어나고 자란 만큼 엄밀한 의미에선 유학생이 아니었으나 조선이나 중국에서 온 유학생과 같이 취급되어 장학금을 지급받았다고 한다. 우장춘은 재학 중 성적이 “유학생들 중에서 제일 잘한 것 같다.”는 얘기를 후일 부인 고하루에게 했다. 일본어가 서툰 유학생에 비해 일본에서 성장한 우장춘의 성적이 우수한 것은 당연한 일이다. ‘유학생들 중에서……’ 이란 표현에는 유학생이 아닌 일본인을 포함하면 그렇지 않다는 의미가 들어 있다.

전설과는 관계없는 이야기이지만, 우장춘도 ‘남자였다’ 고 한다. 그는 한국에 있을 때 어떤 여자와 함께 살았다. 동래시험장의 부하와 제자들이 소개해준 S라는 그 여자는 일제시대 일본에서 학교를 나온, 일본어가 능숙한 이혼녀였다고 한다.

우장춘 스스로 일본의 지인에게 그 여자를 '현지처'라고 말했고 일본에 있는 부인 고하루에게도 한국에 여자가 있음을 숨기지 않았다. 장춘은 부인에게 그 여자 문제에 대해 '미안하다'는 말을 했는지는 모르지만 죽을 때까지 관계를 청산하지는 않았다.

고하루는 서울에서 장춘의 장례식을 치른 뒤 부산으로 내려가 남편의 집에서, 그동안 남편의 시중을 들며 함께 살았던 그 여자와 대면했다. 고하루는 일본 여인답게 "오랫동안 주인을 돌봐주셨다고 들었는데 고맙습니다."라고, 무릎을 꿇고 두 손을 모아 깍듯이 인사했다.

그러나 고하루도 '여자였다'고 한다. 고하루가 장춘의 장례를 치르고 일본에 돌아간 뒤 부산에서 보내온 남편의 유품 속에서 같이 살았던 여자의 물건이 나왔다. 고하루는 그 물건을 집어 들고 전에 없이 강한 어조로 "이런 것은 꼴도 보기 싫어."라며 멀리 내팽개쳐 버렸다고 둘째 딸은 기억하고 있다. 둘째 딸은 그런 어머니의 모습을 한 번도 본 적이 없었다고 한다. 남편 장춘이 한국으로 간 뒤 어려운 형편 속에 6남매의 어린 자식들을 묵묵히 키운 순종형이었던 고하루도 시기와 질투를 하는 보통 여자였다.

【 장춘을 찾아간 고영근의 아들 】

         1984년에 출간된 《인간 우장춘》이란 책은 국내외에서 처음 출간된 우장춘에 대한 전기물인데, 이 책을 쓰기 전 장춘의 셋째 딸이 저자(김태욱)에게 보내온 수기에는 가족들만이 아는 우씨 일가에 관한 몇 가지 일화가 소개되어 있다.

    장춘 모자는 집에서 목욕을 할 때는 함께 욕탕에 들어가 서로 등을 씻어주는 버릇이 있어 장춘의 딸들은, 할머니와 아버지가 같이 욕탕에 들어가면 "마치, 연인들 같구먼."이라고 농담을 주고받았다는 얘기도 있다.

    그런가 하면 "고영근의 아들이 아버지를 만나러 온 일이 있었답니다만 할머니는 아버지와 만나게 하지 않았다고 합니다."란 내용도 있었다.

    고영근의 아들이 언제, 어디로 우장춘을 만나자고 찾아왔는지는 불명이다. 장춘의 모, 나카가 남편을 죽인 자의 아들이 자신의 아들을 만나러 온 것을 만나주지 않게 한 심정은 이해가 간다. 남편이 자객에게 암살당한 뒤 어린 두 아들을 키우는 어머니의 입장에서 그 판단은 옳았다고 해야 할 것이다.

한국 망명자들에 대한 일본 경찰의 《요시찰거동》 보고에는 '메이지 33년 2월, 고영근의 처가 임신하고 있다.'는 기록과 같은 해 8월 이미 출산했다는 기록이 나와 있다. 메이지 33년은 1900년이다. 우범선 살해사건(1903년 11월 24일) 관련 신문기사에도 고영근과 일본인 처와의 사이에 남아(3세)가 있다고 보도되어 있다. 따라서 1900년생인 고영근의 아들은, 1898년생인 우장춘보다 두 살 어린 셈이다.

고영근은 우범선 살해사건 전까지 일본인 처, 아들과 함께 일본인 처의 친정이 있는 오카야마 현에 살고 있었는데, 히로시마 현의 구레와는 인접해 있다. 우장춘은 1916년 도쿄제국대학 농학실과에 합격하여 도쿄로 이사 갈 때까지 구레에 살며 구레중학교(5년제)에 다니고 있었다.

두 지역이 가까운 만큼, 고영근의 아들이 오카야마 현에 계속 살고 있었다면 후일 우범선 살해사건 이야기를 전해 듣고 우장춘을 한번 만나보자는 생각을 하고 찾아간 것이 아닐까 추측된다. 고영근의 아들이 우장춘의 집주소를 어떻게 알았는지는 알 수 없다. 그러나 구레 시가 작은 도시이고 우범선 살해사건은 아주 특이한 사건이었기에 주민 등에게 물어 알았는지 모른다.

왜 고영근의 아들은 우장춘을 찾아갔을까?

《인간 우장춘》의 저자 김태욱은 "(고영근의) 아들이 찾아온 확실한 이유는 알 길이 없으나, 전후 사정으로 보아 아버지들의 정치적 갈등에서 저질러진 원한을 자식들끼리 풀어보겠다는 뜻이었다고 짐작되지만 남편을 암살당한 여자로서야 암살자의 아들인들 어찌 마음이 편할 수 있었겠느냐."고 풀이하고 있다.

히로시마공소원 2심 재판에서 무기징역을 선고받은 고영근이 복역 중 감형되어 일본 감옥에서 풀려나 귀국한 것은 1909년으로 알려져 있다. 고영근이 감옥에 있을 동안 고영근의 아들이 우장춘을 찾아가기에는 나이가 너무 어리다. 아직 열 살도 안 된 어린아이이기 때문이다.

따라서 고영근이 풀려나 귀국하고 그의 아들이 10대 소년으로 어느 정도 성장한 뒤 찾아간 것으로 추측된다. 혹시 고영근이 석방된 뒤 아들에게 우장춘을 찾아가 사과하라고 했을 가능성도 있으나 기록이 없는 만큼 확인할 수는 없다.

우범선 살해 재판기록 등엔 고영근은 우범선을 살해하기 전 아들을 송병준에게 맡겨 놓았다고 했었는데 그 후 어떻게 성장했는지는 불상이다. 이름도 알 수 없다.

혹시 고영근의 아들을 송병준이 계속 돌보아주었을 가능성도 있고, 송병준이 염직공장을 하면서 한국인들을 고용한 것으로

《요시찰거동》 보고에 나와 있는 만큼 송병준 주변의 한국 사람이 키웠을 가능성도 있을 것이다. 그러나 이 또한 확인할 수 없다.

《요시찰거동》 보고에는 고영근의 일본인 처의 아버지, 즉 '니시자키 긴페이西崎金平'는 오카야마 출신의 상인인 것으로 되어 있었다. 고영근의 아들은 가출했다는 고영근의 처, 즉 어머니가 찾아 키웠든지 아니면 외할아버지가 키웠을 가능성도 있겠다 싶어 '니시자키 긴페이西崎金平'라는 이름을 일본 근현대인명사전과 오카야마 현 출신 인명록에서 찾아보았다. 그러나 그런 이름은 없었다.

어쨌든 죽이고 죽임을 당한 두 사람의 아들들이 만나 아버지 사이에 일어났던 일을 사죄, 수용하고 그 후 교류를 이어갔다면 피로 물든 풍운의 한말 역사에 이채로운 한 페이지를 장식했을지도 모른다.

제 9 장

능비
능참봉 고영근의 옹고집

【 고종, 협박에 사실상 퇴위 】

　　　　　　　　　고종은 1852년(철종 3년) 9월 8일 현재
의 서울 종로구 운니동雲泥洞에서 쇠락한 왕손 이하응李昰應과 여
흥부대부인驪興府大夫人 민閔씨의 둘째 아들로 태어났다.

　　공교롭게도 고종은 훗날 조선을 식민지화하는 일본의 메이지
천황(1852년 9월 22일생)과는 동갑으로 2주 정도 생일이 빠르다.

　　고종의 본명은 이재황李載晃이며, 아명兒名은 명복命福이다.
1864년 1월 철종이 후사 없이 갑자기 승하하자 당시 왕실의 최고
어른이던 조 대비가 파락호 행세를 하며 기회를 엿보고 있던 이
하응의 아들 명복을 왕으로 낙점하여 용상에 올랐다. 한국 나이
론 열두 살이지만 만으론 열한 살이었다.

　　고종은 왕위에 오른 뒤 15세 때 역시 여흥 민씨인 민치록閔致錄
의 딸을 왕비(민비, 1851년생)로 맞이했고. 민비와의 사이에 난 아들

348

순종 또한 여흥 민씨 민태호閔台鎬의 딸을 왕비로 맞아 고종은 어머니, 부인, 며느리가 모두 여흥 민씨인 진기한 기록을 가진다.

그가 태어나고 자란 생가는 작고 허름한 한옥에 불과했다. 그가 왕이 된 뒤 그 생가는 어린 아들을 대신하여 권력을 휘두른 흥선興宣 대원군 이하응이 거처하는 또 하나의 궁, 운현궁雲峴宮으로 불렸다. 고종을 가운데 두고 벌어진 대원군과 민비 간의 피비린내 나는 권력 투쟁도 민비시해사건(1895년 10월)으로 막을 내리고, 그로부터 2년여 후인 1898년 2월 22일 대원군도 78세를 일기로 파란만장한 생을 마감했다.

대한제국은 1905년 을사보호조약 체결에 따라 외교권은 박탈당하고 내치는 통감의 간섭하에 놓이는 등 사실상 일본의 손아귀에 넘어갔다. 이 같은 상황에서 고종은 1907년 6월 헤이그만국평화회의에 이상설李相卨, 이준李儁, 이위종李瑋鍾의 삼밀사를 파견하는 비밀 외교활동을 벌인다. 그러나 고종의 위임장을 가지고 간 밀사들은 회의장에도 못 들어가는 홀대를 당한 채 각국 언론에 일본의 침략을 알리는 활동을 벌이는 데 그쳤다.

헤이그밀사사건이 일본의 허를 찌르긴 했지만 결국 실패로 돌아간 뒤, 일본은 이를 빌미로 삼아 한국을 식민지화하는 데 최대의 장애물로 간주하고 있던, 일본에 비협조적인 고종을 제위帝位에서 축출하는 공작을 벌인다.

일본 정부는 '이 기회를 놓치지 말고 한국 정부에 관한 전권을

大韓帝國特派委員前議政府參贊李相卨前平理院檢事李偉前駐俄公使館參書官李

瑋鍾委任狀

大皇帝勅曰我國之自主獨立乃天下列邦之所共認也抑自主一國之於外交實有獨立

邦會議場應派員參往案一千九百五年十月十令日本對我國違背公法肆行非理侵奪

獨李代我外交大權斷絕我列邦友誼是日本之欺陵侮人無辜不至其年民公憤達悖人

道有有不可勝枚擧念及此實用痛恨茲特派汝二員前議政府參贊李相卨前平理院檢事

李偉前駐俄公使館參書官李瑋鍾往赴和蘭海牙府平和會議場將本國諸般苦衷事情

(陳千議席用提我列邦友誼復修我列邦友誼念及此匪惟朕躬是賴可惟是依其幹

辦妥通無隙朕會歡歎

大皇帝先武十一年四月二十日於漢陽京城慶運宮親署押鈐寶

위 1907년 고종의 명을 받고 헤이
그만국평화회의에 파견된 이준, 이
상설, 이위종 열사(왼쪽부터).

아래 고종이 헤이그만국평화회의에
밀사로 파견한 이준에게 건네준 신
임장.

장악하라'는 훈령을 통감부에 보냈다. 통감 이토는 7월 3일 입궐하여 고종에게 헤이그밀사사건에 대해 "일한협약[을사보호조약]을 무시한 것이요, 일본의 국제 위신을 상실케 한 것이다. 이는 곧 일본을 적대시한 것이니 일본은 한국에 대해 선전포고도 감행할 것이다."라고 위협했다.

7월 6일과 18일 사이 이토는 여러 차례 고종을 알현하여 이완용, 송병준 등 친일파들과 함께 퇴위를 강요, 협박했다.

고종은 밀사사건을 "모른다."고 완강히 부인했다. 그런데 친일파들 가운데 과거 어전에서의 일어 통역에 불과했던 송병준은 고종의 책임을 추궁하면서 심지어 "황제가 일본을 친히 방문하여 일본 천황에게 사과하든지 아니면 하세가와 요시미치長谷川好道 대장[일본조선주차군사령관日本朝鮮駐箚軍司令官]의 군문軍門을 찾아가 사죄하라."는 망발도 서슴지 않았다.

이토와 친일파들의 갖은 공갈과 협박에 시달리면서도 버티던 고종은, 어쩔 수 없이 7월 18일 심야 "짐朕이 열조列祖의 국기國基를 사수駟守한 지 오늘로 44년에 이르고……이에 군국軍國의 대사를 황태자로 하여금 대리케 한다."는 소칙을 승인하고 만다.

이 칙령 중에 주목되는 점은 "대사를 황태자로 하여금 대리케 한다."고 한 것이다. 고종 자신의 의사로는 아주 퇴위하는 것이 아니라 어디까지나 대리, 다시 말하면 어쩔 수 없이 황태자에게 섭정을 용인한 것에 불과하다는 뜻을 담고 있다.

고종 본인은 대리라는 문구를 쓰며 황제의 자리에 미련을 가지고 있었지만 사실상의 퇴위다. 철부지 소년으로 용상에 오른 이래 43년여의 재위였다.

이 소칙을 가지고 이토와 이완용 친일내각은 곧바로 양위식 거행을 내외에 선포하고 준비에 들어갔다. 일본의 강박에 의한, 고종의 사실상의 폐위 소식이 전해지자 19일 서울에는 상인 수만 명이 철시한 가운데 일본을 규탄하는 가두 연설대회가 도처에서 열렸다. 격앙한 군중은 친일단체 일진회 시설을 비롯하여 경찰서, 파출소를 습격, 방화하는 등 곳곳에서 일군, 일경과의 유혈충돌이 벌어졌다.

왼쪽 친일파 이완용. 주미대리공사를 지낸 이완용은 아관파천 직후 구성된 내각에서 친미파로 외부대신에 기용됐으나 이후 친일파로 변신한다.
오른쪽 고종의 퇴위를 강요, 협박하고 일본의 한국 병합에 앞장선 송병준.

친일파의 중심인물이 된 박영효는 우범선의 유족들을 나름대로 돌봐주었다.

고종이 거처하는 경운궁 대한문 앞에 몰려든 군중들은 "황제께서는 양위를 거부하고 망국 역도를 직접 斬하시라."며 대성통곡했다. 이날 밤 총리대신 이완용의 집은 군중의 습격을 받고 불탔다.

대신 중 홀로 양위를 반대한 궁내대신 박영효가 파면된 가운데 7월 20일 경운궁 중화전에서 양위식이 거행되었다. 한국 사람들이 왜성대倭城臺라 불렀던 남산 일본 공사관 일대에는 일본군이 야포 여섯 문을 배치하여 식장을 겨냥하고, 식장에는 일본군 1개 대대 병력이 철통같은 경계망을 펴고서야 겨우 식을 거행했다. 그러나 양위식엔 고종도 황태자도 참석지 않았다.

이렇게 일본의 총칼 아래, 대한제국의 제2대 황제로 순종이 즉

위했고 연호도 광무光武에서 융희隆熙로(8월 2일자) 바뀌었다. 이토
는 고종이 퇴위하자 순종에 대한 고종의 영향력을 차단시키기 위
해 고종을 일본으로 보내는 방안을 검토했다. 결국 일본은 고종
과 순종의 접촉을 차단시키기 위해 고종은 경운궁에, 순종은 창
덕궁으로 거처를 각각 분리시켰다. 사실상의 격리 조치였다.

이때 경운궁은 고종의 장수무강을 빈다며 이름을 덕수궁德壽宮
으로 바꾸었고, 고종은 덕수궁에서 엄비와 함께 무료한 나날을
보내고 있었다. 고종이 물러나자 일본은 한국 식민지화에 더욱
박차를 가한다.

순종 즉위 나흘째인 7월 24일, 일본은 기다렸다는 듯이 한국의
내정권을 통감이 장악하는 한일신협약(정미칠조약)을 이토와 이완
용의 이름으로 체결시켰다. 뒤이어 순종은 나라의 마지막 보루라
고 할 군대를 '경비 절감을 위해' 등의 구차한 이유를 들어 해산
하는(7월 31일) 소칙을 발표한다.

8월 1일 군대 해산식이 있던 날 시위대 대대장 박승환朴昇煥이
자결하고 서울의 시위대 병사들은 일본군과 시가전을 벌였고, 전
국 각지의 진위대 대원들도 대일항전에 나섰다. 그러나 이들이
최신 무기를 갖추고 잘 훈련받은 일본군에 대항하기는 역부족이
었다. 군대 해산 이후 많은 군인들이 의병운동에 참여하여 의병
활동은 전국적으로 활발히 전개되어갔다.

【고영근, 5년여 만에 석방 귀국】

1907년 7월, 고종이 황제자리에서 물러날 때 고영근은 일본의 감옥에서 4년째 수형생활을 하고 있었다. 앞서 언급했듯이 고영근은 히로시마에서 공판이 끝난 뒤 미이케三池 감옥으로 이감된다는 신문기사와, 그 뒤 홋카이도 감옥에 수감되었다는 기록(《사노향토잡지佐野鄉土雜誌》)은 있으나, 그 이상의 수형 관련 기록은 찾지 못했다.

고종에게 을사보호조약 체결을 강요하고 황제자리에서 물러나게 공갈, 협박하는 등 그를 괴롭혔던 이토 히로부미. 그 이토가 1909년 10월 26일 만주 하얼빈에서 안중근安重根에 의해 피살당했다. 안중근은 법정에서 이토를 살해한 이유로 든 '이등박문伊藤博文의 죄악 15개조'의 첫 번째로 '한국의 명성황후를 시해한 죄'를 들었다.

고종은 이토의 유해가 안치된 다롄大連으로 측근을 보내 조문하게 하고, 이토의 국장이 치러졌던 11월 4일에는 서울의 조선통감공관을 방문, 이토의 후임 통감 소네 아라스케曾禰荒助에게 조의를 표한다.

고종이 재위 중 친히 이토에게 고영근의 선처를 부탁한 것이 주효했는지 항소심에서 무기징역을 받았던 고영근은 복역 중 감형되어 1909년(일자는 미상) 일본 감옥에서의 형기를 마치고 귀국했다고 한다. 고영근은 우범선 암살사건(1903년 11월 24일) 이후 5년여 또는 약 6년을 복역한 셈이다.

김옥균을 암살한 홍종우가 아무런 처벌을 받지 않고 개선장군처럼 귀국한 것과 비교하면 5년여 이상을 복역한 고영근은 어느 정도 죗값을 치렀다고 할 수 있다.

고영근이 귀국 후 이미 퇴위한 고종을 알현했는지 등은 불명이다. 왕실로부터 우범선 암살의 공로로 보상금, 또는 연금을 받은 것으로 일본 신문 등은 보도하고 있다. 그러나 그 금액이 얼마인지, 연금이라면 얼마가 어느 기간 지급되었는지, 또 고영근이 귀국 직후 이미 이와 관련해 합방 후 이왕직에 장기간 근무했던 일본인 곤도權藤四郎介는 "[고영근]이 히로시마의 철창에 갇혀 형이 만기가 된 뒤, 돌아와 전하[순종]의 두터운 은혜로 여생을 보내고 있으나……"(《이왕직비사》, 219항)라고 적고 있어 고영근에게 순종으로부터 어떤 보상이 있었음을 시사하고 있다.

위 고종 황제 일가. 1918년 영친왕이 일본에서 귀국한 것을 기념하여 찍은 사진. 왼쪽부터 영친
왕, 순종, 고종, 순정효황후, 덕혜옹주.
아래 1910년 8월 29일 합일합방 직후 덕수궁 석조전 계단 앞에서 찍은 사진. 앞줄 왼쪽 세 번
째부터 데라우치 초대 조선총독, 영친왕 이은, 고종, 순종의 모습이 보인다.

히로시마 2심 재판에서 12년으로 감형되었던 노윤명이 그 뒤 무사히 복역을 마쳤는지, 귀국했는지 여부 등에 대한 기록도 찾을 수 없었다.

1910년 8월 22일, 총리대신 이완용과 조선통감 데라우치 마사타카寺內正毅가 비밀리에 한일합방조약을 체결하고, 일주일 후인 8월 29일 '한국 황제폐하는 한국 정부에 관한 일체의 통치권을 완전하고도 영구히 일본 황제폐하께 양여함' 이란 내용 등을 담은 전문 8개조의 '한일병합에 관한 조약' 이 발표되었다. 한국이 일본의 완전한 식민지로 전락하는 치욕의 조약이다.

이에 따라 1392년 창건 이래 1897년 대한제국 성립까지 500년 이상 이어져 오던 조선과, 그 뒤를 이어 13년간 계속되었던 대한제국이란 나라는 소멸되었다. 이후 한민족 역사상 처음으로 이민족의 식민지로 전락하여 35년간 굴욕과 질곡의 모진 세월을 보내야 했다.

천황의 직속기관으로 식민지 조선을 통치하는 조선총독부는 순종은 거처하는 궁의 이름을 따 창덕궁 이왕전하昌德宮李王殿下로, 고종은 덕수궁 이태왕德壽宮李太王으로 각각 명명한다. 황제와 태황제 칭호로부터의 강등이다. 일본 천황 밑의 황족들에게 친왕親王이란 칭호를 붙이듯 조선의 왕(순종), 전임 왕(고종)에 불과하다는 의미다. 국호도 대한제국이 아닌 조선으로 한다고 발표되었다. 국호도 제국에서 왕국으로 강등된 것이다.

황제자리에서 물러난데다가 나라마저 없어진 상태에서, 고종의 유일한 낙은 양梁 귀인과의 사이에 환갑(1912년 5월)에 얻은 덕혜옹주의 재롱을 보며 시간을 보내는 일이었다. 고종은 늦둥이 딸을 위해 덕수궁 안에 유치원을 만들어 주기도 했다.

후일 덕혜옹주는 일본의 황족 등이 다니는 학교인 도쿄의 각슈인學習院으로 유학(1925년)을 가고, 스시마對馬 번주의 후손인 소 다케유키宗武志와 결혼(1930년)하여 딸을 출산하나 정신병을 앓고, 귀국 후 이혼(1955년)하며, 1989년 사망한다.

순종 즉위(1907년) 후 곧바로 유학이란 명목으로 어린 나이에 일본에 인질로 끌려 갔던 황세자 영친왕과 일본 황족 나시모토노미야 마사코梨本宮方子, 즉 후일의 이방자와의 정략결혼이 1919년 1월 25일로 발표되었다.

고종은 영친왕과 방자의 결혼에 대해 표면상으로는 "이 경사를 하루라도 빨리 거행하여 이 늘그막의 외로움을 달래주기 바란다."며 기뻐하고 있었다고 이왕직의 일본인 사무관으로, 또 이례적으로 일본인이지만 순종의 시종 등으로 15년여 고종과 순종을 지근거리에서 보좌했던 곤도는 회고록(《이왕궁비사》, 164항)에서 적고 있다.

고종의 본심이 어땠는지는 알 수 없지만 순종이 자식이 없고 병약한 만큼, 정략결혼이지만 영친왕이 왕손을 이어갈 것을 기대하고 있었던 것 같다.

초대 조선통감 이토 히로부미와 영친왕 이은이 일본 군복을 입은 모습. 고종은 1904년 3월 서울을 방문한 이토에게 우범선을 살해한 고영근의 선처를 직접 부탁한다.

일제에 의한 무단 식민통치가 10년째에 접어들던 1919년 정초. 덕수궁에 기거하고 있던 고종은 1월 20일 밤 갑자기 쓰러져 의식 불명 상태가 되었다. 원인은 뇌일혈이었다.

고종은 깨어나지 못한 채 몇 시간 후인 1월 21일 오전 1시 45분경 숨졌다고 곤도는 자서전에서 밝히고 있다. 그는 고종이 쓰러졌다는 조선인 직원으로부터의 전화 연락을 받는 순간 처음엔 병약했던 순종인가 생각하여 "창덕궁인가?"라고 물었다고 한다. 평소 건강한 편이었던 고종의 갑작스런 죽음과 관련, 독살설이 전해져 내려오나 진상은 불명이다.

고종은 11세에 국왕이 된 이래 67세에 숨을 거둘 때까지 50여 년간 그 호칭만 해도 조선국왕 전하, 조선국대군주 전하, 대한국황제 폐하, 대한국태황제 폐하, 이태왕 전하의 5개를 바꾸어 사용한 문자 그대로 파란만장, 다사다난으로 점철된 생애를 보낸 군주다.

고종에 대한 국내외의 일반적인 평가는 무능, 유약, 우유부단한 군주 등 대체로 부정적이다.

고종에 대한 그 같은 부정적인 이미지는 일제가 만들어낸 식민사관의 연장에 있는 것이라며 최근 국내 학계 일부에선 고종을 "유약한 군주가 아니라 동도서기론의 개화를 추구한 개명군주로 평가되어야 한다."(이태진, 《고종시대의 재조명》, 태학사, 2000년, 7항)고 주장하는 시각도 있다.

하지만 집권 초기 어린 시절 아버지 대원군의 섭정기간을 제외하더라도 장성한 뒤 민비의 국정 간섭을 초래, 방임한데다가 민비(민씨 일파)와 대원군과의 피비린내 나는 정쟁, 수많은 정변의 발생, 일본의 보호국 전락 등 고종이 재위 중 국왕으로서 국정을 제대로 장악, 수행했다고는 할 수 없다.

고종의 재위기간이 열강의 침략과 간섭이 횡행하던, 제국주의가 발호했던 시대란 특수한 상황이었다고 하지만, 고종은 시대의 흐름을 읽고 국정을 개혁하거나 근대화에 앞장서는 안목은 고사하고 결국 일본에 나라를 빼앗긴 군주다. 일본을 입헌군주제의 근대국가로 정비시킨 반면 제국주의 국가의 군주로 조선, 중국 등에 대한 침략노선으로 치달은, 당시 일본의 천황 메이지와 단순 비교하는 것은 곤란하다 하더라도, 고종을 과연 개명군주라고 할 수 있을지는 의문이다.

한편 조선총독부는 고종의 급사가 조선인들을 동요시킬 것으로 판단하여, 승하 발표를 고의로 늦추어 1월 22일 저녁 8시에, 당일 오전 6시 20분에 숨졌다고, 승하 시간도 조작하여 공식 발표했다.

【고종 승하, 장례 문제로 논란】

　　　　　　　　고종이 덕수궁에서 승하하자 그의 장
례식을 어떻게 치르느냐가 이왕직과 조선총독부, 그리고 이왕직
의 상급 관청인 일본 내각 궁내성의 골칫거리로 등장한다.

　먼저 고종을 어떤 명칭으로 장사 지내느냐가 문제였다. 대한
제국을 합병한 뒤 국호를 조선으로 환원시킨 일본으로선, 고종은
더 이상 대한제국의 전 황제가 아닌 대일본제국이 지배하는 속국
조선의 전왕에 불과했으므로, 천황과 황후 등에게만 허용되는 능
陵이란 명칭을 쓰는 것은 안 된다는 것이 일본 궁내성의 입장이
었다.

　일본은 천황과 황후, 태황태후太皇太后, 황태후皇太后의 묘는 능
이라고 부르지만 그 밖의 황태자나 친왕親王 등 황족의 경우 묘墓
로 부른다.

그러나 고종은 대한제국의 황제였을 당시 스스로 자신의 능을 경기도 양주楊州군 금곡리金谷里에 마련해 놓고 있었고, 한국민들도 그것을 당연한 것으로 생각하고 있었다. 고종 사후 한 달 이상을 고종의 장례문제로 갑론을박한 끝에 결국 이왕직은 명성황후가 묻혀 있는 청량리의 홍릉洪陵을 금곡리에 옮겨(2월 16일 이장) 고종과 합장하기로 결정했다. 명칭은 홍릉 그대로, 국장일은 3월 3일로 정해졌다.

고종의 국장을 계기로 3·1독립만세운동이 일어났다. 1일 서울에서 시작된 조선독립만세 운동은 전국적으로 확대되어갔다. 만세운동에 대한 일본 경찰과 군대의 무자비한 진압이 진행되는 가운데 고종의 국장은 3일 덕수궁에서 일본식으로 치러졌다.

하세가와 요시미치長谷川好道 총독을 비롯한 총독부 고위 간부들이 일본식 상복인 대례복 차림으로 대거 참석하고 이완용, 송병준 등 친일파가 참석한 가운데 열린 국장에 대한 조선인들의 반응은 싸늘했다. 조선인 참석자는 70여 명에 불과했다.

일본식 국장이 끝난 뒤 조선식의 장례엔 7, 8천 명의 인파가 몰려들었고 금곡리의 홍릉엔 1만 5천여 명이 운집하여 망국의 황제가 비운의 황후와 합장되는, 마지막 의식을 지켜보았다. 고종으로선 일본인 손에 참혹한 죽음을 당한 명성황후와 24년 만의 재회였다.

금곡리에 밀려든 그 인파는, 망국의 슬픔과 울분, 일본에 대한

고종의 장례 행렬이 금곡 홍릉에 도착한 모습.

불만과 항의를 표시하는 시위에 다름 아니었다.

우여곡절 끝에 금곡리에 홍릉을 조성했지만 이번엔 비문을 어떻게 새길 것인가의 문제가 남아 있었다. 비문에 이미 없어진 대한제국의 황제였던 고종과 명성황후의 존칭을 어떻게 새기느냐가 문제의 핵심이었다. 그리고 이 문제에 일본에서 형기를 마치고 귀국해 있던, 고영근이 개입하여 능비사건을 일으키는 돌발사가 일어난다.

'육십에 능참봉'이란 말이 있다. 늘그막에 별 볼일 없는 미관말직에 오른다는 의미다. 조선시대 관직의 하나인 참봉은 종9품으로 가장 직급이 낮은 관직 중의 하나다. 능참봉은 능을 지키고 관리하는 것이 그 임무다.

고종 사후 2년여가 지난 1921년, 고영근이 금곡리 홍릉을 지키는 능참봉에 임명된다. 한일합방 후 조선 왕실을 관리하는 기관으로 만들어진 조선총독부 산하의 이왕직의 장관은 그때 왕족인 이재극李載克이 맡고 있었는데 고영근이 홍릉의 능참봉을 자원했기에 그를 임명했다고 한다.

당시 고영근은, 이미 종2품의 병마절도사 경력을 가지고 있었을 뿐 아니라 60대 후반의 나이였다. 이왕직은 고종, 민비와 고영근과의 특수한 인연을 감안해 임명했던 것으로 보인다. 이왕직은 대수롭지 않은 말직인 능참봉에 누굴 임명하든 큰 문제가 없다고 판단했을지도 모른다.

그러나 고영근을 능참봉으로 임명함에 따라, 이왕직뿐만 아니라 조선총독부는 다음 해 예상치 않았던 큰 낭패를 당한다. 그 낭패의 시말은 다음과 같다.

【 능참봉 고영근의 결단 】

고종이 홍릉에 묻힌 지 4년째에 접어 들었던 1922년 12월 13일자 〈동아일보東亞日報〉 3면 톱에 '고종태 황제高宗太皇帝의 능비건립陵碑建立/ 돈화문전敦化門前에 참봉대죄參 奉待罪'란 제목으로 다음과 같은 기사가 실려 있다.

11일. 창덕궁 돈화문 앞에는 어떤 백발이 성성한 노인이 거적을 깔 고 엎드려서 통곡을 했다. 의외의 광경을 본 창덕궁경찰서 경찰이 그 노인이 누구인지 무슨 곡절로 그리하는지 몰라서 웬일이냐고 사정을 묻는 동안에 행인이 다수히 모여 궁문전에는 무슨 큰 사건이 생긴 것 같이 큰 소동이 일어났는데⋯⋯마침내 리왕직李王職에서 사무관 리 원승李源昇 씨가 나와 경찰서 사무실로 데려가 곡절을 들었다.

高宗太皇帝의 陵碑建立

敦化門前에 參奉待罪

王殿下의 哀傷

金氏檢墓

高氏哀

洪陵에 碑石奉建

參奉高永根氏待罪

王殿下의 至孝에 感激

洪陵參奉 高永根氏談

新生

고종능비사건을 일으켰을 때 〈동아일보〉 1922년 12월 13일자에 게재된 관련 기사 속의 고영근 얼굴 사진 그 노인은 당시 금곡리의 홍릉 참봉으로 있는 고영근(67) 씨로 그가 궐문대죄闕門待罪한 이유를 그 기사는 다음과 같이 전하고 있다.

금곡 홍릉에는 삼작년[3년 전] 국장 이래 토일[세월] 4년이 지나도록 아직까지 비석을 세우지 못하였는데 비석을 세우지 못한 것은 여러 가지 사정이 있어서 오늘날까지 연타[연기]된 것이오. 장래에도 언제나 세울는지 기약이 망연하게 되었는데 전기前記 참봉 고 씨는 작년 삼월에 봉직한 이후 주소로[주야로] 비를 세우지 못함을 한탄하던 끝에 비밀히 비문을 새겨서 십 일 상오 구 시에 홍릉 비각 안에 비를 세우고 자기의 방자한 죄를 속贖하기 위해 궐문에 대죄한 것이라는데…….

이 톱기사 외에도 무려 일곱 건의 능비와 관련한 기사가 게재되어 이 문제에 대한 신문과 일반의 관심이 얼마나 큰가를 말해 주고 있다.

금곡으로 옮기기 전 청량리 홍릉에 세운 비석엔 다음과 같이 여덟 자만 새겨져 있고 글자 사이는 공백으로 되어 있었다.

大韓		
		洪陵
明成	皇后	

이 비문은 고종이 명성황후가 시해된 뒤 국장을 지낼 때 친필로 쓴 것이었다.

그러나 조선총독부가 능비에 '대한大韓', '황제皇帝'라는 용어를 쓰지 못하게 하여, 능비는 고종 사후 4년 가까이 홍릉 한구석에 방치되어 있었다. 그동안 조선총독부가 전前자를 한 자 더 넣어 '전고종태황제홍릉前高宗太皇帝洪陵'으로 하는 대안을 제시했다. 그러나 이왕실과 고영근 등은 '전前' 자를 넣는 것은 굴욕적이라며 반대하여 건비建碑가 연기된 상태로 있었다. 이 같은 상태에서 고영근이 닷새간, 야밤에 인부를 몰래 동원하여 다음과 같이 여덟 자를 더 새겨 넣은 뒤 비각 안에 비를 세워버린 것이다.

> 大韓
> 高宗太皇帝洪陵
> 明成太皇后祠左

고종에게 전前 황제를 의미하는 '태황제太皇帝'를 넣고, 명성황후의 존호에도 '태太' 자를 넣었다. 사좌祠左는 황후 또는 왕비를 합장한다는 의미다. 고영근은 이날 창덕궁으로 가 궐문대죄 하면서 순종에게 '신고영근황공대죄臣高永根惶恐待罪……'로 시작하는 상소문을 올려 "선제先帝[고종]의 은혜를 갚기 위한 마음에 자신이 능비를 자의恣意로 세웠으니 벌을 내려달라."고 청하고 있다.

홍릉 비각 안에 있는 고영근이 세운 능비.

같은 날자 〈동아일보〉에는 '돈화문에서 상소를 올린 뒤 홍릉 참봉 고영근 담談'이란 제목으로 다음과 같은 고영근과의 인터뷰 기사도 게재되어 있다.

자의로 홍릉에 비석을 세우고 궐문전에 대죄한 참봉 고영근 씨는 방금 근신 중인데 기자에게 말하되

"이번 일은 전혀 나의 자의로 한 일이올시다. 지중막대한 죄를 지은즉슨 오즉[오직] 처분만 바라는 중이오나 이번 일은 전혀 격분한 생각으로 나의 일신을 희생하여서라도 비석을 세우랴[려] 한 것이오.

내가 작년에 봉직한 이후 이태 동안에 왕전하의 봉행奉行을 다섯 번 맞게 되었는데 전하께서 번번이 능상陵上에 배알拜謁하신 뒤에는 의례히 비각 문을 열으라 하시고 부들자리에 서서 비각 안에 누인 비석을 보시고 좌우를 돌아보시며 비석은 언제 세우는가 속히 세우도록 하라, 하시며 옥안玉顔에 감창憾愴[슬픈]하신 빛을 띠우시고 탄식하시는 것을 배찰配察[공손히 살핌]할 때마다 나의 마음에는 비상히 감동된 일이 있었습니다.

그런데 거번[지난번] 시월에 왕전하께서 능행하시었을 때는 웬일이신지 비각을 봉심奉審[살펴봄]치 아니하시고 다만 한숨만 쉬시는 것을 보았습니다. 이와 같은 사정에 처하여 구신舊臣의 몸으로 더욱이 재관在官[관직에 있는]의 몸으로 어찌 거저 있을 수 있습니까.

아무리 생각해도 리왕직에서나 총독부의 처분을 기다리고 한만閑
慢[한가하고 느긋하게]히 있을 수가 없기로 왕전하의 지효하신 심사
를 배찰하여 나의 자의로 비석을 새겨 세운 것인데 닷새 동안 비밀
히 역사를 하여 십일 일 오전 아홉 시에 비를 세우고 바로 서울에
들어와서 그날 오후 두 시에 궐문대죄를 한 것이오." 하며 백발이
성성하고 주름 잡힌 얼굴에 더운 눈물이 비 오듯 하더라.

이 인터뷰 기사엔 백발이 성성한 모습의 고영근의 얼굴사진도
게재되어 있다. 1919년의 3·1만세운동 이후 조선총독부가 문화
통치란 명목으로 조선어 신문의 간행을 허용하여 1920년 3월과
4월, 〈조선일보〉와 〈동아일보〉가 잇달아 창간되었다.

두 신문이 창간된 지 2년 여가 지난 1922년 무렵은 아직 국내
일간신문들이 제작 기술상 사진을 별로 게재하지 않을 시점이었
다. 이때 고영근의 얼굴사진을 찍어 실은 것은 능비사건을 주요
뉴스로 판단했고, 그 중심인물이 고영근이었기 때문인 것으로 보
인다. 이 사진이 현존하는 고영근의 유일한 사진이 아닌가 생각
된다.

이 같은 사실을 알게 된 이왕직은 "대경실색하여 장관, 차관 등
이 고영근을 불러 앉힌 채 비밀회의를 열고 선후책을 의논"했다.
회의는 "능참봉이 자의로 이러한 일을 하였으니 이는 책임이 참
봉 한 사람에게만 있는 것이 아니라 리왕직 전체에게 있는즉 속

히 비석을 다시 뉘도록 하라."는 데 의견이 일치했다고 신문은 전하고 있다. 그러나 고영근은 "내가 세우기는 격분한 마음으로 세웠으나 고종태황제의 능비를 세운 이상 내 손으로 다시 누인다는 일은 도저히 할 수 없는 일이다."라며 불응했다.

담당 부서인 '이왕직의 장관, 차관 이하 직원들은 창황한 빛이 되어' 즉시 총독부와 일본 내각 궁내청에 보고했다. 사이토 총독은 보고하러 온 이왕직의 이재극 장관과 우에바야시 게이지로上林 敬次郎 차관에게 "이 문제는 이왕직에서 해결하는 것이 좋다."는 단 한마디를 했을 뿐이었다고 한다.

우에바야시 차관은 기자들에게 "고영근이 자의로 능비를 세운 것을 용납할 수 없다."면서도 "능비를 철거할 수도 없다."고 말하고 있어, 이왕직이 이럴 수도 저럴 수도 없는 곤혹스런 입장에 놓여 있었음을 짐작케 한다.

【고영근의 승리…일본, 능비를 인정】

　　　　　　　이왕직은 이 문제를 단독으로 처리할 수 없는 사안이라고 판단하여 12월 15일 우에바야시 차관을 급거 도쿄에 파견하여 내각의 궁내성과 상의토록 한다.

　그 뒤 "금곡 홍릉에 비석을 세웠다는 사실이 여러 신문에 보도되자 일반 시민들은 4년 동안이나 비었던 비각 안에 새로 비를 세웠다는 소문도 들리기에 이상한데다가 10여 년이나 이 세상에 흔적을 감추었던 '대한大韓'이라는 문구가 쓰였다 하므로 그 비석을 한번 똑똑히 보려고 너도나도 홍릉으로 가는 사람이 요사이 많은데 당국에서는 무슨 까닭인지 그 비석에 붉은 포장을 둘러싸서 도무지 볼 수 없게 만들어놓았다더라."는 보도(〈동아일보〉, 12월 19일자, 3면)도 있다.

　왕실 관련 학회인 이화李花학회 간부들과 전주 이씨 등 20인은

12월 21일 '고영근이 건립한 능비는 국법이나 경례經禮상 하등 문제가 없으며 이 문제에 대한 이왕직 장관 이재극의 태만 불경함을 규탄' 하는 결의서 등을 채택하는 등 파문이 날로 확산되어갔다.

서울에서 이 문제를 논의하기 위해 도쿄로 출장 간 우에바야시 차관이 궁내성과 계속 협의하고, 다음 해인 1923년 1월 22일 도쿄에 들른 사이토 총독이 마키노牧野 궁내성 대신을 방문해 상의했다. 그 결과는, 이왕직이 건의한 대로 고영근이 세운 비를 그대로 두기로 결정되었다.(〈동아일보〉, 1923년 1월 23일자, 3면)

일본 정부와 조선총독부가 이같이 결정한 것은 3년여 전 3·1 만세운동이란 조선인들의 열화와 같은 독립 요구와 일본 군경의 강경 진압에 대한 격렬한 저항을 경험한 일본 측이 능비문제로 다시 조선인들을 자극하는 것은 바람직하지 않다고 판단했기 때문이다.

조선총독부는 자의로 능비를 건립한 책임을 묻기 위해 우선 고영근을 참봉에서 해임하고, 후일 이왕직의 이재극 장관과 우에바야시 차관을 교체하는 선에서 마무리한다.

쓰노다는 《우리 조국》이란 책에서 "전주 이씨 대동종약원에 문의해본 결과 왕릉비는 1919년 황실에 의해 건립되었다. 고영근이 세웠다는 '속설'이 있으나 그것을 증명할 자료는 없다고 답변해주었다."고 적고 있다.

전주 이씨 대동종약원이 왜 그렇게 답변했는지는 알 수 없으나 위의 기사 등을 볼 때 고영근이 능비를 세운 것은 속설이 아니라 틀림없는 사실이다.

이규태는 '한국적 옹고집 고영근의 승리' 라는 제목의 칼럼에서 고영근이 일으킨 이 능비문제를 다루고 있다.

그런데 여기에 능참봉 고영근의 저력 있는 고집의 발동을 보게 된 것이다. 총독부고 무엇이고 비를 세워 놓고 보자고 굳게 마음먹은 그는 인부를 모아 건비공사를 일으켰다. 목욕재계하고 비면을 깨끗이 씻은 다음 야음을 타 능비를 세웠다…….

이로써 고영근의 고집은 급기야 승리를 거둔 셈이었다. 그러나 이 승리로 말미암아 고영근은 참봉직에서 쫓겨났고, 궁내부 장관 이재극도 관직에서 쫓겨났다.……때로는 우직하기도 하고, 때로는 용감무쌍하기도 했던 고영근 노인은, 그의 고지식과, 시종일관 고종황제에게 바쳐 왔던 충성과 함께, 고종황제의 능 옆에 묻힌 것이다. (《개화백경開花百景》, 신태양사, 1969년, 88~90항)

이왕직에서 근무했던 곤도는 회고록에서 "고영근은 참봉직에서 물러난 뒤에도 금곡 숲 속에 초가집을 짓고, 무관無冠의 참봉으로 만년을 보냈는데, 다음 해 병으로 죽자 뼈를 태왕[고종]의 능 밑에 묻었다."(《이왕궁비사》, 221항)고 적고 있다.

이상에서 살펴본 바와 같이 우범선은 조선의 국정 개혁을 위해서는 민비를 제거해야 한다고 믿은 일종의 확신범이었다.

그는 을미사변 직전 자발적으로 일본 측에 훈련대 해산 정보를 제공하는 등 능동적으로 참가하고, 시해사건 당일에도 자국 왕비를 참살하는 일본 폭도들과 행동을 같이 한 뒤, 사체 처리에도 주저 없이 그들에게 협조했다. 우범선은 일본 망명 후에도 자신의 행위에 대한 반성의 기미는 추호도 없었고 오히려 영웅인 양 행동하고 있었다.

조선은 500여 년간 유교를 하늘처럼 떠받들어 왔고, 임금을 부모 이상으로 섬겨야 했던 유교의 나라였다. 고종시대는 조선의 국세가 기울어져가는 시점이었지만, 조정의 신하들은 물론 백성들도 여전히 유교적인 가치관에 따라 사물을 판단하고 행동하던 시대였다.

그러나 우범선은 훈련대 대대장이란 정부의 주요 직책에 있으면서, 국록을 먹던 자였지만 사고와 행동은 지극히 반유교적이었다. 물론 당시라고 해서 유교적인 가치관과 그에 따른 행위만이 지고지선이라고는 할 수 없다. 그리고 당시 조선은 우범선의 말대로 '악정을 혁신'하기 위한 국정개혁이 절실한 시점이었다. 그러나 우범선의 그 같은 행위는 유교와 관계없이 어느 시대, 어느 나라를 막론하고 명백한 반란이요, 그 행위자는 반란 수괴에 다름 아니다. 군 지휘관이 자국의 왕비를 살해하려는 외국 세력에 동조하여 자신의 부대를 이끌고 작전에 가담한 것은 변명의 여지가 없는 반란행위이기 때문이다.

그런 자를 응징한 고영근이 없었더라면 조선이란 나라와, 조선이 섬겨 온 유교는 더욱 초라하고 한심했을지 모른다. 고영근이 우범선을 살해한 동기와 이유가 무엇이든, 또 살해행위의 잘잘못을 떠나 고영근과 같은 인간이 한 명이라도 있음으로 해서 그나마 조선과 유교의 체면이 세워졌다고 해도 과언이 아니다. 고영근은 그런 의미에서 기억되어야 할 존재라고 생각한다.

이 우범선 살해사건을 추적하는 과정에서 필자는 몇 가지 특이한 사실을 발견하고, 의문점을 느꼈다.

먼저 일본 측이 우범선에게 망명한 뒤부터 줄곧, 그리고 그가 죽고 난 뒤엔 유가족에게, 그것도 사후 수십 년이 경과할 때까지 특별 배려를 해주고 있다는 사실이다.

예를 들어, 우가 일본 망명 중 귀국하기 위해 인천까지 갔을 때 상륙 허가를 내주지 않은 채 일본으로 돌려보내 우를 보호한 점, 우범선 사망 후 조선총독부가 아들 장춘의 대학 진학에 관여하고 학비를 지원한 점, 차남에 대해서는 조선 총독이 기밀비에서 상당한 액수의 학비를 오랜 기간 보조해 준 점, 우범선의 처 나카가 조선총독부로부터 나오는 돈을 받기 위해 서울을 방문했다는 사실 등등이다.

또, 미우라를 비롯한 일본 측 민비시해사건 관련자들과 스나가 등도 우범선 생전은 물론 사후에도 가족들의 든든한 후원자 역할을 해주고 있다. 이같이 그들이 우범선과 그 가족들을, 장기간에 걸쳐 '우대' '관리' 하고 있음을 알 수 있었다.

같은 훈련대 대대장으로 우범선과 같이 일본에 망명했던 이두황에 대해 일본이 어떻게 대했을까 알아보았다. 일본 경찰이 조선 망명자 등에 대해 동태를 보고한 《요시찰거동》 중 이두황에 대한 동정 항목을 전부 훑어보았으나 특별히 일본이 그를 우대한 흔적은 없었다.

일본 외무성이 외곽단체를 통해 조선 망명자에게 준 생활보조비는, 우범선과 이두황은 조선에서의 계급이 같았으므로 동급으로 분류되어 월 20엔씩을 받은 것으로 되어 있다. 다만 이두황은 이토 히로부미가 1905년 조선 통감이 된 이후부터 전북도 지사 등 요직에 임명되어 친일파로 행세하다 1916년 사망했다.

왜 일본은 우범선과 그 가족들에게는 특별히 신경을 썼던 것일까? 그것은 민비시해사건에서 우범선이 다른 망명자와 달리 그들에게 크게 공헌, 기여한 점이 있었기 때문일 것이다. 일본 측으로선 민비 암살이란 중대 과업을 성공시키는 데 있어서 조선인 가운데는 누구보다도 우범선의 역할을 높이 평가하고 그에 대해 논공행상했다고 할 수 있다.

경복궁에 난입한 낭인 중의 한 명인 고바야카와는 당시 그들의 민비 시해에 가담한 우범선의 행동을 다음과 같이 평가, 두둔하고 있다.

일찍이 한국 훈련대는 일본 사관에 의해서 교련되었으나 점차로 궁중의 계교에 넘어가 그쪽 편으로 기울어져 간부에는 궁중파의 인물이 배치되어 있었다.……민비의 총애를 받아 대단한 신임을 얻고 있던 홍계훈이 연대장의 직책에 있었다. 홍계훈은 다시 그 부하인 제1 대대장에 또한 민비파의 인물을 배치하여, 단지 경골파硬骨派로 알려진 우범선만이 제2 대대장의 지위를 보전하여 고립무원의 처지에 있었다. 이날 밤 우범선이 사면이 모두 정적政敵인 속에서 그의 부하인 제2대대를 빼내어서 대원군이 궁중에 드는 데 그 선구의 역할을 했다는 데는 감히 상상할 수 없는 고심이 있었으리라.(《민비시해의 진상》, 93항)

훈련대 동원은 미우라의 '여우사냥' 계획에 있어 대전제였다. 훈련대를 동원하지 못한 채 일본군 수비대나 경찰, 낭인들만으로는 '거사'를 성공시키기 힘든 상황이었기 때문이다.

우범선이 훈련대를 이끌고 일본인 폭도들에 가담하여 경복궁에 진입했기에 미우라의 민비 제거 계획은 성공할 수 있었다고 해도 과언이 아니다.

역사에서 가정은 없지만, 만약 사전에 일본 측의 계획을 알고 있었던 우범선이 일본에 협조하지 않고 왕실에 귀띔하여 민비가 도피했다든지, 사건 당일 경복궁에 들어갈 때 우범선이 훈련대 병력으로 일본을 공격하거나 지시에 저항했다면, 일본은 목적 달성에 실패하고 민비는 화를 면할 수도 있었을 것이다. 그런 면만으로 볼 때도 우범선은 일본에 지대한 공헌자라 할 수 있다.

민비시해사건에서 우범선의 역할을 누구보다 잘 알고 있었을 미우라가 우범선이 일본에 망명 후 결혼하기 전 나카의 중매인(도쿄 기운지 주지)에게 '언제 죽을지 모르는 사내'라고 말한 것은, 우범선이 훈련대를 끌고 동참한 사실만 가지고도 그렇게 말할 수 있을 것이다. 다른 한편으로는 우범선의 시해사건 관련 행동이 자객을 맞을 만큼 결코 심상치 않았음을 시사해주는 발언으로도 볼 수 있다.

민비시해사건에 대해 우범선 스스로가 말했다는 유일한 기록은 앞서 윤효정이 고영근에게 우범선 살해를 제의하면서 "우범선으로부터 전에 왕비를 죽인 것은 나라는 취지의 말을 하는 것을 들었다."는 내용(《일본외교문서》 제36권 제1책, 750항)이다.

이 윤효정의 우범선 관련 발언은 다른 자료엔 "우범선이 윤효정에게 왕비 살해의 주역은 나라고 말했다는 것을 고영근이 듣고⋯⋯.", "윤효정으로부터 민비 암살의 수괴는 우범선이라는 말을 고영근이 듣고⋯⋯."(이상 우범선살해사건 재판기록) 등 약간씩 다르게 나온다.

후쿠자와가 지인에게 보낸 편지에서, 일본으로 망명해 온 우범선 등이 영웅처럼 행동하고 있다고 말한 것 등을 감안할 때, 우범선이 윤효정에게 말할 당시(1903년 여름) 민비사건과 관련하여 자신의 역할을 숨기거나 축소할 필요는 없었던 것으로 보인다.

그러나 이 발언은 우범선이 직접 한 말이 아니라 윤효정이 우범선으로부터 들었다고만 전해질 뿐 다른 증거나, 다른 사람도 들었다는 기록이 남아 있지 않아 결정적인 증거가 되지 못하는 약점이 있다. 앞서 언급한, 우범선이 살해되기 전에 남긴 자술서(《오사카아사히신문》)에서 그는 을미사변을 "악정을 혁신하기 위한 것"이라고 주장하면서도 자신의 관련 부분에 대해선 일절 언급하고 있지 않다.

시해사건 당일, 우는 지금까지 알려진 민비의 사체를 소각하라, 또는 매장하라는 지시만이 아닌 다른 역할을 했을 가능성은 없는 것일까?

미우라는 공사 부임(9월 1일) 이후 공사관의 핵심참모인 서기관 스기무라의 조언을 받아가며 한 달 이상 민비 살해를 준비해 왔는데, 그 계획이 상당히 치밀하고 구체적이다.

사건 전 대원군을 동원하기 위해 공덕리 별장으로 찾아간 영사관보 호리구치의 예를 보자. 그는 자서전 《외교와 문예外交と文藝》(다이이치쇼보第一書房, 1934년)에서 그 과정을 다음과 같이 적고 있다.

메이지 28년(1895년) 9월. 아침 승마 연습을 마치고 영사관으로 출근하려는데 소사가 와서 공사가 찾는다고 해, 공사의 서재로 가니 미우라 공사가 스기무라 서기관과 탁자를 사이에 두고 소리를 낮추어 무언가를 이야기하고 있었다⋯⋯공사는 나에게 "오늘 자네에게 대원군의 처소에 가달라는 부탁을 하고 싶어서⋯⋯."라고 했다. 그러자 스기무라 씨가 "⋯⋯자네가 대원군과 면회가 되더라도 한국말 통역을 데려가서는 안 된다. 대원군과 한마디라도 했다간 한두 시간내에 민가閔家 사람들과 왕비에게 내통된다. 구두로 이야기하는 것은 절대로 피해야 한다. 때문에 유일한 방법은 필담밖에 없다. 대원군은 한학에 상당한 소양이 있으므로 필담은 능숙하다. 나도 전에 배알했을 때 전하와 필담을 한 적이 있다⋯⋯어젯밤 늦게까지 공사와 여러 가지를 상의해봤는데⋯⋯이 임무는 오랫동안 한학숙漢學塾의 숙두塾頭를 한 자네라면 해서⋯⋯오늘 공사가 부탁하는 것이네. 어때 한번 해주지 않겠는가".(《외교와 문예》, 114~116항)

미우라는 이같이 호리구치에겐 대원군을 면담할 때 비밀 누설을 우려하여 철저히 필담을 나누게 했을 뿐 아니라, 전술했듯이 경복궁에 침입할 때는 민비의 얼굴을 모르는 낭인들에게 민비의 사진까지 휴대케 하는 등, 상황별로 예상되는 문제점을 상정하고 그에 따른 대책을 구체적으로, 주도면밀하게 준비하고 있었다.

이 같은 점을 감안하면 일본인 폭도들이 민비를 찾아 옥호루로 침입할 때, 민비의 얼굴을 모르는 일본인에게 민비를 지목해주기 위해 민비의 얼굴을 알거나, 복식 등을 보고 왕비임을 식별할 수 있는 조선인을 대동시켰을 가능성 등을 상정해볼 수 있을 것이다. 사건 당일 우범선의 행동과 관련한 자료의 발굴과 검토가 더욱 필요하다고 생각한다.

또 다른 의문점은 고영근이 과연 왕명이나 민씨 일파로부터 지시를 받고 우범선을 살해했을까 하는 점이다.

김옥균 암살 과정에서 살펴본 것과 같이 정부가 밀파한 자객들은 이일직이나 홍종우 등의 경우에서 보듯이 정부로부터 거액의 자금 제공과 사건 후 관직 제공 등의 보상을 받았다.

고영근은 서울에서의 폭탄테러사건에 연루되어 일본인 집으로 피신, 위급한 상태에서 국외로 도망간 뒤 결석재판에서 사형을 선고받았고(관련자 2명은 교수형, 2명은 유배형에 처해짐), 일본 망명 후 얼마 안 되어 경제적으로 궁핍한 상태에 빠진 점이 김옥균을 노린 자객들과 다르다.

고영근이 망명 초기 고베에서 살았던 집주인의 얘기로 고영근에게 본국 전매공사인 듯한 곳으로부터 송금이 있었다는 신문기사가 있었지만 정말 송금이 있었는지, 송금이 사실이라 할 때 전매공사로부터의 송금인지를 밝혀주는 근거는 첨부되어 있지 않았다. 단지 기자가 전해 들었다는 집주인의 말일 뿐이었다.

만약 고영근이 전매공사 또는 황태자나 민씨 일파 등으로부터 자금을 지원받았다고 할 경우, 김옥균 암살의 경우와 달리 소액이었거나, 고영근이 그 자금을 낭비하여 돈이 빨리 떨어졌을 가능성이 있었을 것이다.

그러나 우범선 살해사건 재판과정에서 검사가 고영근에게 추궁했듯이, 그가 일본으로 망명 갈 때부터 민비의 원수를 갚기 위해 간 것으로 보이지는 않는다. 왜냐하면 고영근이 망명한 지 3년여가 지났으나 기록상 우범선을 살해하기 위해 우에 접근한 사실이 거의 보이지 않기 때문이다.

물론 고영근이 우범선 주변에서 기회를 엿보았으나 여의치 않아 처단을 실행에 옮기지 못했을 가능성도 있다.

박영효는 우범선 살해사건 후 일본 신문과의 인터뷰에서 고영근의 서울에서의 폭탄사건조차 꾸며낸 일이라고 주장했는데, 과연 민씨 일파가 고영근 등으로 하여금 일부러 테러사건을 일으키게 한 뒤 위장자객으로 보낼 만큼 용의주도했을까 하는 의문이 든다.

고영근이 우범선 살해의 '명분'을 "국모 시해의 원수를 갚는다."는 데 두었지만, 역시 극심한 궁핍 속의 망명생활과 고국에서의 중형 선고라는 두 가지 짐을 동시에 벗을 수 있는 유일무이의 묘책은 윤효정으로부터 우범선의 민비 시해 관련 발언을 듣고 우를 단독으로 처치하는 방법밖에 없다고 판단한 것으로 보인다.

따라서 고영근이 이일직, 홍종우 등과 같은 '궁중 파견 자객'인지, 아니면 '자발적인 자객'인지는 결론을 내리기가 힘들다. 그러나 여러 가지 정황을 종합해볼 때 윤효정을 통해 우범선의 민비 시해사건 관련을 전해 듣고 자발적으로 자객으로 나섰을 가능성이 더 커 보인다.

필자는 이 원고의 초고가 마무리되어가던 2009년 봄, 대학시절 이후 30여 년 만에 금곡리의 홍릉을 찾아가보았다. 대학 때는 물론 우범선도, 고영근도 이름조차 몰랐다. 한적한 시골이었던 능 주변에는 고층아파트와 상가 등이 들어서는 등 크게 변해 있었다.

홍릉 옆에는 고종과 명성황후의 소생인 순종과 그의 두 왕비가 묻힌 유릉裕陵이 있어, 이 능의 정식 명칭은 홍유릉洪裕陵이다. 유릉은 1926년 병약한 순종이 승하하자 이에 앞서 숨져 양주 용마산에 묻혀 있던 순명황후 민씨의 능을 금곡으로 옮겨 합장하고, 1966년 마지막 왕비로 불렸던 순정황후 윤씨가 숨지자 함께 모신

위 남양주시 금곡에 있는 홍릉. 명나라 태조의 황제릉 양식을 따른 홍릉은 홍살문 앞에 신도神道가 있고, 정자각 대신 침전寢殿이 있는 것이 특징이다.
아래 명성황후의 무덤은 청량리 홍릉에 있었으나 1919년 고종이 승하하자 금곡으로 옮겨져 합장되었다.

능이다.

홍릉의 홍살문을 지나 봉분 앞의 제사 등을 지내는 건물인 침전寢殿 오른쪽에 있는 비각에 들어가 보니 고영근이 세운 비석이 서 있다. 휴일날 능에 나들이 나온 사람들이 여기저기 보이나 컴컴한 비각 안을 둘러보는 사람들은 없다. 홍릉을 찾은 사람들이 고종, 명성황후와 고영근의 특수한 관계를, 그리고 능비사건도 알 리 없을 것이다.

고종과 명성황후가 합장된 그 발밑에 뼈를 묻었다는 고영근. 고영근은 고종, 그리고 명성황후와는 살아서는 물론이고, 죽어서도 끈질긴 인연을 맺고 있는 셈이다.

명성황후는 사후 자신이 누워 있는 홍릉으로 뼈를 묻고 찾아온 고영근에게 무슨 얘기를 했을까? 우범선을 처단한 고영근에게 잘했다고 했을까? 아니면 그렇게까지 할 필요가 있었느냐, 괜한 짓을 했다고 나무랐을까?

동행해준 고려대 김현구 교수(일본사)와 그런 부질없는 얘기를 나누며, 침전 앞 좌우에 도열한 석물이 긴 그림자를 드리우고 있는 홍릉을 천천히 빠져나왔다.

맺
는
말
❀

　　　　　　한국 사람이라면 누구나 우리는 왜
자율적인 근대화에 실패해 모진 시련을 겪고 있는가를 한 번쯤은
생각해보았을 것이다.

　근대화에 실패한 한국사를 상징하는 것이 한일합방(1910년)이라
면, 왕비가 자국 궁중에서 외국 폭도들에게 참살당한, 세계사에
서도 유례가 없는 민비시해사건(1895년)은 그 실패를 알리는 서곡
이었다고 할 수 있다.

　근대화의 실패는 일제 식민지 전락, 타력에 의한 해방, 전쟁과
분단의 고착화로 이어지는 직·간접적인 원인이 되어 한국 근,현
대사에 어둡고 긴 터널을 만들고 있다. 그 터널을 벗어나는 데는
앞으로도 상당한 시간과 비용이 들 것으로 보여, 한민족은 근대
화 실패의 대가를 톡톡히 치르고 있는 셈이다.

　2010년은, 그 한일합방이 100주년이 되는 해다. 한일합방 100
주년을 맞아 왜 우리는 근대화에 실패했는가, 앞으로 실패한 역

사를 되풀이하지 않기 위해서는 어떻게 해야 하는가를, 다시 한 번 곰곰이 짚어보아야 할 때다.

작금 한국 사회의 명성황후에 대한 과도한 예찬과 추모 분위기는 근대화의 실패를 호도, 오도하는 부작용을 초래할지 모른다는 점에서 조금 우려스럽다.

실패한 역사를 하나하나 사실대로, 객관적으로 밝혀 그 원인과 처방을 찾아보는 작업이 무엇보다 필요하다고 생각한다.

필자가 우범선과 고영근이란 이름을 처음 알게 된 것은 〈동아일보〉를 사직하고 일본에 가서, 뒤늦게 도쿄대학 대학원에 들어 갔을 때인 2002년경 〈을미사변과 우범선乙未事變と禹範善〉이란 논문을 읽고서였다. 그 이전엔 우범선이 우장춘의 아버지란 사실도, 그가 고영근에게 살해당했다는 것도 몰랐던 만큼 솔직히 '이런 일도 있었구나' 하고 조금 놀랐다.

그 논문의 말미에는 "고영근은 사형에서 무기징역, 노윤명은 유기징역 12년으로 감형되었다."고만 언급되어 있어, 고영근은 과연 그 후 어떻게 되었을까 하는 기자적인 궁금증이 들었다. 그리고 우범선에 대해서도, 어떤 인간이기에, 무슨 까닭이 있기에, 그 시대에 미우나 고우나 그래도 국모라고 했을 왕비를 살해하는데, 서슴없이 동참했을까 하는 호기심도 발동했다. 또, 그 논문에는 우범선 살해사건은 간단하게 언급되어 있어 사건 자체에 대해서도 한번 알아보아야겠다는, 관심과 흥미가 일었다.

우범선 살해사건은 교과서나 개설서에서 다루어질 정도의 중요 사안은 아니다. 그러나 필자를 포함하여 대부분의 한국 사람이 사건의 진상은 고사하고 우범선과 고영근, 두 사람의 이름조차 모르고 있다는 것은 좀 곤란하다고 생각했다. 그래서 우범선 살해사건을 다룬 책을 한 권 써야겠다는 것을 마음속의 숙제로 정했다.

그러나 그 후 이런저런 개인사정과 게으름 등으로 고영근에 관한 숙제는 손을 대지 못한 채 시간이 흘러갔다. 한편으론 책으로 묶을 만한 관련 자료를 찾을 수 있을까 하는 우려도 없지 않았다.

그러던 중 작년 봄 일본 국회도서관과 외무성 외교 사료관 등에서 우범선 살해사건 당시의 신문기사, 재판기록과 일본 외교문서 등 어느 정도의 관련자료를 입수할 수 있어, 여타 한국과 일본의 자료를 찾는 작업을 서둘렀다.

수집한 자료를 바탕으로 초고 작성에 들어갔으나 도처에 난관이 도사리고 있었다. 그 난관을 통과하는 데는 많은 분들의 도움이 필요했다.

먼저 사건 당시의 일본 신문기사와 외교문서 등은 메이지시대 문장으로, 무슨 내용인지 도저히 알 수 없는 부분이 곳곳에 있었다. 거기에다 마이크로 필름으로 복사한 신문기사의 경우 인쇄상태마저 나빠 삼독, 사독을 해도 여전히 미로를 헤매는 꼴이었다.

그러던 중 천만다행으로 '귀인'들을 만났다. 일본에서 늘 신세를 지는 아사히朝日 신문기자 OB들인 아사노 치아키淺野千明, 마에카와 게이지前川惠司 씨로부터 뜻하지 않게 메이지시대 일본어를 현대 일본어로 해석해주는 도움을 받았다. 양 씨의 도움이 없었다면 관련자료의 해독이 불가능했을지 모른다.

아사노 씨는 공사다망한 스케줄 속에서도, 신주쿠新宿 모처에서 만나면 하루에 대여섯 시간씩을 할애하여 자료들을 현대 일본어로 풀이해주고, 당시의 일본인들의 생활, 의식 등을 설명해주는 수고를 아끼지 않았다. 몇 개월 간에 걸쳐, 대여섯 차례나 흔쾌히 필자를 위해 귀중한 시간을 내주었다. 다시 한 번 심심한 감사의 말씀을 올린다.

국내에선 평소부터 많은 가르침을 받아 온, 일본 전문가들인 한상일(전 국민대 교수, 일본현대정치), 김현구(고려대 교수, 일본사) 두 선배로부터 이 건과 관련해서도 적절한 조언과 지도를 받았다.

특히 김 교수는 전문서적이나 논문집이 아닌, 일반 대중들이 접할 수 있는 역사 관련 서적의 출간이 한국에서도 보다 많이 필요하다며 이 원고의 집필을 독려, 격려해주었다. 자료 중 한시 등을 번역하는 데도 김 교수의 도움을 받았다.

그리고 배재대 교수로 재직 중 민비시해사건과 일본 낭인 등에 관한 많은 연구 실적을 남기고 있는, 필자의 1980년대 일본 유학시절 동료이기도 한 강창일 의원으로부터도 유익한 조언을 받았다.

또, 자료 번역 등을 자문해준 후배 송완범 교수(고려대 일본연구센터, 일본사)와, 도쿄로 발령받아 신입사원으로 바쁜 와중에도 원고 작성을 도와준 박영균 군에게도 고맙다는 인사를 해야겠다.

마지막으로 투병 중인 집사람(김영신)에게 원고 작성 등을 핑계로 아무 도움을 주지 못한 채 아이들(관수, 혜수)에게 주로 수발을 맡긴 것을 미안하게 생각한다. 이 지면을 빌려 양해를 구한다.

〈동아일보〉 출판국의 쾌락으로 이 책이 출판됨으로써 필자 나름대로 고영근에 대해 지고 있다고 여겼던 빚을 조금은 갚은 기분이다.

이 책을 읽는 독자들이 우범선과 고영근의 행적을 통해 실패한 한국 근대사의 의미를 되씹어보는 기회가 되었으면 하는 바람이다. 독자제현의 많은 질정叱正을 바란다.

2009년 7월 도쿄에서
이종각

히로시마지 방재판소 〈한국 자객 예심종결결정서〉(전문)

예심종결결정서豫審終結決定書

한국 경성 남촌 명동韓國京城南村明洞

당시 히로시마 현 구레 시 와쇼마치 이천칠십구번차 일번옥부

체재 무직當時廣島縣吳市和庄町二千七九番次一番屋敷滯在無職

고영근高 永 根 당 사십구년當四十九年

한국 경성 남촌 명동韓國京城南村明洞

당시 히로시마 현 구레 시 와쇼마치 이천칠십구번차 일번옥부

고영근방 체재 방적직공當時廣島縣吳市和庄町二千七九番次一番屋敷高永

根方滯在紡績職工

노윤명魯 允 明 당 삼십년當三十年

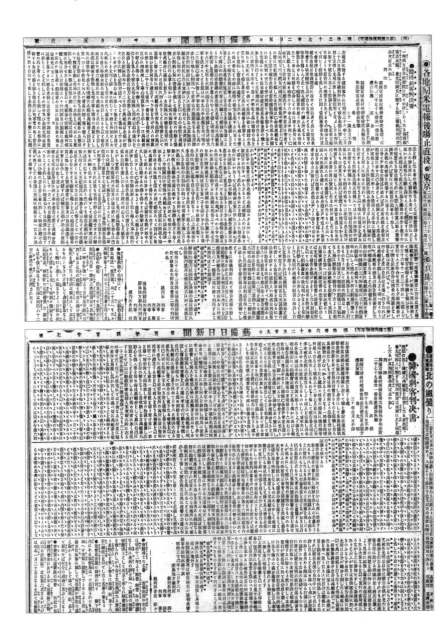

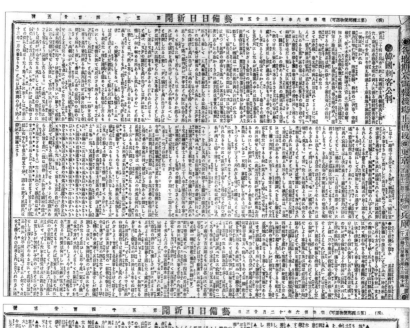

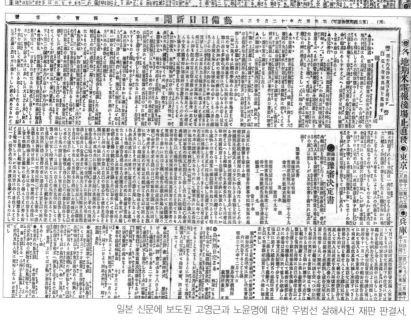

일본 신문에 보도된 고영근과 노윤명에 대한 우범선 살해사건 재판 판결서.

우右 양 인에 대한 모살謀殺 피고사건 검사 데라타 고타로寺田恒太郎의 기소에 의한 예심을 끝마친 결과, 피고 고영근은 고국 한韓에 있어서, 별입시別入侍[신하가 사사로운 일로 국왕을 뵙는 일]를 한 일이 있고 동국 고 왕비 민씨로부터는 적잖은 은총을 받은 신분이었다. 그러나 그 후 한국 정부의 개혁을 꾀하는 관민공동회[만민공동회]라는 조직을 만들어 스스로 그 회장이 되었다. 그 회는 당시 정부로부터 지탄을 받아 해산하지 않을 수 없게 되었으며, 일시 난을 피해 지방에 가 있었는데, 때때로 동회의 잔당들에게 폭열탄爆熱彈사건을 일으키게 했기에 메이지 32년(1899년) 7월 망명하여 청국 즈푸를 거쳐 일본에 건너온 자다.

한편 피고 노윤명은 여러 해에 걸쳐 피고 영근의 서생書生이었던 관계로 동인을 추모하여, 같은 해 12월 일본에 건너온 자다.

그 후, 둘은 일본 각지를 떠돌던 중 이전 한력韓曆 을미년(메이지 28년) 8월, 동국의 경성사변[을미사변] 때 왕비 민씨를 죽인 주범은 망명자 우범선이라고 생각하고 같이 모의하여 동인을 살해하여 국모의 원수를 갚기로 했다. 그러나 당시 그 기회를 얻지 못했다.

이후 둘은 떠돌며 도식하는 등 심한 곤궁에 빠져, 피고 윤명은 오카야마에서 방적직공이 되어 겨우 입에 풀칠을 하고 있었고 피고 영근은 각지를 떠돈 끝에 메이지 36년(1903년) 7월 중 당시 오사카大阪에 체재 중이던 한국 망명자 윤효정을 찾아가 자신의 궁상을 호소한 끝에 동인의 집에 기숙하게 되었다.

그러던 중, 효정이 피고 영근에게 을미사변의 수괴는 우범선이므로 동인을 살해하면 한국 정부에 기여하게 된다는 음모를 세우고 있으므로, 같이 그 일을 결행하자고 하자 피고 영근은 곧바로 찬동하여 이후 같이 일을 획책해 왔다.

그러나 다른 사정으로 효정과의 사이에 분쟁이 일어나게 되자, 피고 영근은 오히려 기선을 제압하여 효정이 기도했던 음모를 폭로하고 그 사정을 우범선에게 통지함으로써 동인의 환심을 사는 빠른 길을 강구했고, 단독으로 우범선을 살해, 복수의 공적을 오로지 자신이 독차지하려는 기이한 계책을 세웠다. 동년 8월 중 은밀히 자신의 심복인 윤명을 오카야마에서 오사카로 불러내어 동인에게 전에 말했던 뜻[우범선 처단]을 알리고, 복수동맹을 맺었다.

그 후, 동년 9월 중, 피고 영근은 다른 두서너 명의 한국 망명자에게 효정의 음모를 폭로하고 다른 망명자들이 놀라는 것에 편승하여 그 사람들에게 권유하여 같이, 당시 윤효정이 여행 중이던 효고兵庫 현 츠나津名 군으로 찾아가 동인을 추궁한 끝에 그 전말을 자백하게 해, 그것을 녹취해놓았다.

그것을 망명자 3명과 연명으로 우범선에게 우편으로 보낸 뒤, 수회에 걸쳐 서한을 통해 효정의 행동에 분개하는 자신의 심사를 밝히기 위한 면담을 희망하는 뜻을 전했다. 동년 10월 28일, 오카야마에 있는 피고 윤명에게 미리 말을 맞추어놓은 암호를 통해 자신이 동일 구레吳 시에 도착하는 것을 알린 뒤 즉시 구레 시로 가 우범선을 동시同市 와쇼마치和庄町의 자택으로 찾아갔다. 잠시 구레 시에 체재하게 되었다고 동인을 속여, 그의 알선으로 와쇼마치 2079번지 1호를 빌려 거처를 마련하게 되었다. 이후 동인과 자주 왕래하며, 효정의 음모를 폭로한 것은, 자신이 앞장서 한 일이라고 자랑하는 등 백방으로 우범선의 환심을 사기 위해 노력했다.

만일에 대비하여 우범선으로 하여금 정말 자신이 다른 뜻이 없음을 믿게 하기 위해, 구레 시에 계속 살기 위해 자식 한 명(피고 영근이 일본에 온 이후 얻은 아이로, 목하 야마구치 현 하기쵸萩町에 살고 있는 한인 송병준에게 맡겨 놓은)도 불러오고 싶으나 현재의 주택으로는 너무 좁으므로 다른 집을 알선해주었으면 한다고 교묘히 범선을 농락하여, 완전히 그 술수에 넘어간 것을 확인한 다음 피고 윤명을 오카야마로부터 불러내어 밤낮으로 일을 모의, 그동안 벼르고 있었던 일을 관철할 시기를 엿보아 왔다.

그러는 도중 동년 11월 24일, 범선이 피고 영근과 함께 영근의 집을 빌리는 것을 도와준 뒤 그날 밤 반드시 그 일과 관련하여 [영근의 집으로] 내방할 것으로 예상하고, 그 예상대로 내방하면 술을 강권해서 그 틈을 타 살해 목적을 달성하기로 윤명과 뜻을 모으고, 이유를 만들어 하녀를 외박시킨 뒤, 범선의 내방을 기다리고 있었다.

과연 동인은 그날 저녁 6시경 내방했는데 피고 양 인은 전기 거주하는 곳 다다미 여섯 장 크기의 방에서 작은 술자리를 가졌다.

피고 영근은 범선과 대작하고, 피고 윤명은 주로 안주를 준비하는 일을 하고 있었다. 담소 중 오후 7시경, 피고 영근은 아무렇지도 않은 체, 범선의 경계를 풀게 하면서 이야기를 나누던 중 자리에서 일어나 우범선이 앉아 있는 뒤로 돌아가, 미리 가슴속에 숨겨두었던 단도를 오른손으로 꺼내 우범선이 방심하는 틈을 타 갑자기 배후에서 동인의 오른쪽 목의 턱 부분을 찌르고 동시에 자신의 몸으로 동인을 덮쳐 계속 턱과 다른 부분을 수차례 더 찔렀다.

법률에 비추어볼 때, 피고 양 인의 전기 소행은 각각 형법 292조를 적용해 처단할 중죄에 해당한다고 사료되므로 이에 형사소송법 제168조에 따라 좌左와 같이 결정한다.

피고 양인을 당 지방재판소의 중죄공판에 회부한다.

피고 양인은 이 결정에 대해 결정서 발송으로부터 3일 이내에 항고할 수 있다.

메이지 36년(1903년) 12월 18일
히로시마지방재판소
예심판사 다카하시 기이치로高橋喜一郎
재판소 서기 구보 레이조久保禮助

히로시마지방재판소〈한국 자객 판결서〉(전문)

판결判決

한국 경성 남촌 명동 당시 히로시마 현 구레 시 와쇼마치 이천
칠십구번차 일번옥부 체재 무직韓國京城南村明洞當時廣島縣吳市和庄町
二千七九番次一番屋敷滯在無職
　고영근高 永 根
　사십구년 생월일 불상四九年生月日不詳

한국 경성 남촌 명동 당시 전기 피고 고영근방 체재 무직韓國京
城南村明洞當時前記被告高永根方滯在無職
　노운명魯 允 明
　삼십년 생월일 불상三十年生月日不詳

우右에 대한 모살謀殺 심리를 끝마친 결과, 피고 고영근은 고국 한국에 있어서 그 직職을 경상좌도병마절도사로 봉직한, 별입시別入侍의 신분으로서 그 후 한국 정부의 개혁을 꾀하는 관민공동회 [만민공동회]라는 조직을 만들어 스스로 그 회장이 되었다. 그 회는 당시 정부로부터 지탄을 받아 해산하지 않을 수 없게 되었으며, 일시 난을 피해 지방에 가 있었고, 때때로 동회의 잔당들에게 폭 열탄爆熱彈사건을 일으키게 했기에 메이지 32년(1899년) 7월 일본 으로 망명해 건너온 자다.

또, 피고 노윤명은 여러 해에 걸쳐 피고 영근의 서생書生이었던 관계로 동인同人을 따르는 자로, 같은 해 12월 일본에 건너온 자다.

그 후, 둘 다 일본 각지를 떠돌던 중 극심한 빈곤 상태가 되어 피고 윤명은 오카야마岡山에서 방적회사 직공이 되어 겨우 호구 지책을 삼고 있었고, 피고 영근은 각지를 떠돈 끝에, 메이지 36년 (1903년) 7월 중 당시 오사카大阪에 체재 중이던 한국 망명자 윤효 정을 찾아가 자신의 궁상을 호소한 끝에 동인의 집에 기숙하게 되었다.

그렇게 되어, 효정은 피고 영근에게 을미사변 때 왕비 민씨를 죽인 수괴는 망명자 우범선이므로 동인을 일본제국 밖으로 데리 고 나가 그를 살해하면 한국 정부로부터 큰 상을 받을 것이라고 음모를 꾸미고, 같이 그 일을 결행하자고 하자 피고 영근은 곧바 로 찬동하여 이후 같이 일을 획책해 왔다.

그러나 다른 사정이 있어 효정과의 사이에 분쟁이 일어나게 되자, 피고 영근은 오히려 기선을 제압하여 효정이 기도했던 음모를 폭로하고 그 사정을 우범선에게 통지함으로써 동인의 환심을 사는 빠른 길을 강구하고, 단독으로 우범선을 살해, 복수의 공적을 오로지 자신이 독차지하려고 기도했다. 동년 8월 중 은밀히 자신의 심복인 윤명을 오카야마에서 오사카로 불러내어 앞서 말한 밀모密謀를 알리고, 같이 우범선을 살해할 것을 맹세했다.

그 후, 동년 9월 중, 피고 영근은 다른 두서너 명의 한국 망명자에게 효정의 음모를 폭로하고 다른 망명자들이 놀라는 것에 편승하여 그 사람들에게 권유하여 함께, 당시 윤효정이 여행 중이던 효고兵庫 현 츠나津名 군으로 찾아가 동인을 추궁한 끝에 그 전말을 자백하게 해, 그것을 녹취해놓았다.

그것을 망명자 3명과 연명으로 우범선에게 우편으로 보낸 뒤, 수회에 걸쳐 서한을 통해 효정의 행동에 분개하는 자신의 심사를 밝히기 위해 면담을 희망하는 뜻을 전했다. 동년 10월 28일, 오카야마에 있는 피고 윤명에게 미리 말을 맞추어놓은 암호를 통해 자신이 동일 구레吳 시에 도착하는 것을 알린 뒤 즉시 구레 시에가 우범선을 동시同市 와쇼마치和庄町의 집으로 찾아가 잠시 구레 시에 체재하게 되었다고 동인을 속여, 그의 알선으로 와쇼마치 2079번지 1호를 빌리게 되었다. 이로써 거처를 마련한 이래 동인과 자주 왕래하며, 효정의 음모를 폭로한 것은, 오로지 자신이 앞장서 한 일이라고 자랑하는 등 백방으로 우범선의 환심을 사기 위해 노력했다.

또, 우범선으로 하여금 정말 자신이 다른 뜻이 없음을 믿게 하기 위해, 구레 시에 계속 살기 위해 야마구치 현 하기쵸萩町에 살고 있는 한인 송병준에게 맡겨 놓은 자식 한 명(피고 영근이 일본에 온 이후 얻은)도 불러오고 싶으나 현재의 주택으로는 너무 좁으므로 다른 집을 알선해주었으면 고맙겠다고 했다. 이렇게 우범선을 농락하여, 완전히 그 술수에 넘어간 것을 확인한 다음 피고 윤명을 오카야마로부터 불러내어 그날 밤 그동안 벼르고 있었던 일을 수행한 것에 틀림없다.

피고 영근은 미리 가지고 있던 단도의 손잡이에 가죽을 달아 범행할 때 자신의 손에서 떨어지지 않도록 장치를 하고, 우범선이 내방할 때마다 술을 대접하면서, 오로지 품고 있던 계획을 관철하는 시기를 엿보고 있었다.

그러는 도중 동년 11월 24일, 우범선이 피고 영근과 함께 영근이 집을 빌리려는 것을 도와주러 다닌 뒤 그날 밤 반드시 그 일과 관련하여 [영근의 집을] 내방할 것으로 예상하고, 그 예상대로 내방하면 술을 강권해서 그 틈을 타 살해 목적을 달성하는 데 윤명과 뜻을 모으고, 이유를 만들어 하녀를 외박시킨 뒤, 우범선의 내방을 기다리고 있었다.

과연 동인은 그날 저녁 6시경 내방했기에 피고 양 인은 전기 거주하는 집의 다다미 여섯 장 크기의 방에서 작은 술자리를 가졌다. 피고 영근은 우범선과 대작하고, 피고 윤명은 주로 안주를 준비하는 일을 하고 있었다. 같이 담소 중 오후 7시경, 피고 영근은 우범선의 경계를 풀게 하면서 이야기를 나누다 자리에서 일어나 우범선이 앉아 있는 뒤로 돌아가 미리 가슴속에 숨겨 두었던 단도를 오른손으로 꺼내 우범선이 방심하는 틈을 타 갑자기 배후에서 동인의 오른쪽 목의 턱 부분을 찌르고 동시에 자신의 몸으로 동인을 덮쳐 계속 턱과 다른 부분을 수차례 찔렀다.

그 순간 피고 윤명은 미리 준비해 놓았던 망치를 가지고 우범선의 머리를 수차례 통격痛擊했다. 그 때문에 우범선은 머리 부분에 8개소, 턱과 목 부분에 각 3개소의 창상創傷[창, 총검 등에 의한 상처]을 입고, 각 창상의 출혈에 따라 그 자리에서 절명한 것이다.

증거를 살펴보면, 피고 영근은 이 재판에서 자신은 본방本邦[일본]에 오기 전부터 국모의 원수를 갚기 위해 국적國賊을 죽이는 것을 염원해 왔다고 하는데, 윤효정으로부터 [우범선 살해] 음모의 이유를 듣고 거기에 찬동한 것도 그때가 처음으로, 그 결의를 다짐했다. 물론 은상恩賞을 받으려는 것은 자신의 진의가 아니며, 또 [자신이] 효정의 음모를 폭로하게 된 것은 전적으로 자신이 단독으로 국모 복수의 염원을 달성하려는 것이지, 다른 하등의 사정이 있어서 한 것이 아니라는 것 등 이전의 판시 사실과 같은 취지를 진술했다.

피고 윤명도 역시 당 공판에서 국모의 원수를 갚는 일은 최근에 와서 결의한 일이 아니며, 고국에 있을 때부터의 희망이었으며, 또 우범선을 망치로 때린 것은 틀림없다고 해도, 그것은 피고 영근이 이미 범행을 마치고 흉기를 가지고 일어서 있을 때의 일로, 당시 범선의 생사 여부를 몰랐다고 주장하는 등 이전의 판시 사실 가운데 자신에 관한 부분과 같은 취지의 진술을 했다.

이 같은 진술을 압수한 제17호 경성의 정부 앞 서간 및 제16호 동국 궁내부내대신 이재완李載完 앞 서간에 있는 피고 양 인에 있어서의 앞서 판시한 연, 월, 일에 우범선을 죽여 국모의 원수를 갚는다는 취지의 각종 기록과 아키야마秋山榮[사체를 감정한 의사]의 감정서 중, 우범선의 사체를 검시한 결과, 두부에 8개소, 목과 턱에 각 3개소의 창상이 있으며, 머리 부분의 창상 중 7개소는 날카로운 둔기에 의한 타격으로 생긴 좌창挫創[함몰에 의한 상처]이며, 두부의 각 창상은 이미 피가 굳어진 상태였고, 두부의 창상 중 한 곳과 얼굴 및 턱의 각 창상은 예리한 칼날에 의한 자상刺傷, 또는 절상切傷으로 현장에 있는 많은 출혈은 틀림없이 턱의 창상에서 흘러내린 것으로 보인다.

사인은 출혈에 의한 것이며, 흉기는 예리한 칼날 및 날카로운 둔기에 의한 것이라는 기재에 따르면, 앞에서 판시한 일시 장소에서 피고 양 인이 앞에서 언급한 범행을 한 것을 인정하는 데 부족함이 없다.

따라서 피고 양 인은 모두 복수의 염원은 본방에 오기 전부터 결심하고 있었다고 주장하고, 또 피고 영근은 윤효정의 음모를 발설한 것은 오로지 국모의 복수를 달성하기 위한 일념에서 나온 것이라고 하지만, 두 사람이 본방에 온 이래 3년여의 긴 시간이 지났지만, 한 번도 우범선 살해를 획책한 흔적이 보이지 않고, 올해 8월경이 되어 갑자기 여러 가지 술책을 꾀한 사실 등을 감안할 때, 피고 양 인이 당 재판에서 이번 일을 하기까지 시기를 얻지 못했다는 진술 등은, 인정할 수 없다.

이 같은 사실과 윤효정의 음모 발각 취조를 직접 담당했던 경부 하시모토 만자부로橋本萬三郎의 이번 사건 관련 예심 조서에 따르면, 자신이 윤효정을 취조할 때, 윤효정은 우범선으로부터 민후閔后를 죽인 것은, 자신이라는 것을 듣고, 우를 청국으로 유인해 살해, 자신도 김옥균을 꾀어낸 이일직李逸稙과 같이 대우를 받는 것을 꾀했다고 했고, 윤효정이 자신의 계획을 고영근에게 말하자, 고영근은 기꺼이 찬동했다고 한다.

거기에다 자신[하시모토]의 취조 결과에 의하면, 피고 고영근은 효정으로부터 듣고 처음 우의 [민비 시해] 관련 사실을 알게 된 것 같으며, 고가 이전 고국의 결석재판에서 사형을 선고받고 있었으므로 우를 죽여 그 공에 따라 본국으로부터 소환을 받아 사형을 면제받을 뿐 아니라 비상한 은전恩典을 받을 것을 기대하고 이번 일을 저지른 것이라고 한다.

영근이 효정의 음모를 폭로한 도화선은 양 인이 동거하고 있을 때, 영근과 효정과의 사이에 색정色情에 관한 사원私怨이 생긴 것에 기인한다고 진술한 기록 등을 대조해 볼 때, 피고 등의 이 점에 있어서의 주장은 신빙하기 어렵다.

또, 피고 윤명은 자신은 피고 영근이 범행을 끝냈을 때 범선을 [망치로] 쳤다고 주장하고 있지만, 피고 양 인이 당 재판에서 진술한 것과 같이 양 인은 이전부터 범선을 살해하려는 동맹을 맺어 특히 영근은 피고 윤명을 오카야마로부터 구레 시로 불러낸 이래 그날 밤, 계획해 왔던 거사를 관철할 것을 기도해 왔으므로 범행 당시 그 옆에 있었으면서 거기에 참가하지 않고, 그 후에 처음 손을 댔다고 하는 것은 그 진술 자체를 신빙하기 힘들다. 뿐만 아니라, 전기한 바와 같이 피고 영근도 피고 윤명은 자신이 범선을 찌른 순간에 망치를 가지고 우의 머리를 때렸다고 진술했으며, 피고 윤명이 1차 예심 조서 중 자신은 우범선이 '악!' 하고 소리 질렀을 때, 곧바로 그곳에 와, 영근이 뒤에서 범선을 누르고 있을 때, 자신이 망치로 머리와 어깨를 수차례 때렸다고 진술한 기재를 비교해 보아도, 피고 영근의 범행 중에 같이 실행에 가담했다는 것이 인정되는 것이다.

특히 앞의 감정서 기재와 같이 날카로운 둔기에 의한 타박에 의해 두부 창상 부분의 출혈에 따른 응고가 있는 사실에 비추어 볼 때, 피고 윤명의 구타 행위는 피해자 생존 중에 행해진 것으로 치사의 원인이 됨을 확인하는 데 부족함이 없다.

따라서 본건 피고 양 인의 범행이 피고 등이 반드시 성공시킨다는 계획 아래, 심사숙고한 끝에 나왔음은 앞서 각 피고의 진술, 특히 그 실행에 앞서 여러 가지 모의 술책을 꾀한 사실과 범행 시 용기로부터 손이 떼이지 않도록 장치를 취해놓은 점 등을 비추어 볼 때 명료하다.

이상 설명한 각종의 징후에 의해 압수한 혈흔 부착의 단도 및 살점[육편肉片]과 앞에 판시한 혈흔이 부착된 망치 등을 참조해 보면 사실을 인정할 충분한 증거가 된다.

법률에 비추어 볼 때, 피고 양 인 소행은 각 형법 292조에 해당하며, 피고 윤명은 그 범죄 행위에 정상 참작의 여지가 있어 동법 제89조, 제90조에 따라 본형本刑에 한 등급을 감해 처분한다.

압수 물건 중 단도 한 개는 동법 제43조 제2호, 제44조에 따라 기타는 형사소송법 제202조, 공소 소송비용은 형법 제45조, 제47조, 형사소송법 제201조 제1항에 따라 각각 처분하며, 판결은 다음과 같다.

피고 영근을 사형에 처한다.

피고 윤명을 무기도형徒刑[징역]에 처한다.

압수한 단도 한 개는 몰수하고, 그 외의 물건은 각 차출인에게 돌려준다.

공소 소송비용은 피고 양 인의 연대 부담으로 한다.

검사 데라타 고타로寺田恒太郎 간여干與

메이지 36년(1903년) 12월 26일

히로시마지방재판소

재판장 판사 우하니 쇼이치羽仁詳一

판사 아키 시게토미安藝茂富

〈한국 자객 제2심 판결서〉(발췌)

판결서判決書

한국 경성 남촌 명동 당시 히로시마 현 구레 시 와쇼마치 이천
칠십구번차 일번옥부 체재 무직韓國京城南村明洞當時廣島縣吳市和庄町
二千七九番次一番屋敷滯在無職

고영근高 永 根

오십세 생월 불상五十歲生月不詳

한국 경성 남촌 명동 당시 히로시마 현 구레 시 와쇼마치 고영
근 방 체재 무직韓國京城南村明洞當時廣島縣吳市和庄町高永根方滯在無職

노윤명魯 允 明

삼십일세 생월 불상三十一歲生月不詳

우右 양 인의 모살사건에 대해 메이지 36년(1903년) 12월 26일 히로시마지방재판소는 피고 영근에 대해 사형을 선고하고 윤명에 대해 무기도형을 선고한 판결에 피고인들은 모두 불복하여 공소를 했고 또 검사정檢事正 세코 유지로世古祐次朗도 원판결의 형량이 무겁다는 이유를 들어 공소를 제기해옴에 따라 당 법원 검사장 야노 시게루矢野茂 입회하에 심리를 한 바,

피고 영근은 고국 조선에 있을 때 동지자와 함께 관민공동회[만민공동회]라는 정사政事단체를 만들어 스스로 그 회장이 되어 정사의 개혁을 꾀했다. 그러나 정부로부터 지탄을 받아 해산을 명받게 되자 폭열탄爆熱彈사건을 일으키게 했기에 메이지 32년(1899년)7월 동국을 망명도주하여 일본에 와 각지를 유랑하며 극심한 곤궁을 겪자 메이지 36년(1903년) 7월 역시 망명자로 당시 오사카에 체재하는 윤효정의 집에 기숙하게 되었다.

동인의 집에 기숙하던 중 효정으로부터 을미사변 때 왕비 민씨를 죽인 수괴는 망명 중인 우범선이란 것을 듣고 피고 영근은 당시 폭열탄사건으로 본국에서 사형을 선고받아 고국에 있을 수 없는 곤란한 처지에 있지만 왕년에 경상도좌도병마절도사의 직에 있었던 별입시別入侍로서, 왕비 민씨의 특별한 은혜를 입었던 자로서 크게 감분感憤하는 바 있어 윤효정과 함께 우범선을 살해할 것을 맹약했다.

이후 그것을 획책하는 바 있었으나 어떤 사정으로 효정과의 사

이에 감정의 충돌을 일으켜 피고 영근은 오히려 효정의 음모를 적발하여 그를 기화로 우범선에게 빠르게 접근했다. 당시 피고 영근의 주선으로 오카야마의 방적회사에 직공으로 일하고 있던, 고국에서부터 은고를 입은 서생 피고 윤명과 함께 우범선을 살해, 복수의 공적을 독차지하려고 했다. 메이지 36년(1903년) 8월 윤명을 오사카로 불러내어 자신의 밀모를 알리고 협력해 성사시킬 것을 맹세했다.

동년 9월, 피고 영근은 다른 두서너 명의 한국 망명자에게 효정의 음모를 밀고하여 비행을 알리고 상응하여, 당시 윤효정이 여행 중이던 효고兵庫 현 츠나津名 군 이에무라家村로 찾아가 동인을 만나 그 음모의 전말을 추궁해 자백케 하고, 그 문답을 필록해 놓았다.

동행한 망명자들과 연명으로 그 사정을 우범선에게 우편으로 통지하는 한편 별도의 서간을 통해 효정의 행동을 분개하는 자신의 심사를 밝히기 위해 면회를 희망하는 뜻을 우범선에게 통지해 놓았다.

동년 10월 28일, 오카야마에 있는 피고 윤명에게 암호를 통해 자신이 동일 구레吳 시에 도착하는 것을 알린 뒤 곧 구레 시로 가 우범선을 동시同市 와쇼마치和庄町의 집으로 찾아갔다. 잠시 구레 시에 체재하게 되었다고 알리고, 그의 알선으로 와쇼마치 2079번지 1호를 빌리게 되었다. 이후 동인과 자주 왕래하며, 오로지 다른 뜻이 없음을 보여주고 우범선의 환심을 사기 위해 노력했다.

얼마 후 동인이 그것을 믿는 것을 확인한 다음 피고 윤명을 불러 그날 밤 그동안 품어 온 뜻을 수행하기로 모의, 피고 영근은 단도를 준비하여 기회를 엿보고 있었다. 동년 11월 24일 우범선이 영근이 집을 빌린 건과 관련하여 분명히 내방할 것을 알고 그날 밤 반드시 술을 권해 흐트러지는 점을 노려 소기의 목적을 달성키로 윤명과 모의하고 핑계를 만들어 하녀를 외박시킨 뒤, 범선의 내방을 기다리고 있었다.

과연 동인은 그날 저녁 6시경 영근의 거처로 내방했는데 피고 양 인은 동가 다다미 여섯 장 크기의 방에서 우범선과 함께 작은 술자리를 가졌다. 피고 영근은 범선과 대작하고, 피고 윤명은 주로 안주를 준비하는 일을 하고 있었다.

담소 중 오후 7시경, 피고 영근은 우범선과 대화를 나누다가 슬그머니 자리에서 일어나 우범선이 앉아 있는 뒤로 돌아가, 미리 가슴속에 숨겨 두었던 단도를 오른손으로 꺼내 갑자기 우범선의 오른쪽 목의 턱 부분을 찌르고 동시에 자신의 몸으로 동인을 덮쳐 계속 턱과 다른 부분을 수차례 더 찔렀다.

피고 윤명은 동시에 미리 준비해 놓았던 망치를 가지고 우범선의 머리를 수차례 통격痛擊했기에 우범선은 머리 부분에 8개소, 턱과 목 부분에 각 3개소의 창상創傷을 입고, 창상 부분의 출혈에 따른 패혈로 절명한 것이다.

증거를 살펴보면, 피고 영근은 전기 사실 중 한국 정부의 은상을 받기 위해 약속했다는 부분 및 영근, 윤명이 복수의 공을 독차지하기 위해서라는 부분을 인정할 수 없다는 것을 제외한 다른 판시는 당 법정에서 자백하고 있다.

영근은 을미사변 때 왕비 민씨를 죽인 자가 우범선인 것을 사변 당시로부터 모두가 알고 있는 바 국민 된 자들 모두 하늘이 벌해 마땅할, 국모의 원수를 갚는 것을 열망하고 있으므로 영근은 곧 이 같은 대의에 따라 국민의 본분을 다하는 것에 다름 아니라고 주장하나 증인 하시모토 만자부로橋本萬三郎의 예심 조서에 따르면 다음과 같은 취지의 기사가 있다.

(중략)

우右 예심 조서 및 감정서의 기사를 종합해 고려해볼 때 윤명은 미리 우범선 살해에 동의하여 범죄 실행의 현장에 있던 영근이 죽이려는 찰나 윤명도 역시 쇠망치로 인체의 중요한 부분인 머리를 수차례 강하게 타격하여 창상 부분은 이미 피가 굳어진 상태가 된 것이 분명하다.

이 같은 사실을 볼 때 단지 사체를 타격한 것에 불과하다는 것은 인정되지 않는 것이다. 따라서 윤명이 우범선의 살해에 가담한 사실이 인정되는 것은 충분하다.

이것은 요컨대 이상 설명한 이유와 증거를 참조해 고구考究하면 피고 양 인이 심모숙려 한 끝에 상기 우범선을 살해한 전기 범죄사실을 인정하는 데 충분하다.

법률을 살펴보건대 피고인이 행한 바는 형법 제292에 해당하는 것을 위반한 정상을 참작하여 동법 제89조, 제90조에 의해 피고 영근은 본형에 1등을, 윤명은 2등을 감해 처분한다.

압수한 단도는 동법 제43조, 제2 제44조에 의해 몰수하고 기타 물품은 형사소송법 제282조에 의해 차출인에게 환부한다. 공소 재판 비용은 형법 제47조, 제45조에 의해 전부를 피고 양 인에게 연대 부담시키기로 한다.

이에 따라 원재판소가 피고 영근에 대해서는 삭감의 조항을 적용치 않고 또 윤명에 대해서는 1등을 삭감한 것은 범정犯情에 비추어 볼 때 형의 비중을 잃는 것이므로 이에 원검사의 공소 및 피고의 공소는 이유가 있으므로 형사소송법 261조 제2항에 따라 다음과 같이 판결하며 원판결은 취소한다.

피고 고영근을 무기도형에 처한다.

피고 노윤명을 유기도형 12년에 처한다.

압수한 단도와 기타 물품은 차출인에게 환부한다.

공소 재판 비용은 피고 양 인에게 전부 연대 부담시키기로 한다.

메이지 37년(1904년) 2월 4일 히로시마공소원판사부공정廣島控訴院判事部公廷에 있어 검사정檢事正 야노 시게루矢野茂 입회하 제2

심의 판결을 선고하는 바다.

　재판장 판사 이치노세 유사부로一瀨勇三郎
　판사 모모시마 잇파치百島 一八
　판사 후지오카 쓰네노조藤岡常之丞
　판사 미야키 긴지見矢木欽爾
　히로시마공소원판사대리廣島控訴院判事代理
　히로시마지방재판소 판사 히로세 우지로廣瀬又次郎
　재판소 서기 이노시타 사타마루井下定丸

우범선 유작시 (2편)

〈臘月述懷〉 섣달에 감회를 쓰다

積雪經三尺 쌓인 눈이 세 자를 넘고

寒梅又一年 매화가 피니 또 1년(이 지나가네)

暗雲橫處寒 어두운 구름 흘러가는 곳 싸늘하고

殘日倒西虹 석양은 서쪽으로 기울며 붉다

凍雨天將下 차가운 비가 하늘에서 내리려 하는데

窮程馬不前 힘든 길이라 말도 앞으로 나아가지 않네

川原杳何極 내와 들 아득하니 어디가 끝이런가

我思獨悽然 내 마음 홀로 쓸쓸하여라

〈在吳港述懷〉오항에서 감회를 쓰다

叫雁何處渡海東 우는 기러기는 어디에서 바다 건너 동쪽으로 가나

羈窓五歲又秋風 나그네 생활 5년인데 또 가을바람 (불어온다)

世情難襄鬢惟白 속세의 인정을 탓하기 어려워 귀밑머리만 하얘지는데

霜葉(?)如花更紅 서리 맞은 나뭇잎(?) 꽃 더욱 붉어라

往跡蕭蕭楓樹下 지나온 발자취는 쓸쓸히 단풍나무 아래에 있고

殘愁澹澹酒盃中 남은 근심은 담담하게 술잔 속에 있네

悠然獨向西天坐 한가로이 홀로 서쪽 하늘을 향해 앉아

荻色河聲一望空 갈대의 빛깔과 시내 소리에 허공을 한번 쳐다본다

[〈오사카아사히신문〉 메이지 36년(1903년) 11월 28일자, 3면]

강만길, 『고쳐 쓴 한국근대사』, 창비, 1994.

강재언, 『선비의 나라 한국 유학 2천 년』, 하우봉 역, 한길사, 2003.

강창일, 『근대 일본의 조선 침략과 대아시아주의』, 역사비평사, 2003.

교과서포럼, 『한국근·현대사』, 기파랑, 2008.

국사편찬위원회, 『고종시대사高宗時代史』(3, 5), 1971.

국사편찬위원회, 『요시찰한국인거동要視察韓國人擧動』(1~3), 한국근대사자료집
성, 2001.

국사편찬위원회, 『한국사』(19), 1978.

김도태金道泰, 『서재필 박사 자서전徐載弼博士 自敍傳』, 수선사, 1948.

김태욱金泰昱, 『인간 우장춘人間禹長春』, 신원문화사, 1984.

민태원閔泰瑗, 『갑신정변甲申政變과 김옥균金玉均』, 국제문화협회, 1947.

박은식朴殷植, 『한국통사韓國痛史』, 김승일 역, 범우사, 1999.

반민족문제연구소, 『친일파99인』(1), 돌베개, 1993.

신용하愼鏞廈, 『독립협회연구獨立協會研究』, 일조각, 1976.

윤효정尹孝定, 『한말비사韓末秘史』, 야담사, 1946.

이규태李圭泰, 『개화백경開花百景』(1), 신태양사, 1969.

이민원, 『명성황후 시해와 아관파천』, 국학자료원, 2002.

이선근李瑄根, 『한국사韓國史』(최근세편, 현대편), 을유문화사, 1961, 1963.

이성무, 『조선왕조사』(상, 하), 동방미디어, 1998.

이종호, 『김옥균; 신이 사랑한 혁명가』, 일지사, 2002.

이태진, 『고종시대의 재조명』, 태학사, 2000.

임종국, 『밤의 일제침략사日帝侵略史』, 한빛문화사, 1984.

정교鄭僑, 『대한계년사大韓季年史』, 국사편찬위원회, 1956.

정정명, 「고영근연구」, 연세대교육대학원 석사논문, 1986.

천관우千寬宇 외, 『한국의 근대사상』, 삼성출판사, 1981.

최문형崔文衡 외, 『명성황후시해사건明成皇后弑害事件』, 민음사, 1992.

『한국현대사』(1-3), 신구문화사, 1969.

한상일, 『아시아연대주의와 일본제국주의-대륙낭인과 대륙팽창』, 오름, 2002.

한영우, 『명성황후와 대한제국』, 효형출판, 2001.

황현黃玹, 『매천야록梅泉野錄』, 이장희李章熙 역, 대양서적, 1978.

角田房子, 『閔妃暗殺』, 新潮社, 1988.

角田房子, 『わが祖國』, 新潮社, 1990.

姜健永, 『開化派リーダーたちの日本亡命』, 朱鳥社, 2006.

姜在彦, 『朝鮮近代史研究』, 日本評論社, 1975.

古筠記念會編, 『金玉均傳』上卷, 慶應出版社, 1944.

菊池謙讓, 『近代朝鮮史』下卷, 大陸研究所, 1940.

堀口九万一『外交と文藝』, 第一書房, 1934.

權藤四郎介, 『李王宮秘史』, 朝鮮新聞社, 1925.

琴秉洞, 『金玉均と 日本』, 綠陰書房, 1991.

金文子, 『朝鮮王妃殺害と日本人』, 高文研, 2009.

稲盛和夫, 『稲盛和夫のガキの自敍傳』, 日涇ビジネス人文庫, 2004.

木村幹, 『高宗・閔妃』, ミネルヴァ書房, 2007.

山邊健太郎, 『日韓併合小史』, 岩波書店, 1966.

山邊健太郎, 「閔妃事件について」, コリア評論, 1964년 10월호.

山邊健太郎, 「乙未の變について」, 『日韓關係の展開』, 日本國際政治協會, 1962.

三浦梧樓, 『觀樹將軍回顧錄』, 政敎社, 1925.

杉村濬, 『在京苦心錄』, 韓國學文獻研究會編, 『舊韓末日帝侵略資料叢書;7』, 亞細亞文化史, 【韓國】, 1984.

釋尾春, 『朝鮮併合史』, 朝鮮及滿洲社, 1926.

小早川秀雄, 『閔后俎落事件』, 등사판, 연대 불명(趙德松 역, 『閔妃弑害事件의 眞相』, 民友社, 1946.

市川正明編, 『日韓外交史料』, (第5券, 第9券), 原書房, 1981.

琴秉洞, 『金玉均と日本』, 綠蔭書房, 1991.

兒島襄,『大山巖』, 文藝春秋, 1978.

アジア歴史資料センター http://www.jacar.go.jp/index.html

安達謙藏,『安達謙藏自敍傳』, 新樹社, 1960.

外務省編,『日本外交文書; 第13卷 －第32卷』, 日本國際連合協會, 1947.

外務省編,『外務省記錄』, 日本外交史料館.

原田環,「乙未事變と禹範善」,『論集 朝鮮近現代史』, 明石書店, 1996.

伊藤博文編,『秘書類纂; 外交編』 中卷, 秘書類纂刊行會, 1934.

『第五師團陣中日誌 卷十五 後備步兵第十八大隊陣中日誌』

「週刊朝日」編,『値段(明治 大正 昭和)の風俗史』, 朝日新聞社, 1981.

「週刊朝日」編,『續, 値段(明治 大正 昭和)の風俗史』, 朝日新聞社, 1981.

海野福寿,『外交資料 韓國併合』上, 不二出版社, 2003.

黑龍會編,『東亞先覺志士記傳』(上, 中, 下), 黑龍會出版部, 1933년(복각본, 原書房, 1966)

F.A.Mckenzie,『The Tragedy of Korea』(『朝鮮의 悲劇』, 김창수 역, 乙酉文化社, 1984)